KB093894

기초이론에서 실무 통변까지 한번에 끝내기

왕초보 사주명리

실력쌓기

왕초보 사주명리 실력쌓기下-기초에서 실무 통변까지 한번에 끝내기

초판발행 2023년 06월 01일

지은이 김 정 안
펴낸이 김 민 철

등록번호 제 4 -197호
등록일자 1992.12.05

펴낸곳 도서출판 문원북
주　소 서울시 마포구 토정로 222 한국출판콘텐츠센터 422
전　화 02-2634-9846
팩　스 02-2365-9846
메　일 wellpine@hanmail.net
카　페 cafe.daum.net/samjai
블로그 blog.naver.com/gold7265

ISBN 978-89-7461-501-7
규　격 152mmx225mm
책　값 25,000원

실력쌓기

왕초보 사주명리

기초이론에서 실무 통변까지 한 번에 끝내기

문원북 BOOK

머/리/말

현재 우리가 접하고있는 명리를 자평명리로 알고있지만, 명리는 크게 삼명법과 자평법으로 구분 할 수있다. 자평법은 "팔자용신 전구월령八字用神 專求月令"이라하여 월지를 중심으로 용신을 구하는 것과, 오행의 생왕고사절生旺庫死絶을 취하여 사주팔자의 중화이치를 기본으로하여 년간을 녹祿 년지를 명名 년주를 납음오행을 신身으로 하는 간명법하는 삼명법三命法이 있다.

본 왕초보 사주명리 1권 '초보탈출'은 자평법으로 일간을 중심으로 육친(십성)의 팔자구조를 구별하며 또, 육친의 상호관계 즉, 형, 충, 합, 사주체상의 음양관계, 간지의 음양관계를 통해 명命을 간명하고, 2권 '실력쌓기'는 년주를 주체로 하여 신살로 명命을 간명하는 삼명법으로 유튜브 강의를 통해 상세히 가르쳐주고 있다.

또한 운세을 볼 때 먼저, 자평법인 십성의 상호관계로 먼저 발생되는 기운을 돌출시키고, 다시 삼명법으로 보조하여 간명을 해야 정확한 운세를 파악할 수있다. 결국에 두 간법을 혼용하여 사주를 추리할 수있다는 것을 오랜 공부 끝에 깨닿게 되었다.

나는 왜 명리 공부를 하였을까? 무엇 때문일까?
그 시작은 자아를 찾기 위해서인데 많은 시간 동안 온 갖 이론을 다 공부하여 찾아다녔지만 찾지 못하고, 삼명통회를 3번째 읽어 해독한 후에야 겨우 지금의 삼명명리를 세워 마침내 내 자아를 찾을 수 있는 기초를 마련하게 되었다.
과연 그 이론은 기묘하고 심묘하게 잘 맞았다.
그 후에 이론을 더 보충하기 위해 헤매다가 마침내 연해자평에서 더 깊은 원리를 접하게 되었다. 그 내용을 아래에 첨부한다.

연해자평 보법寶法 **제일**第一**에서 말하기를**
"서산역감 선생이 취한 통변을 보면 대부분 10격으로 구분하여 그중 6격을 중요시하였다. 관官, 인印, 재財, 살煞, 식신食神, 상관傷官인데 영고, 성쇠가 증험되지 않는 것이 없었다. 관官을 설명하면 재財를 살피고, 살煞을 만나면 인印을 찾고, 인印을 만나면 관官을 보고, 이는 참으로 오묘한데 법이 전해지지 않았다. 네(印, 官, 財, 食傷) 자를 취하여 편중되지 않고, 기울지 않고, 생극제화生剋制化를 취하여야 하고, 깨어짐을 만나고, 체體가 수囚되면 운명이 밑바닥이 되고, 생生에 있고, 거去가 되면 복이 되고, 도움이 있고, 벗겨지면 화禍가 되고, 그 이치가 매우 깊다. 자세히 살펴 취하면 사리에 꼭 들어맞는다. 몽매하지 않고 떳떳한 술사가 되려면 열심히 숙독하여 익히면 행운이 있게 될 것이다."하였다.
《一寶法 第一 》
『西山易鑑先生得其變通, 將十格分爲六格爲重, 曰官, 曰印, 曰財, 曰殺, 曰食神, 曰傷官, 而消息之, 無不驗矣. 其法曰, 逢官看財, 逢殺看印, 逢印看官, 斯有奧妙不傳之法. 取四者不偏不倚, 生剋制化, 而遇破體囚爲下運, 有生有去爲福, 有助有剝爲禍. 其理深長, 最宜消詳切當, 不昧庸術, 宜熟讀幸加勉焉』

섭채蟾彩 김정안

목 차

제8장 삼명법의 간명 요소

제9장 삼명법 논명 비전

제10장 육친 간명

제11장 직업 간명

들어가기 전에 필독

본 삼명명리는 세상에 유행하는 수많은 이론을 거의 다 버리고 실제 사주를 추리하는 데 있어서 삼명통회에 기록되어 있는 내용 중에서 꼭 필요한 원리와 요소를 간결하게 하여 이해하기 쉽고 외우기 쉽게 재편집하여 서술한 책입니다.

삼명명리는 자평법과 삼명법 2권으로 나누어져 있습니다.
자평법은 일간을 주체로 하여 오직 십성으로 팔자의 구조 체상을 구별하고, 또 십성의 상호 관계로서 命을 추리 통변합니다.
십성의 상호관계라 함은 형, 충, 합과 또 사주체상의 음양관계 간지의 음양관계, 간지와 간지 사이에서 발생하는 무형의 기운을 말하는 것입니다.
삼명법은 년주를 주체로 하여 신살로써 명을 추리 간명하게 되는데 먼저 주체가 되는 자평법으로 추리한 결과에 대해 보조 역할을 취하지만 간혹 주체가 될 때도 있습니다.
삼명법은 먼저 사주 체상(격국)의 향배에 대한 방향에 도움을 받게 됩니다.
자평법으로 체상을 결정한 후 삼명법인 신살을 통해 확정하게 된다는 것입니다.

운세도 마찬가지로 자평법인 십성의 상호관계로 먼저 발생되는 기운을 돌출시키고, 다시 삼명법으로 보조하여 결과물을 만들게 됩니다.
그러므로 결국에 가서는 이 두 간법을 혼용하여 사주를 추리의 결과물을 돌출 시키야 한다는 것입니다.

본서는 실제 현장에서 상담할 때 필요한 글들이 주체가 되다 보니 신비한 어떤 홍몽한 글보다는 보다 현실적인 내용, 고객과 상담할 때 필요한 내용, 실제 사용되는 이론을 주로 논하고 기록하였습니다.
즉 세간에 유행하는 진흙탕 같은 말만 있고 실제가 없는 불필요한 원리와 내용은 제외하거나 길게 설명하지 않았고, 배제하였습니다.

자평自評하면 본 서를 가지고 사주 공부를 택한 사람은 천운을 내려받은 선택된 분이라고 할 수 있습니다.

당 삼명명리는 필자가 12년간 삼명통회 및 연해자평을 연구 해독한 결과물로 세상에 유행하는 음양오행의 원리와 또 간명 논법에 사용하는 기초 원리 등이 상당부분 상이하니 유의하셔야 합니다.

그러하므로 본 서를 공부하고자 선택된 분이, 만약 타 이론으로 음양오행 및 사주 간법에 대한 학습을 조금이라도 하셨다면, 타 이론을 **다 버리시고** 새롭게 학습하셔야 참된 명리의 심오한 원리를 얻게 될 것입니다.
아마도 버리시는데는 상당한 고통이 따르겠습니다.
그렇지만 얻는 기쁨은 그보다 훨씬 클 것입니다.

단언하는데 본 서는 글자를 보고 글자만 해석하여 글자를 위주로 하여 글자를 만든 책이 아니고, 자연의 소식消息에 틀림없이 적용된 글이고, 임상하여 적중된 논리로 만들어진 책이라는 것을 감히 공언합니다.

제8장 삼명법의 간명 요소

제8장

삼명법 간명 요소

1. 신神과 살煞

❖ 12신살神殺 일람표

12神煞	亥卯未	寅午戌	巳酉丑	申子辰	작 용
겁살劫煞	申	亥	寅	巳	탈재, 도난, 파산
재살災煞 백호白虎	酉	子	卯	午	관재, 송사, 감금
천살天煞	戌	丑	辰	未	천재지변, 고독
지살地煞	亥	寅	巳	申	역마, 문서, 변동
도화桃花 함지咸池 패敗	子	卯	午	酉	주색, 사교, 치정, 사기
월살月煞	丑	辰	未	戌	질병, 악살
망신亡神	寅	巳	申	亥	망신, 신용, 명예
장성將星	卯	午	酉	子	장수, 재상
반안攀鞍	辰	未	戌	丑	직위상승, 명예
역마驛馬	巳	申	亥	寅	객지, 여행, 변동
육액六厄	午	酉	子	卯	고질병, 발병
화개華蓋	未	戌	丑	辰	승도, 예술, 고독

범례 : 乙巳년 丙午월 甲子일 丁卯일.

(1) 12신살神殺 ▶ YouTube 10강

❖ 장성將星 ❖ 화개華蓋

삼 합	亥卯未	寅午戌	巳酉丑	申子辰
장성將星	卯	午	酉	子
화개華蓋	未	戌	丑	辰

장성將星은 삼합三合의 가운데의 위치가 되고,
삼합三合의 고庫를 일컬어 화개華蓋라 한다.

장성은 군軍을 통제하는 것을 말한다.
화개는 보개寶蓋*로 하늘에 이 같은 별이 있는데 그 모양은 덮개와 같으며 항상 황제 자리 위에 덮여 있는 것이다. 그래서 삼합의 마지막인 고庫가 이에 해당한다.

보개寶蓋 : 탑에서 보륜 위에 덮개 모양을 이루고 있는 부분

❖ 장성將星

항상 길신과 서로 돕기를 원하여, 즉 귀살이 더해지면 길하게 되어 경사롭게 된다.
장성에 망신이 임하여 작용하면 나라의 큰 재목이 되며, 즉 길을 도와서 귀하게 된다는 말이다.
천을귀인과 묘고墓庫가 끼여있고, 순수하고 잡하지 않은 자는 나가서는 장수요 들어와서는 재상이 된다.

❖ 화개華蓋 ▶ YouTube 91강

정인살(正印)을 차고 고庫가 끼여있지 않으면 큰 벼슬을 한다.
승도, 예술, 고독, 유랑하고, 자식이 적거나 없다.
정인을 차고 庫가 끼여 있지 않다면 두 자리에 임명되는 격이 된다.

고묘庫墓만 차고, 정인을 차지 않았다면 원랑員郞 이상의 벼슬에 속한다.
묘墓, 정인도 차지 않았고, 화개만 있다면 평범하다.
고진과 과숙이 많으면 설령 貴하게 되지만 고독, 승도 및 예술이 된다.

화개가 올바른 역마를 만나면 벼슬이 높다.
예술성, 고아와 과부, 첩, 데릴사위, 가난, 고독, 형제가 적다.
태胎나 생일의 화개는 양아들, 서출이 된다.

정인, 묘墓가 화개와 같이 있으면 품격이 청하고,
정인이 거듭 겹쳐지면 고관이 된다.
또 공망이 그 위치에 임하면 인품이 그윽하고 한가한 예술인이 된다.

휴休, 파, 충을 만나면 총명하고 슬기로운데, 동서로 유랑한다.
왕상旺相하다면 삼공이 되고, 군자가 만나면 응당 복을 획득한다.
소인의 사주에 화개의 생처生處는 현침을 두려워한다.
시時의 화개는 괴멸하고, 壬癸 人은 더욱 꺼리고, 노년에 아들은 잃고,
일에 범하면 처를 극된다.
여자 사주의 시에서 화개를 만나면 자식이 적거나 없다.
화개가 金木이 되면 좋지 않다.

庚辰이 庚辰을 보고, 辛丑이 辛丑을 만난, 오직 두 金이 만나서 다시 화개가 있고, 또 록마의 빼어난 기운을 만나 도우면 벼슬에 오른다.

생각이 맑고, 두둔하여 보살피고, 활달한데 의젓하고, 정신이 맑고, 신령스럽고 기묘하고, 욕심이 없고 담백하여 일생 재물에는 불리하다.
천을귀인과 나란히 있다면 복되고, 貴하게 되고, 특별한 재주가 있다.

- 함지, 화개를 월시에서 상범相犯하면 외롭고 고독하게 된다.
- 고진이 화개이면 도사, 스님, 비구니가 된다.
- 사주에 화개를 만나고 천월덕을 만나면 청귀淸貴한 사람이 된다.
- 화개가 겹쳐 있으면 많이 각박刻剝하다.
- 화개가 時에 임하고 고과의 곳이 되면 승도로 정해진다.

❖ 함지咸池 YouTube 86,112강

삼합	亥卯未	寅午戌	巳酉丑	申子辰
함지咸池	子	卯	午	酉

酉를 생하는 것은 午인데, 午 중에는 己土가 있다.
삼합의 중간 글자를 생하는 것이 함지(도화)가 된다.

납음오행을 헤아려야 하는데, 곧 寅午戌에 卯만 있고 납음이 火에 속하지 않는다면 함지咸池가 아니다. 일명 패신敗神(도화살桃花煞, 나형裸形)이라 한다.

"회남자에 이르기를 태양은 부상扶桑*에서 나타나고 함지咸池에서 들어간다. 그래서 함지는 오행의 목욕沐浴 地로 태양이 지는 만물이 암매하는 시기가 되는 곳이다."하였다.

부상扶桑 : 해가 돋는 동쪽 바다. 중국 전설에서 동쪽 바다 속에 해가 뜨는 곳에 있다고 하는 나무

寅午戌는 卯, 巳酉丑은 午, 申子辰은 酉, 亥卯未는 子가 함지에 해당하는데, 장생長生으로부터 제2위에 있는 것이 함지살(목욕살沐浴煞)이 된다.

함지살의 주체는 간사하고 음란하다.

- 생왕生旺하면 자태가 아름답고 주색, 소비, 환락, 파산, 음란.
- 사절死絶되면 실의, 언행이 교활, 도박, 말실수, 간음한다.
- 원진元辰과 같이 있고, 생왕하면 나쁜 사람, 악한 처를 만난다.
- 물의 재난을 잘 당하고, 질병, 암매한 유실의 재앙이 있다.

- 부녀자는 더욱 흉하고, 水가 많은 명조, 또는 년지가 水인 명조, 년지의 납음오행이 水인 명조가 더 흉하고, 함지가 일시에 있으면 더 흉하다.
- 목욕이 임한 년은 백이(주나라 초기 사람)가 수양에서 굶주린 것과 같이 흉한 것이다.
- 귀인貴人, 건록과 함께 있으면 기름, 소금, 술로 인하여 많은 재물을 얻는다.
- 부인으로 인한 암매한 재물로 가정을 일으키기도 한다.
- 풍류를 좋아하고, 음란한 특성이 있다.
- 형刑이 2~3개가 겹치고, 악살이 더해지면 피를 보는 재앙이있다.

- 도화는 곤곤滾滾*하니 창기娼妓의 무리가 되고, 함지 세운이 임하면 수액水厄이 두렵다.

곤곤滾滾 : (많이 흐르는 물이)처런치런한 모양 펑펑 솟아 나오는 물

- 함지는 주색의 성星으로 만나면 갈길을 잃고 헤매 돌아다녀 금제하지 못한다.
- 함지가 財로 나타나면 음란 넘치고 도화가 祿과 회합하면 주색으로 몸을 망치고 사망하기도 한다.
- 도화가 합신合神을 겹쳐 차게 되면 거리의 여자가 된다.

❖ 육액六厄

삼합	亥卯未	寅午戌	巳酉丑	申子辰
육액六厄	午	酉	子	卯

액厄은 만나면 근심이 되는 것이다.
역마 앞의 一辰에 있고, 겁살 뒤의 二辰이 된다.
삼합의 사死지가 되어 생하지 못하는 것을 액이라 한다.

申子辰 水국의 水는 卯에서 사死하고, 寅午戌 火국의 火는 酉에서 사死하고, 亥卯未 木국의 木은 午에서 사死하고, 巳酉丑 金국의 金은 子에서 사死하니 소이 액厄이라 한다.

구호救護되어 도움이 있게 되고, 생왕하고, 겸해서 귀기貴氣가 돕게 되면 길하게 되지만 궁극적으로 일생 뜻대로 되지 않는다.
"호중자가 이르기를 육액六厄은 官이 박탈되는 살殺로 이광이 후侯에 봉해지지 못한 것이 이것이라" 하였다.

- 육액이 양인, 겁살, 망신를 차면 재앙이 크다.
- 방해가 많고, 고독하고, 골육과 떨어져 있고, 재물이 넉넉하지 못하다.
- 육액이 일시에 있는 것을 더욱 꺼린다.

❖ 역마驛馬 YouTube 57,136강

삼합	亥卯未	寅午戌	巳酉丑	申子辰
역마驛馬	巳	申	亥	寅

삼합의 생지와 충하는 지지가 역마가 된다.
역마 후의 一辰은 반안으로, 사람이 승마 할 때 안장이 있어야 한다.
그래서 역마는 반안이 필요하다

역마는 오행이 대신 사용되는 氣가 되어 강한 이름으로 음양은 일어나고 가라앉는 것이니 곧 氣가 순환하여 마치 요즘의 배달원과 같아 온 것을 마지하고 가는 것을 보내는 것과 같다.
氣가 감추어지면 역驛과 같고, 氣가 움직이면 마馬와 같다.

寅午戌은 火에 속하는데, 水가 그중에 감추어져 있어 申의 위치를 만나면 水가 나타나 발월하게 된 연후에 陽 중에서 陰이 움직여 변화하게 되는 것이다.

申子辰은 水에 속하는데, 火가 그 중에 감추어져 있어 寅의 위치를 만나면 火가 나타나 원융圓融*하게 된 연후에 陰 중에 陽이 움직여 生이 있게 되는 것이다.

원융圓融 : 한데 통하여 아무 구별 없음. 원만하여 막히는 데가 없음. 일체의 여러 법의 사리事理가 구별 없이 널리 융통하여 하나가 됨

亥卯未는 木에 속하는데, 그중에 金이 감추어져 있어 巳를 만나면 金이 생하게 되어 뛰어 오른 연후에 움직인 자는 멈추게 되고 묶여 있는 자는 흩어지게 된다.

巳酉丑은 金에 속하는데, 木이 그중에 감추어져 있어 亥를 만나면 木이 생하게 되어 왕성하게 된 연후에 수렴된 자는 흩어지고 굽은 자는 펴지게 된다.
이렇게 水火木金이 뒤섞여 있는데 왕래로 인하여 동정이 있을 때 내외가 서로 감응하여 서로 이롭게 사용되는 것이다.
진進하여 함께 할 때 함께 가고, 퇴退하여 함께 할 때 함께 마치게 되고, 그러하여 옛사람이 강한 이름이 역마라고 하였다.

음양이 교류하여 통하는 것, 강하고 부드러운 것이 상호 변통變通되는 것, 모두 마馬의 종류에 속한다.
寅午戌 火는 申에서, 亥卯未는 巳, 巳酉丑은 亥, 申子辰은 寅이 역마가 되며, 충으로 변화의 시작이 된다.
마馬(말)는 재물에 속한다.

역마는 행하는 것이 변동되어 다시 바뀌는 것이다.

- 역마는 생지에 속하는 寅申巳亥가 되니 곧 계절의 처음이 되어 지나는 계절을 보내고, 새롭게 오는 계절을 맞이하게 되는 지지가 되어 변화 변동에 속한다.
  또 역마는 삼합의 첫 글자와 충하는 글자인데 이는 음양으로부터 일어나는 것이다.
  그러하니 변화가 시작되어 변동이 되는 것이 아니겠는가!

- 무릇 오행의 氣가 당면한 것에 대해 상반相反되는 것이 충격되어 발생하는 것이 역마에 속한다.
  즉 水의 장생처에 속하는 申을 火의 장생처 인寅이 충격하여 발생하는 기운의 동향에 의한 것으로, 木金도 그러하다. 그래서 이것에 또한 역마의 의미가 있는 것이다.

역마와 길신, 흉신의 만남

- 건록을 찬 자는 복력이 있다.
- 煞과 충, 고진, 조객, 상문을 찬 자는 고향을 떠나고, 스님, 장사꾼이 될 뿐이다.
- 도식倒食(=편인), 귀鬼를 찬 자는 인색하고, 요행을 바라고, 천하고, 태도가 시정잡배 같다.
- 식신을 찬 자, 또 충이 되면 명성이 높다.
- 유년에 역마를 만났는데, 병부가 되면 질병. 망신이 되면 관청의 일, 택묘가 되면 구설이 있다.
- 역마가 공망, 함지, 교퇴복신, 값이면 귀貴하다.
- 록이 천을귀인과 손잡고 또 역마에 속하고, 또 모든 煞이 아울러 임하게 되면 큰 권력을 잡는다.

년지가 고庫(辰戌丑未)가 되고 이에 해당하는 역마는 소년에 좋고, 왕지(子午卯酉)에 해당하는 역마는 중년에 영화가 있고, 생지(寅申巳亥)에 해당하는 역마는 장세에 영광이 있다.

소운 또 유년과 합하면 승진, 복록을 얻고, 甲子년의 역마는 寅인데 건록과 역마에 해당한다. 유년에서 亥가 들어와 역마와 천합지합하면 관직이 높다.

역驛과 마馬의 유무

천간은 마馬가 되고 년지는 역驛이 되어 마와 역의 왕쇠을 추리하여 효용의 가치를 판단하게 된다.

- 유역有驛 유마有馬가 있는데, 제후帝候에 도달한다.

년의 천간과 역마의 천간이, 해당 역마가 임관, 장생이 되어 왕하게 된 경우.

	년	
庚	戊	마
申	戌	역
木	木	납음

역마가 申인데, 역마의 천간 庚에게 申은 임관이 되고, 년의 천간戊와 戌은 土에 속하고 土에게 역마 申은 장생으로 왕하다.

- 무역無驛 유마有馬가 있는데, 역마의 천간과 년간은 왕하고, 년지는 쇠약한 것.

  壬午가 戊申 역마를 만났을 경우

	년	
戊	壬	마
申	午	역
土	木	납음

戊土와 壬水에게 申은 장생이 되고, 년지의 午火는 申이 쇠衰가 된다. 그래서 두 개의 천간은 강하고 한 개의 地(午)는 약한 것이 되어 무역, 유마에 속한다.

- 유마有驛 무마無馬가 있는데, 년간은 쇠약하고, 년지는 왕하고, 역마의 천간도 쇠약한 것을 유역 무마가 된다.

년		
辛	丁	마
亥	丑	역
金	水	납음

辛의 좌 亥는 金의 병病, 丁火에 亥는 절絕로 쇠약하다. 土는 亥가 임관으로 旺하다. 그래서 丁, 辛의 干은 약하고 한 개의 地(丑)는 강한 것.

역마가 생월의 오행을 극하는 자가 있다.
寅午戌의 역마는 申金으로 寅卯월 곧 木을 극하고, 甲子辰의 역마는 寅木으로 辰戌丑未월 土를 극하는 것을 말한다. 관직에 오르고 소년에 형통하여 급제하고, 보통격도 부유한 편이다.

역마가 재고財庫를 극하는 것이 있다. 역마가 申金이라면 金이 木庫인 未土를 극하는 종류로 평생 사방 여러 곳으로 돌아다니며 많은 재물을 얻게 된다.

역마는 청淸한 것과 탁濁한 것이 있다.

년		
丙	甲	
寅	子	
火	金	납음

寅은 甲의 록, 또 역마로 곧 녹마祿馬 동향同鄉이 되고 또 丙은 식신이 되니 즉 식신 丙이 장생마長生馬를 탄 것으로 청하다.

년	
丁	丁
亥	丑
土	水 납음

丁은 亥가 천을귀인, 또 천관天官으로 임관마臨官馬를 탄 것이다. 타 간지도 이에 준하여 논한다.
장생, 임관, 식신과 록, 길신은 길하고, 병, 절, 공망, 패, 교태, 복신이 된 역마는 흉하다.

▸ **역마에는 12가지가 있다.**

① **관단**款段 : 巳酉丑년이 壬亥, 亥卯未년이 丙巳, 申子辰년이 甲寅, 寅午戌년이 戊申을 얻은 것이 이것이다.
평생 동안 굴곡이 있고, 과거에 합격하지만 승진은 하지 못한다. 마구간이 없으니 맡을 곳이 분명하지 않기 때문이다.

관단款段 : 걸음이 느린 말.

② **궐제**蹶蹄 : 사주에 역마가 있지만 생일이 공망이 된 것. 거듭 일어난다.

궐제蹶蹄 : 말굽이 이지러진다.

③ **절족折足** : 태월胎月이 역마가 있고, 일시가 목욕인 것.
또 완전한 申子辰이 寅 역마를 본 것이며, 세 사람이 한필의 말을 탄 것으로 일컬어 절족이라 한다.
또 亥卯未의 역마 巳는 벼슬이 하천하다.
1개만 있어도 소년에 발하나 뒤에 궁핍하게 된다.

④ **무량**(無糧:양식이 없음) : 생일에 역마가 있는데, 년간이 역마의 천간의 식신이 된 것.

甲子년이 壬寅日을 얻고 시가 공망이 된 것이 이것이다. 즉 寅은 역마가 되고 寅의 천간은 壬으로 甲은 壬의 식신이 된다.

하늘에서 받을 녹봉이 없다.

⑤ **불출청구**(不出廳廄:벼슬이 없음) : 태월이 역마가 되었지만 천을귀인 등 길신을 보지 못했고, 록도 나타나 있지 않았고, 또 공망이 된 자가 이것이다.

벼슬을 하지 못하고, 평생 외롭고 춥다.

⑥ **시풍**(嘶風:질병) : 이지러진것.

달아나 헛된 이름이 되고, 힘들게 祿을 구한다.

⑦ **추도**(趨途:길을 달린다) : 역마가 공망이 된 것으로, 흉하다.

⑧ **타시**(馱屍:시체를 실은 것) :

甲子순 중의 있는 巳酉丑은 亥가 역마가 되며,

乙丑 년이 丁亥 역마를 보면 寅이 月, 日, 時에 있는 것은 꺼린다.

己巳 년이 乙亥 역마를 보면 申이 月, 日, 時에 있는 것은 꺼린다.

癸酉 년이 癸亥 역마를 보면 寅이 月, 日, 時에 있는 것은 꺼린다.

甲午순 중의 亥卯未는 巳가 역마가 되며,

乙未 년이 辛巳 역마를 보면 寅이 月, 日, 時에 있으면 꺼린다.

己亥 년이 己巳 역마를 보면 申이 月, 日, 時에 있으면 꺼린다.

癸卯 년이 丁巳 역마를 보면 寅이 月, 日, 時에 있으면 꺼린다.

남은 것은 이 예에 준한다.

가장 흉하고, 벼슬을 하지만 사망한다.

⑨ **식추**(食芻:꼴 즉 식량) : 역마가 시를 극하는 것. 역마가 金에 속하고 생시에 木을 얻은 것이 이것이다.
벼슬이 육품六品에 이른다.

⑩ **승헌**(乘軒:벼슬) : 태월, 생일에 녹마를 찬 것. 甲申년이 庚寅, 甲寅 시를 얻은 것과 庚寅 태월를 얻은 것이 이것이다.
삼공三公이 된다.

⑪ **승초**(乘貂:담비를 타는 것) : 천지가 태세와 합이 된 것. 월일시에 귀인 역마를 본 것이 이것이다.

시	일	월	년
己	壬	乙	丁
酉	寅	巳	亥

월은 역마 巳, 시의 酉가 丁의 천을귀인이 되고, 일주日柱 壬寅과 년주年柱 丁亥가 천합지합한 것이 이것이다.
벼슬을 하게 된다.

⑫ **무비**(無轡:고삐가 없음) : 천을귀인이 공망이 되고, 록이 절絶된 것이 이것이다. 평생 외롭고 춥다.

▸ 역마는 사전, 명위, 생왕, 병절, 타보, 함화, 도식을 잘 관찰하여야 한다.

① **사전四專** :

申子辰의 역마 寅이 甲寅을 만난 것.

寅午戌의 역마 申이 庚申을 만난 것

亥子丑의 역마 巳가 丁巳를 만나 것

巳酉丑의 역마 亥가 癸亥를 만난 것.

모두 길하다.

② **명위名位** : 역마가 식신을 만난 것.

甲이 丙을 보고 乙이 丁을 본 종류로 역마 상에서 밥을 먹는 것이다.

길하다.

③ **사생四生** : 辛巳金, 甲申水, 己亥木, 丙寅火로 납음이 생지를 좌하여 강한 것. 모두 길하다.

④ **사병四病** : 납음오행이 사지死支를 만나고, 절지絕支를 만난 것.

납음이 金에 속하는데 金은 寅 절지를 만난 것 즉 申子辰의 역마는 寅인데 壬寅金을 만난 종류가 이에 해당한다. 흉하다.

⑤ **타보馱寶** : 甲子金이 戊寅土을 보는 것.

역마 주柱의 천간이 년간의 재성에 속하게 되거나, 혹은 납음이 역마를 극하는 것.

예) 甲子金이 戊寅土를 보면, 년간 甲이 역마 柱의 천간 戊를 극하니 곧 재성에 속한다.

부유하게 되며. 상업에 좋다.

재물이 되는 식신이 더해지는 종류.

甲寅 년이 丙申을 보고, 甲申 년이 丙寅 일시를 보는 것이다.

유익하다.

⑥ **함화咸花** : 역마가 납음의 임관이 된 것.

庚申木, 壬子木, 戊辰木 년은 납음이 모두 木이 된다. 그래서 납음 木의 임관臨官은 역마인 寅이 된다. 역마도 되고 납음오행의 임관도 되는 지지를 함화라 한다.

여자에 가장 나쁘다. 음란하다.

함화는 납음 木이 庚寅을 만나고, 乙亥火가 乙巳, 丁卯火가 丁巳, 己未火가 己巳를 만난 것을 가장 꺼리며 남자는 음탕하고, 여자는 사사로운 정이 많다. 대운에서 만난 자도 같이 판단한다.

⑦ **도식倒食** : 역마는 년간의 식신이 깨어지는, 곧 도식倒食되는 것이 가장 두렵다.

乙酉가 癸亥를 보면 역마는 亥가 되고. 癸 편인이 乙의 식신 丁을 깬다.

역마는 납음오행이 전일하게 왕한 것이 좋고, 이곳저곳에 많아 혼잡한 것은 좋지 않아 발달하지 못한다.

대운와 유년에서 편책이 나타나는 때의 호환을 살펴야 한다.

辰 년의 역마는 寅이며 유년에서 申이 寅을 충하면 유년이 편책이 된다.

소운에 申이 존재하면 소운이 편책이 된다.

변동, 움직임이 많다.

申과 寅의 호환되는 여하를 관찰하여야 한다.

	일	년
	甲	庚
역마	寅	申
	水	木 납음

寅은 납음 木의 임관, 甲寅은 水에 속하니 申은 장생으로 납음이 서로 호환한다. 또 납음 水가 납음 木을 생하여 길하다. 그러나 극하면 막혀 흉하다. 호환互換하는데 납음이 무기無氣하면 흉하고, 유기有氣하면 좋다.

소아와 노인이 역마를 보는 것은 흉하다.

- 소아 12세 이전, 3세 이상에서 역마가 소운, 운에서 충을 하거나 혹 임관마臨官馬를 만나면 놀라는 병, 전복의 재앙이 발생한다.
- 노인 50세 이상에서 혹 운과 유년에 역마가 있으면 氣가 허하여 요통과 다리통증이 있게 되고, 또 노인에 록이 있으면 병이 발생하고, 음식을 토하는 병이 발생하고, 젊은 사람도 병이 발생한다.
- 노소老少 다 승마를 감당하지 못하는 것은 역마는 오행 중에서 동약動躍하는 신이기 때문이다.

❖ 겁살劫煞 ▶ YouTube 54,61강

일명 대살 大煞

삼합	亥卯未	寅午戌	巳酉丑	申子辰
겁살劫煞	申	亥	寅	巳

삼합의 묘 앞의 1위에 위치... 亥卯未이면 未앞의 1위 인 申이 겁살이 된다.
이하 이에 준한다.
삼합의 화化한 오행이 절絶한 지지, 곧 亥卯未는 木국인데 木은 申에서 절하니 申이 겁살이 된다.

겁劫은 탈(奪:빼앗다)로 밖에서 빼앗아 가는 것으로 일컬어 겁(劫:겁탈)이라고 한다.

- 亥卯未는 申이 겁살로 申 중의 庚金이 木을 겁탈한다.
- 申子辰은 巳가 겁살로 巳 중에 戊土가 水를 겁탈한다.
- 寅午戌은 亥가 겁살로 亥 중의 壬水가 火를 겁탈한다.
- 巳酉丑은 寅이 겁살로 寅 중의 丙火가 金을 겁탈한다.

겁살이라고 꼭 재앙이 되는 것은 아니다.
명리가 분주하고, 조상의 유업을 잃고, 처자와 인연도 박하다.
겁살이 관성을 만나면 병권을 잡아 위엄이 있고, 나라를 거느려 모두 평안하게 한다.

겁살은 16가지가 있다.
만약 대모, 공망이 있으면 도둑이 되고, 금신金神인 庚辛이 아우르게 되면 조각과 금속공예의 직업이 되고, 공망과 金火가 같이 있으면 대장장이, 도살인, 거간꾼, 포획과 수렵, 새 따위를 장에 가두어 기르는 사람이 된다.

겁살의 납음오행이 身(년의 납음)을 극하고, 다시 금신과 양인이 있어 같이 극하게 되면 마차가 전복되는 재앙을 당하고, 생시에 얻게 되면 자손이 어리석고 야박하다.[=교통사고]

① **겁살취보**劫煞聚寶 : 겁살이 보배를 취한다.
내가 다른 이를 극한다.
년의 납음오행이 겁살의 납음오행을 극하는데, 힘이 있고, 일간과 화해하는 자로 부유하다.

② **겁살의권**劫煞宜權 : 겁살이 권력이 된다.
겁살의 납음오행이 임관을 좌하고 공망이 된 것.
의관을 착용한 귀공자의 자태가 나타난다. 게다가 생왕하지 않은가

③ **겁살가모**劫煞嘉謨 : 왕에게 의견을 제시한다.
년의 납음이 겁살의 납음에 극당하지 않고, 겁살이 극할 수있는 위치를 얻지 못한 것.
년의 납음은 강하고, 煞의 납음오행은 약하고, 또 다른 위치에 천을귀인 등 길신이 있으면 행동이 올바르고, 예의 바르고 아무 탈 없이 평온하다.

④ **겁살주호**劫煞奏號 : 이름을 날린다.
천을귀인이 겁살이 된 것,
겁살인 천을귀인이 일간을 도와 일의 어려움이 변하여 쉽게 이루어진다.
사람이 자연히 존경을 받고 복기가 많다.

⑤ **겁살정서**劫煞呈瑞 : 경사롭고 길하다.
겁살의 납음오행이 장생長生의 위치가 되고, 일간의 재관이 된 것이다.
貴하게 된다.

⑥ **겁살위림**劫煞爲霖

나문귀인羅文貴人에 속한 것으로, 시의 겁살이 년간의 천을귀인이 되고, 시간時干의 천을귀인이 년지에 있는 것이며 다시 일지와 유정하면 명리가 현혁하다.

⑦ **겁살생상**劫煞生上: 하가 상을 생하는 것.

시에 이 煞을 차고, 이겁살의 납음오행이 생왕하고, 년을 돕는 자는 오직 귀중하여 길하다. 년간과 시간이 충하면 길하다.

년과 시가 천간이 합하고 시지에 겁살을 차면 가정이 깨어지고, 업業이 파괴된다. 다시 일지에 겹쳐있으면 집안에 정이 없다.

⑧ **겁살유쟁**劫煞類爭 : 겁살이 전쟁하는 것.

년의 납음오행 火가 겁살의 납음오행 火를 만난 것이 겁살유쟁이된다. 예를 들면 丙申火가 乙巳火를 만난 것이 이에 속한다.

제어하지 못하고, 부리지 못하면 도살업, 상업, 무당, 의사가 된다.

제어하고 부릴 수 있으면 복이 있고, 수명이 긴 귀격이 된다.

일간이 미치는 길흉 여하를 보아 증감하여 판단하여야 한다.

⑨ **겁살조의**劫煞造意 : 겁살이 뜻을 만든다.

내가 타他를 生하는 것. 예를 들면 庚寅木년이 乙亥火의 종류가 이에 해당한다. 년이 겁살을 생하는 것으로 마치 어미가 자식을 보살피는 것과 같다. 고진孤辰을 겸하면 집안에 초상이 있고, 자식이 극되고, 자식의 재산이 준다. 일간이 허약하면 의심의 여지가 없다.

⑩ **겁살비량**劫煞非良 : 겁살이 어질지 않다.

겁살의 납음오행이 년의 납음오행을 극하는 것이 이것이다. 예를 들면 戊子火년이 癸巳水를 만난 것이며 巳는 子(申子辰)의 겁살이 된다.

사람이 옳지 않게 재물을 취하고 재물로 인하여 몸에 해를 입고, 탐욕적이고, 인색하고 재앙 등의 일을 만난다.
일간의 흉살로 된 자는 반드시 그렇다. 천을귀인 등 氣가 있는 자는 그렇지 않다.

⑪ **겁살훼분**劫煞毁焚 : 불에 타 훼손된다. YouTube 60강
겁살이 파택살을 겸한 것이 이것이며 煞의 납음오행이 년의 납음오행을 극하는 것이 이것이다.
거주할 집이 없는 것은 아니지만 가마솥에 먼지가 앉을 만큼 가난하고, 다시 망신이 겸하여 극절剋竊하는 자는 구제되지 못한다.

▶ 년지에서 앞과 뒤의 5번째 지지가 파택, 파묘살이 된다.
甲午金이 乙亥火를 본것이며 午에서 5번째가 亥가 되고 파택살에 해당한다.

⑫ **겁살감욕**劫煞酣慾 : 욕심이 많다.
합을 했는데, 납음오행이 나는 약하고 타는 강한 것.
일과 시가 단합單合 혹은 쌍합雙合합을 하는 것이며 주主(일간)가 항복하지 않고 이기지도 못하면서 구원해 주려하는 호의도 무시하는 자를 말 한 것이다.
주색으로 파가破家하고, 염치를 알지 못하고 평생 풍류를 좋아한다.

⑬ **겁살경영**劫煞輕盈 : 적게 채워진다.
겁살의 납음오행이 사절死絶을 만난 것이며 내가 타를 생하고, 또 합이 있는 것이 이것이다.
교태서럽고 자태가 아름답고, 봄바람의 버드나무 같다.
일의 납음오행이 절絶되지 않더라도 길신의 구원이 없으면 그러하다.

⑭ **겁살당중**劫煞黨衆 : 겁살이 중첩된 것

겁살이 두 개있고 그 납음오행이 년의 납음오행을 극하는 것.

설령 귀하다고 하더라도 요절한다. 혹 군에 들어가거나 여행하다 타향에서 사망하거나 그렇지 않다면 도적이 된다.

일간이 극히 약하고, 또 일의 납음오행이 극절剋竊되고, 다시 공망이 되면 의심할 여지가 없다.

⑮ **겁살폭려**劫煞暴厲 : 사납게 나아간다.

망신과 겁살 두 개가 완전하게 있는 것이며, 또 양인羊刃의 납음오행이 극하고, 합이 겹쳐진 것이 이것이다.

사람이 흉폭하고, 일에 좋지 않고, 일의 납음오행이 극되면 어려움을 면하기 어렵다.

⑯ **겁살공한**劫煞空閑 : 하는 일 없이 한가하다.

고진, 과숙과 같이 겸하거나 있는 것이 이것이다.

겁살이 고孤, 과寡, 형刑, 격각隔角 4개 중에서 2개만 범하고, 겸해서 납음오행이 사절死絶되고, 일간이 극절剋竊되면 스님 아니면 도사가 된다.

水火의 象으로 나누어 水가 많으면 도道가 되고, 火가 많으면 스님이 된다.

속인俗人이라면 매우 가난하고, 귀기貴氣가 있게 되면 그렇지 않다.

겁두견재劫頭見財

甲寅, 甲午, 甲戌(寅午戌) 년이 己亥를 본 것.

乙巳, 乙酉, 乙丑(巳酉丑) 년이 戊寅을 본 것.

겁살 상의 천간이 년간의 재성이 되어 재산을 모아 큰 부자가 된다.

다투면 물질에 해롭고, 두 개가 겹친 자는 도리어 가난하다.

겁두견귀劫頭見鬼

甲申, 甲子, 甲辰(申子辰) 년이 辛巳를 본 것.

乙亥, 乙卯, 乙未(亥卯未) 년이 庚申를 본 것.

겁살의 천간이 년간의 관귀官鬼가 되어 흉하여 벼슬을 하지 못한다. 또는 파직된다. 벼슬하기 어렵고, 서민은 피겁되고, 굴곡이 심하다.

겁살상합劫煞相合

甲戌火가 己亥木. 丙寅火가 辛亥金. 戊寅土가 癸亥水를,

庚寅木가 乙亥火. 壬寅金이 丁亥土. 甲申水이 己巳火를,

丙申火가 辛巳金. 戊申土가 癸巳水. 庚申木이 乙巳火를,

壬申金이 丁巳土를 본 것은 겁살의 천간이 년간과 합하는 것으로 무인武人이 된다.

분겁分劫

甲子金 년이 己巳木월, 己巳木시를 얻은 것은 子가 두 개의 巳 겁살에게 나누어 재앙을 받게 되므로 흉이 가볍다.

취겁聚劫

甲子金 년이 丙子水월, 己巳木시를 얻은 것은 子가 두 개로 겹쳐있고, 겁살은 巳 하나로 하나의 巳가 단독으로 받게 되어 해害가 도리어 심하다.

겁살의 주체는 煞이 되고, 생기生氣의 주체는 년의 납음오행에 생지 왕지 건록지가 되어 왕하게 되는 것이며 곧 생기를 받는 것이 된다.

생기生氣가 두 개가 되고, 겁살은 한 개가 되면 이 생기는 겁살보다 더 강하고, 겁살이 두 개가 되고, 생기는 일중하면 이 겁살은 생기보다 더 강하게 된다.

생기가 많은 자는 생기를 따른다는 말이고 겁살이 많은 자는 겁살을 따른다는 말로 대개 논할 수 있다.

사주의 납음오행이 생을 만나면 서로 견주어 보아야 하며, 장수의 직을 맡게 된다. 망신도 이것에 준하여 추리한다.
겁살, 망신, 두 煞은 년의 납음오행이 煞의 납음오행을 극하는 것은 좋고, 煞의 납음오행이 년의 납음오행을 극하는 것은 좋지 않다.
일에 煞이 있으면 처를 극하고, 여명女命은 지아비를 극한다. 시時의 煞은 자식을 극한다.

천살, 지살, 세살, 형살, 이 네 살煞이 있게 되면 권력이 있는데, 신(身=년의 납음오행)을 극하지 않으면 재앙이 일어나지 않는다.

겁살의 납음오행이 년의 납음오행을 극하게 되면 재앙이 크고, 망겁이 같이 있으면, 金土을 차게 되면 무신武臣이 되고, 水木는 문신文臣이 되고, 문신이 土金을 차게 되면 煞이 되어 그 사람은 병권을 장악한다.

고가에 이르기를

- 겁살은 꼭 재앙이 된다고 할 수 없다. 명리가 분주하고, 조상의 업業이 망가지고 처자妻子도 오래도록 유지되지 못한다.
- 네 개의 생지가 사주에 있고 다시 겁살에 해당하는 것이 있으면 고귀한 사람이 된다.
- 정관과 천을귀인이 시時 상에 있으면 어사대御史台에 이름을 올리게 된다.
- 겁살이 관성을 만나면 병권을 잡아 명성을 떨치고, 위엄이 있다.
- 겁살은 원래 煞의 우두머리가 되어 만약 살국을 형성하게 되면 사망에 이를 수 있다.

❖ 망신亡神 ▶ YouTube 59, 88강

삼합	亥卯未	寅午戌	巳酉丑	申子辰
망신亡神	寅	巳	申	亥

삼합의 화化한 오행의 힘을 빼는 생지, 즉 申子辰은 水국으로 木이 힘을 빼는 식상에 속하니 생지인 亥가 망신살이 된다.
망亡은 실(失:잃다)로 안에서 잃어버리는 것으로 일컬어 망(亡:없어지다)이라고 한다.

水는 木을 生하는데, 申子辰은 亥가 망신으로, 亥중의 甲木이 水를 설洩하기 때문이다.
火는 土를 生하는데, 寅午戌은 巳가 망신으로, 巳중의 戊土가 火를 설洩하기 때문이다.
金은 水를 生하는데, 巳酉丑은 申이 망신으로, 申중의 壬水가 金을 설洩하기 때문이다.
木은 火를 生하는데, 亥卯未는 寅이 망신으로, 寅 중의 丙火가 木을 설洩하기 때문이다

망신은 재앙이 가볍지 않다. 사용하는 기관機關이 다하여 없어지니 하나도 이루지 못하고 처와 자식, 조업도 없어지게 된다.
벼슬길에 오르기를 원하여도 헛된 이름뿐인 것으로 두렵게 되는 것이다.
망신이 납음오행의 장생長生이 되고, 또 천을귀인이 되고, 일시가 천합지합을 겸하면 높은 관직에 오른다.
삼합을 특히 상세히 살펴 공협拱夾되면 반드시 흉하게 된다.

망신십육전亡神十六般 구결

망신이 천을귀인과 겸하고, 납음오행이 강하면 길하게 되어, 엄하고, 위엄이 있고, 모략에 계산이 빠르고, 재능이 뛰어나고, 하는 일이 노출되지 않는다. 무인武人으로 나아가는데 계략이 뛰어나고, 싸움에 시종 승리하고, 결단력이 있고, 장년에도 벼슬로 나아가고, 망신의 납음오행이 왕하고 또 천을귀인을 겸했는 때이다.

망신 겁살의 납음오행이 강하고 또 년의 납음오행을 극하고, 다른 흉살과 겸하게 되면 매우 흉하게 된다.

성격이 급하고, 군색하고, 사리에 맞지 않고, 거짓말하고, 시비에 진실성이 없고, 주색 풍류에 젖어들고, 형사소송이 발생하고, 질병이 발생하고, 자기를 낮추지 못하고, 사람을 잃어 세력을 만들지 못하고, 병형兵刑의 일에 어렵고 힘든 업무만 맡게 된다.

천을귀인, 건록과 같이 있으면 붓과 벼루를 희롱하고, 문장에 능수능란하고, 관직으로 집안을 일으키고, 관청의 일들을 관리하고, 벼슬아치가 되기도 하고, 아울러 火가 身을 극하면 말이 어눌하고 氣가 없고, 허리와 발에 질병이 많이 발생한다.

① **망신부장**亡神富藏 : 부가 저장되어 있다.

년의 납음오행이 망신의 남음오행을 극하는 것. 내가 망신을 이겨 항복을 받아내는 것이 이것이다.

혹 일간의 재관이 되고, 일간을 생조하는 것이 오면 부귀하게 된다.

② **망신장생**亡神長生 : 장생이 된 것.

망신이 남음오행의 장생이 되고, 겸해서 일진日辰이 다른 위치에 貴, 록을 차면 일찍 비등하게 된다.

③ **망신임관**亡神臨官 : 임관이 있는 것

망신이 임관의 위치가 되고, 공망이 되면 반길反吉하다.

망신의 간干이 生日을 生하면 비록 主가 벼슬을 하는 貴함은 있지만 2, 3 분分은 주색을 탐한다.

④ **망신변여**亡神變輿 : 수레가 변한다.

시좌에 임한 것인데, 도리어 나문귀인이 있어 왕래 호환하게 되고, 천을 귀인이 있는 천간이 일간을 돕는 자는 귀하게 된다.

⑤ **망신자여**亡神自如 : 자유자재하다.

망신살의 납음오행은 약한 地가 되고,년의 납음오행은 강한 지를 좌했으면 망신살이 극을 받지 않아도 항복하게 된다.

- 예를 들면 丙寅火년의 망신은 巳인데, 己巳木를 봤다면 년의 납음오행 火는 寅이 생지가 되어 강한데, 반면 망신살이 있는 己巳의 납음오행 木에게 巳는 휴수가 되어 약하다.

  이러한 경우 년의 납음오행이 己巳木의 납음오행 木을 극하지 않아도 약하여 망신살이 항복한다는 것을 설명한 것이다.

다른 곳에 일진日辰의 귀기貴氣가 있으면 어질고, 겸손하고, 중용의 덕과 공무에 부지런하고 식록이 있는 사람이 된다.

⑥ **망신생본**亡神生本 : 근본을 생한다.

망신의 납음오행이 년의 납음오행을 생하고, 겸해서 년의 납음오행이 생왕하고, 오직 한 개만 있어야 한다.

만약 일간의 財官 등 귀貴한 것이 있으면 재물을 많이 모은다.

⑦ **망신의문**亡神義門 : 옳은 문

일의 천을귀인이 일지에 있고, 시의 천을귀인이 시지에 있는데 망신살을 보고, 日의 간지가 깨어지지 않는 자는 복이 많아 영화롭게 된다.

⑧ **망신금리**亡神錦里 : 비단마을

년의 납음오행이 타他를 생하는데, 고진, 격각, 겁살을 만나면 흉하고, 녹과 귀신貴神를 차면 길하다.

한 개만 있으면 뛰어나고, 또 일진이 통섭하는 지, 겸해서 길흉을 추리하여야 한다.

⑨ **망신미강**亡神未降 : 항복이 없다.

년의 납음오행이 망신살과 같은 氣가 된 것이다.

가령 년의 납음오행이 木이고, 망신살의 납음오행도 木이면 필경 서로 극하지 않으니 서로 항복이 있을 수 없다.

日이 통섭하지 못하고, 또 貴氣에 흠이 있으면 도살자, 스님, 무당, 의원, 화가가 된다.

⑩ **망신망작**亡神亡作 : 만들지 못한다.

망신살의 납음오행이 년의 납음오행을 극하는 것이 망신망작이다.

일의 氣를 도둑질 당하여 이 사람은 올바르게 재물을 취하지 않고, 말을 망령되게 하고, 무당, 의원, 예술, 종교인, 역술업 등의 직업이 이에 속한다.

⑪ **망신소택**亡神嘯宅 파택살의 휘파람.

망신이 파택살을 겸하고, 또 망신살의 납음오행이 년의 납음오행을 극절剋竊하고, 더불어 일과 무정하면, 졸렬한 꾀와 계략이 졸력하여 살아서는 거지요 죽어서는 관도 없다.

⑫ **망신무군**亡神舞群 : 춤의 무리.

망신살의 납음오행이 항복하지도 극을 받지도 않는데, 도리어 합이 된 것이 이것이다.

성격이 번잡하고, 꽃과 술로 입신한다. 만약 일의 귀기貴氣가 없다면 이에 준한다.

⑬ **망신박악**亡神薄惡 : 악이 적다.

망신과 겁살이 함께 있고, 년과 시의 천간이 합하고, 망신살의 납음오행이 년의 납음오행을 극하면 반드시 형벌을 만나게 된다.

또 질병이 있고, 일진이 극절되고, 일진의 귀기貴氣가 없는 자는 나쁘다.

⑭ **망신미닉**亡神迷溺 : 미혹된다.

망신살이 홀로 년과 합하여 오는 것이다. 망신살의 납음오행의 살기가 강하게 되고 년의 납음오행은 유약한 것이다.

노래를 읊고, 꽃과 술로 세월을 보낸다.

일진이 흉살을 끌어들이면 의식衣食이 부족하고, 술 중독으로 사망한다.

⑮ **망신괴장**亡神乖張 : 어그러진다.

망신이 일시에 각 있고, 또 합을 차게 되면, 상해 당하고, 말단 관리가 되고, 일간이 극절剋竊된 자는 더욱 심하다.

⑯ **진망겁**眞亡劫 : 진짜 망신살

寅午戌 년이 癸巳水(망신), 癸亥水(겁살)를 본 것. [巳亥冲]

巳酉丑 년이 丙申火, 丙寅火을 본 것.[申寅冲]

申子辰 년이 丁亥土,丁巳土을 본 것.[亥巳冲]

亥卯未 년이 壬寅金, 壬申金을 본 것.[寅申冲]

주主는 흉하다. 寅午戌 火국의 火를 癸巳水의 납음 水가 극한다.

망신 겁살 이 두 煞은 身(년의 납음오행)이 煞의 납음을 剋하는 것은 좋고, 煞의 납음이 身을 극하는 것은 좋지 않다.
일의 煞은 처를 극하고,여명은 지아비를 극한다. 시時의 煞은 자식을 극하는 것이 된다.

TIP

대개 煞은 권력이 있게되고, 身을 극하지 않으면 재앙이 되지 않는다. 身을 극하면 재앙이 크게 일어나고, 망신 겁살이 같이 있고, 金土를 차게 되면 무신武臣이 되고, 水木는 문신文臣이 되고, 문신文臣이 土金을 차게 되면 煞 자가 되어 병권을 장악하게 된다.

❖ 재살災煞

삼합	亥卯未	寅午戌	巳酉丑	申子辰
재살災煞	酉	子	卯	午

항상 겁살 앞에 거주하고, 장성을 충하는 것을 재살災殺이라고 한다.
申子辰은 子가 장성將星이 되는데, 午가 도리어 子를 충하고, 寅午戌은 午가 장성이 되는데, 子가 도리어 충하고, 巳酉丑은 酉가 장성이 되는데, 卯가 도리어 충하고, 亥卯未는 卯가 장성이 되는데, 酉가 도리어 충하게 된다. 이것이 재살災殺이 된다.

재살은 성격이 용맹하다.
재살은 피를 보면서 횡사하고, 火는 화상火傷, 水는 수액水厄, 金木은 창자루와 칼이 되고, 土는 전염병에 걸려 흉하다.
복신福神이 서로 도우면 무권武權의 직업에 임하고, 관성 인수가 생왕한 곳이 되면 아름답다.
재살災殺은 극을 두려워하고 생하는 곳을 좋아 한다.
천재지변이나 단명할 수 있으며 불구나 횡액 같은 나쁜 일을 당할 수 있다고도 하고, 또 납치되거나 감옥, 병원등에 자주 들락날락하기도 하는 흉상이다.
그러나 단순히 재살 한 개만 있다고 해서 일어나지는 않는다.
흉살이 복합적으로 들어왔을 때 그러하게 된다.

❖ 천살天煞

삼명통회에 기록이 없는 살

삼합	亥卯未	寅午戌	巳酉丑	申子辰
천살天煞	戌	丑	辰	未

삼합의 장생지長生地 뒤의 위치한 戌, 丑, 辰, 未.
亥卯未는 亥 뒤의 술, 寅午戌은 寅 뒤의 丑, 사유축은 巳 뒤의 辰, 申子辰은 申 뒤의 未가 재살이 된다.

불의에 천재지변을 당한다. 방위학적으로 조상 방향 또는 선생님 방향으로 부른다.

해害, 냉해, 수해, 지진등 천재지변, 고독, 女는 남편 무시.
천살 방향을 향해 제사를 지내거나 선산에 모시는 것이 길하며 학생들은 천살 방향에 책상을두고, 공부하면 학업능률이 오른다.

천살은 생지의 앞에 있으므로 교만하여 대인관계에 문제를 일어켜기도 하고, 욕심이 많고, 이상이 높고, 또는 중앙에 조용히 자리잡고자 한다. 그래서 균형이 맞지 않기 때문에 비현실적인 꿈을 가지기도 한다고 한다.
종교인이나 철학에 관심이 많다고 하기도 한다.

한 개만 딸랑 있을 때는 나타나지 않는다. 항상 복합적인 징조로 판단하여야 할 것이다.

❖ 지살地煞

삼명통회에 기록이 없는 살

삼합	亥卯未	寅午戌	巳酉丑	申子辰
지살地煞	亥	寅	巳	申

삼합의 생지가 지살에 해당한다.
亥卯未는 木의 생지인 亥, 寅午戌은 火의 생지인 寅, 巳酉丑은 金의 생지인 巳, 申子辰은 水의 생지인 申이 지살이 된다.

삼합의 첫 글자로서 장생지長生地에 해당되기 때문에 변동이 심하다.
역마의 성향이고, 타향, 운수업, 무역업, 가정 고향을 떠나는 것. 직업으로 항공, 해운, 선박, 철도, 무역, 자동차등 객지를 전전하며 활동하는 사람이 많으며 지살운에는 이사나 이동할 일이 생긴다.
개인적인 일보다 공적인 일로 인한 이동이 많다.
월지에 지살이 있으면 부모덕이 적어 외롭고 물려받은 재산을 지키기 어렵다고도 한다.
자수성가하여 부동산 덕분에 많은 재물을 모은 사람도 있다.
지살이 형충되면 교통사고에 주의하여야 한다.
식상이 지살이면 외국어에 재능이 있다.

단순하게 대입하여 보면 낭패를 당하니 사주 체상을 읽고난 후 징조를 결정하는 것이 바람직하다.

❖ 월살月煞

삼명통회에 기록이 없는 살

삼합	亥卯未	寅午戌	巳酉丑	申子辰
월살月煞	丑	辰	未	戌

삼합의 마지막 고庫와 충하는 지지
亥卯未은 未와 충하는 丑, 寅午戌은 戌과 충하는 辰, 巳酉丑은 丑과 충하는 未, 申子辰은 辰과 충하는 戌이 월살이 된다.

고갈된다는 의미로 메마르다는 뜻이므로 황무지와 같아서 흉하고 싹을 내지 못한다.

임신이 잘되지 않아서 자식이 없는 경우가 많고, 있다 하더라도 병원 신세를 자주 진다.
신비주의를 좋아하고 신병으로 고생하는 경우도 있다.
뼈 마디마디 파고드는 악살, 씨앗의 발하가 없다.
달걀이 부화되지 않는다.

타인에 위하여 정신적인 고초를 겪거나 정신박약이 있는 살.
필요 이상의 근심을 한다. 즉 괜한 근심으로 마음을 졸인다.
행한 일에 대해서 자책을 많이 한다.
일상적인 일, 타인의 말에 대해 민감하게 받아들이는 경우가 많다.

❖ 반안살攀鞍煞 YouTube 136강

삼명통회에 기록이 없는 살

삼합	亥卯未	寅午戌	巳酉丑	申子辰
반안살攀鞍煞	辰	未	戌	丑

역마 뒤의 1 辰, 삼합 가운데 글자의 앞 글자.
亥卯未는 卯 앞의 辰, 寅午戌은 午 앞의 未, 巳酉丑은 酉 앞의 戌, 申子辰은 子 앞의 丑이 반안살이 된다.

말 안장에 앉는다. 즉 운전수를 부린다는 의미. 출세 승진을 의미한다.

인품이 중후하고. 조상의 음덕이 있고, 대인관계가 좋고, 꾸미고 장식하는 것을 좋아한다.
일찍 출세하는 경우가 많고, 행운이 따르며 만인의 존대를 받는다.
윗사람의 도움과 사랑을 받으며 명리를 취할 수 있으나 허세를 잘 부리는 것이 흠이라 하겠다.
자리를 일컫는 말, 직위상승, 명예추락, 지혜, 문장, 집착력 좋음, 여자는 우울증에 빠지기도 한다.
반안살이 도화살과 합하면 부귀한 사주가 많다.
반안살은 임기응변이 능하다.
반안살이 있으면 심리 기복이 심한 편이다.
지혜가 뛰어난 편이고, 학문에 흥미가 많다.
화개살이 접해 있으면 학문에 큰 성취를 이룬다.

(2) 호환신살神煞

❖ 십간록十干祿

천간	甲	乙	丙	丁	戊	己	庚	辛	壬	癸
록	寅	卯	巳	午	巳	午	申	酉	亥	子

녹祿은 작록爵祿으로 마땅히 세력을 얻게 되면 형통하니 록祿이라고 한다.
10干과 12支의 시로 나누게 되며,
甲乙은 동에 거주하니 寅卯가 함께 짝이 되고,
丙丁은 남에 거주하니 巳午가 함께 짝이 되고,
庚辛은 酉에 거주하니 申酉가 함께 짝이 되고,
壬癸는 북에 거주하니 亥子가 함께 짝이 되어
십간이 지신支神을 취하여 록이 되는 것으로, 일컬어 록은 왕하게 되는 것이다.

그래서
甲은 寅이 祿이 되고,
乙은 卯가 祿이 되고,
庚은 申이 祿이 되고,
辛은 酉가 祿이 되고,
壬은 亥가 祿이 되고,
癸는 子가 祿이 되고,
丙은 巳가 祿이 되고,
丁은 午가 祿이 된다.

그리고 戊는 巳에 의지하고 己는 午에 의지하여 일컬어 巳午는 火가 왕한 곳으로 자식이 어미를 따르게 되는 것이 록의 의義가 되는 것이다.

辰戌丑未에서 辰戌은 괴강魁罡이 되어 그 이름이 외진 좋지 않은 곳으로 녹원祿元이 되지 못하고, 丑未는 천을귀인이 출입하는 문으로 녹원에서 벗어나게 되어 소이 네 개의 궁은 록이 없고 또 말하면 사계四季는 잡기가 있어 록이 전일하지 못하니 취하지 않는 것이다.

甲은 寅이 祿이 된다.

- 丙寅을 보면 甲土가 丙水를 剋하니 財가 되어 복성록福星祿이 되고 戊寅은 火土가 상생하니 복마록伏馬祿이 되어 모두 길하다.
- 庚寅은 파록破祿이 되어 반길, 반흉하다.
- 壬寅을 정록正祿이 인데, 절로공망截路空亡을 차게 되면 반드시 승도가 된다.
- 甲寅은 일컬어 장생록長生祿으로 크게 길하다.

乙은 卯가 록이 된다.

- 乙卯을 보면 일컬어 희신 왕록旺祿으로 길하다.
- 丁卯는 절로공망이 되어 흉하다.
- 己卯는 진신록進神祿, 辛卯는 파록破祿, 또 교신交神이 되어 반길, 반흉하다.
- 癸卯는 태을사록太乙死祿으로 비록 貴하다 하더라도 종내 가난하게 된다.

丙은 巳가 록이 된다.

- 己巳를 보면 구천고록九天庫祿으로 길하다.
- 辛巳는 절로공망이 되고,
- 癸巳는 복귀신록伏貴神祿으로 반길, 반흉하다
- 乙巳는 왕마록旺馬祿, 丁巳는 고록庫祿으로 모두 길하다.

丁은 午가 록이 된다.

- 庚午는 절로공망으로 흉하고,
- 壬午는 덕합록德合祿 , 甲午는 진신록進神祿으로 모두 길하다.
- 丙午는 희신록喜神祿인데 양인과 교류하여 반길하고 戊午는 복양인녹伏羊刃祿으로 많이 흉하다.

戊는 巳가 록이 된다.

- 己巳를 보면 구천고록九天庫祿이며 길하다.
- 辛巳는 절로공망으로 벼슬이 높게 된다.
- 癸巳는 귀신록貴神祿이며, 戊癸합으로 화化하여 벼슬이 높게된다.
- 乙巳는 역마동향록驛馬同鄕祿이 되어 길하다.
- 丁巳 는 왕고록旺庫祿으로 길하다.

己는 午가 록이 된다.

- 庚午를 보면 절로공망이며 흉하다.
- 壬午는 사귀록死鬼祿이며, 흉하다.
- 甲午는 진신합록進神合祿이며, 현달하게 된다.
- 丙午는 희신록喜神祿으로, 흉하다.
- 戊午는 복신양인록伏神羊刃祿이며, 흉하다.

庚은 申이 록이 된다.

- 壬申을 보면 대패大敗祿으로, 흉하다.
- 甲申은 절로공망록截路空亡祿이며, 흉하다.
- 丙申은 대패록大敗祿으로 이루고 또 실패가 많다.
- 戊申은 복마록伏馬祿이며 막힘이 많은데 만약 복성福星의 위치가 되면 귀하고 길하다.
- 庚申은 장생록長生祿으로 크게 길하다.

辛은 酉가 록이 된다.

- 癸酉를 보면 복신록伏神祿으로 水火가 서로 싸워 흉하다.
- 乙酉는 파록破祿으로 이루고 실패가 많다.
- 丁酉는 공망, 귀신貴神, 록에 해당하며, 丁이 木의 氣를 받고 辛에게 水는 목욕이 되어 간음하게 되지만 희신 값이 된다면 길하다.
- 己酉는 진신록進神祿이 되어 길하다.
- 辛酉는 올바른 록으로 길하다.
- 戊이 있는데 戊子, 戊辰, 戊午, 戊申, 戊戌, 戊寅년을 보면 양인이 갈아 먹어 소인은 핏빛을 보고, 재물이 흩어지고 부녀자는 아이 낳기 어렵고 군자는 눈이 붉어지는 병의 근심이 있고, 乙卯 년은 크게 망한다.

壬은 亥가 록이 된다.

- 丁亥를 보면 귀신합록貴神合祿, 乙亥는 천덕록天德祿, 己亥는 왕록旺祿, 辛亥는 동마향록同馬鄕祿이 되는데, 모두 대길하다
- 癸亥는 대패록大敗祿으로 가난하다.

癸는 子가 록이 된다.

- 甲子는 진신록進神祿이 되며 벼슬길에 오른다.
- 丙子는 양인과 교류하는 록으로 복성福星을 차면 귀하게 되고 권력을 가진다.
- 戊子는 양인을 굴복시키고, 貴와 합한 록으로 반은 길하다.
- 庚子는 인록印祿으로 길하다.
- 壬子는 올바른 양인록으로 흉하다.

생성록生成祿이 있는데, 甲乙년이 甲寅, 乙卯의 종류를 얻은 것.

위록位祿이 있는데, 甲년이 丙寅의 무리를 본 것.

진록眞祿이 있는데, 甲년이 丙 혹은 巳를 보고, 乙년이 巳 혹은 午의 무리를 본 것으로 모두 귀격이 된다.

진퇴진록進退眞祿이 있는데,
戊辰이 丁巳을 보고, 戊午가 丁巳를 보고, 丙辰이 癸巳를 보고, 丙午가 癸巳를 보고, 癸亥가 甲子를 보고, 癸丑이 甲子를 보고, 壬戌이 癸亥를 보고, 壬子가 癸亥를 보면, 진進은 평범하고, 퇴退는 힘들고 어렵게 된다. 다시 복신福神을 차면 귀한 命이 되지만 겹쳐서 만나는 것은 두렵다.

회합록會合祿이 있는데, 甲은 寅이 록이 되고, 庚戌의 무리를 얻은 것이다.

식신이 록을 찬 것이 있다.
壬은 甲이 식신으로 甲寅을 얻고. 癸는 乙이 식신으로 乙卯를 얻고, 戊는 庚이 식신으로, 庚申을 얻고. 己는 辛이 식신인데 辛酉를 얻는 것으로 길하게 된다.

식신합록食神合祿이 있다.
甲은 丙이 식신으로 丙申, 丙寅를 얻고. 丁은 乙의 식신으로 丁未, 丁卯의 무리를 얻은 것이다. 모두 길하다.

녹두재祿頭財가 있는데 인욕살絪縟殺이 되는 것으로, 가령 甲 년이 戊寅의 무리를 본 것으로 부유하고 명성이 높게 된다.

녹두귀祿頭鬼가 있다.
적구살赤口殺로 가령 甲년이 庚寅의 무리를 본 것이다. 구설口舌에 휘말리고 형책당한다.

순중旬中에 록이 있으면
甲申이 庚寅을 보고, 戊午가 庚申월을 본 무리인데, 청화清華한 직책을 맡게 된다.

천록귀신天祿貴神이 있다. 丁년은 午가 록이 된다.

시	일	월	년
辛	(辛)	丙	丁
亥	(酉)	午	

둔월遁月인 丙午에서 丙의 천을귀인은 酉亥가 되고, 辛酉일, 辛亥일의 천간 辛의 천을귀인은 午가 된다. 이 격은 극품에 이른다.

간지합록干支合祿이 있다.
甲의 녹은 寅으로 甲寅이 己亥를 얻고, [甲己합 寅亥합]
乙은 卯가 록으로 乙卯가 庚戌을 얻으면, [乙庚합 卯戌합]
이 격은 관직이 숭중崇重하게 된다.

호환귀록互換貴祿이 있는데, 庚寅이 甲申 일시를 본 것이다.
조원록朝元祿이 있는데, 寅년이 甲 일시를 본 것이고, 혹 태胎의 조원은 더욱 귀貴하다.

조원협합朝元夾合이 있다.
癸巳가 戊辰, 戊午의 두 개의 戊가 癸와 합하고, 巳를 협夾하여 戊의 록은 巳가 되니 공협되었다. 국공國公에 봉해진다.

녹입록당祿入祿堂이 있다.
甲 년간이 甲戌을 얻고, 辛 년간이 辛卯, 辛丑를 얻고, 壬 년간이 壬寅, 壬子를 얻으면, 녹당이라 하며 납음오행이 극하지 않고, 모든 위치가 서로 도우면 발복發福이 반드시 크다.

삼합, 육합, 刑, 귀鬼는 꺼린다. 甲戌을 가지고 설명하면, 鬼는 丑으로 丑戌 刑이 되어 두렵고, 未는 戌未 刑되어도 꺼리지 않는다.
乙酉로서 설명하면 귀鬼는 巳에 있어 해롭고, 삼합은 상회相會하고, 辰은 감복하고 육합은 서로 친하게 된다.

록은 납음이 생왕하면 사람의 피부가 두텁고, 氣가 튼실하고 체격이 불청不淸하고, 안일하고, 재물이 많게 된다.

납음이 사절되면 氣가 탁하여 정신이 산만하고, 자식이 많고, 인색하고, 속된 사람이 된다.

다른 흉살을 찼을 경우

- 대모와 아울러 있으면 게임으로 재물을 얻지만 다시 이것으로 인하여 낭패를 당한다.
- 망신과 같이 있으면 관청을 통하여 재물을 얻고, 혹은 싸움으로 송사가 많게 된다.
- 겁살과 같이 있으면 기술과 소상인으로 천하고, 뜻하지 않은 횡재가 있다.
- 공망과 같이 있으면 재물이 유실되고, 깨어진다.
- 칠살, 편인과 같이 있으면 고리대금 업자가 되고, 또 중개로 돈을 버는데 죽을 때까지 재물에 매우 집착하는 사람이 된다.

고庫는 록의 모임인데,

甲乙은 未가 되고, 丙丁은 戌이 되고, 戊己, 壬癸는 辰이 되고, 庚辛은 丑이 된다. 甲乙이 亥가 많은데, 未를 얻게 되면 복록이 두텁게 되어 풍족한 사람이 된다.

합은 록의 횡橫으로 가령 甲은 寅이 록인데, 亥를 얻으면 일컬어 명합明合이 되고, 寅은 없고 亥를 얻으면 일컬어 암합暗合이라 하여 비록 록을 보지 않아도 록을 본 것이 되어 갑자기 복이 찾아오게 된다.

- 공拱은 록의 존尊으로 가령 甲의 록은 寅이 되는데, 寅을 보지 않고 丑,卯을 보아 양 곁에서 공拱하면 허공虛拱이라 한다.
  가령 甲 년간이 寅을 보고 또 丑, 卯가 양 곁에 있게 되면 실공實拱이라고, 하는데 공실拱實은 공허拱虛와 달라서 크게 부귀하게 된다.

록이 공망되면 허명虛名 허예虛譽하여 웃음거리가 된다.
대개 命의 입격入格과 조화에 있는 것이지 오직 녹상祿上에만 존재가 있는 것은 아니다.

사람 命에 록을 찬다고 해서 길흉, 귀천이 무조건 좋게 된다고 논할 수는 없다.

- 년간이 록, 역마, 귀인을 보지 못하면 확실한 구실이 되지 못하니 오행의 좋고 나쁨을 자세히 살펴 연구하여야 한다.
  천간이 허약하다고 재앙이 있는 것은 아니고 지지가 튼튼하면 충분히 즐겁고 기쁘게 된다.

- 록과 역마에 대한 길흉의 이론이 많은데, 납음오행이 자기 자리에 쇠衰가 있고, 사死가 되고, 겸해서 패절敗絕이 되고, 또는 흉살이 시에 있어 돕게 되면 흉하고, 집안이 깨어져 떠돌아다니게 된다.

- 먼저 납음오행을 논하고 후後에 녹마를 살핀다. 납음오행은 생왕하기를 요하고, 녹과 역마는 쇠절衰絶되지 않아야 한다.

- 록은 많고 역마는 적으면, 고달프고, 록은 적고 역마가 많으면 조종(장악)에 능하고 떠 맡기를 좋아한다.

命에 록을 차면 가장 두려운 것은 충되는 것으로 일컬어 파록破祿이라 한다. 甲은 寅이 록인데 申을 보고, 乙은 卯가 록인데 酉를 보는 것으로 氣가 흩어져 모이지 않게 된다.
귀인도 직職이 그치고, 官이 박탈되고, 의록衣祿이 부족하게 된다.

파인破印, 파재破財, 아울러 파록破祿은 복이 의외로 많지 않다.
싫은 것은 충이 되는 것이다. 가장 두려운 것은 공망이 되는 것이다 가령 甲辰은 寅卯가 공망이 되는데 寅은 甲의 祿이 되는 것은 피하여야 한다.

재물이 모였다 흩어지는 것은 록이 공망에 거처한 것으로 태胎 시에서 만나는 것이 좋지 않다. 빈천하고, 노비나 거지가 되어 이곳저곳으로 쫓아다닌다. 록이 공망이 되면 명성과 명예가 웃음거리가 되어 공망이 싫다.

命의 좋고 나쁨은 체상과 조화에 있는 것이지 오직 록에 존재가 있는 것은 아니니 집착하지 말아야 할 것이다.

❖ 총론總論록마祿馬 ▶ YouTube 70강

천록天祿 **천마**天馬가 있다.

○ 壬 丙 甲

○ 申 寅 戌

甲의 록은 寅이 되고 역마는 申으로 맞대어 있고, 천간의 壬의 생지에 해당한다. 귀하게 된다.

甲년이 둔遁한 戌에 이르면 甲戌이 되는데, 활록活祿이 되고, 甲子년이 둔遁한 丙寅을 보면 활마가 된다.

록마교치祿馬交馳

寅午戌 년은 申이 역마인데, 시간에 庚을 얻고,

亥卯未 년는 巳가 역마인데, 시간에 丙을 얻고,

申子辰 년은 寅이 역마인데, 시간에 甲을 얻고,

巳酉丑 년은 亥가 역마인데 시간에 壬을 얻게 되면,

일지에서 시간을 구한 것이 되고, 시간에서 일지을 구한 것이 된 것이 되어 매우 좋다.

녹마동향祿馬同鄕

丙 ○ ○ 甲(甲.甲)

寅 ○ ○ 子(申.辰)

申子辰의 역마는 寅이고 甲의 祿도 寅이 된 것. 매우 좋다.

협록夾祿, **협마**夾馬가 있다.

- 록은 전이고 역마는 후가 되고, **辛巳**년 사람의 **戌**일이나 **戌**시이면, 辛은 록이 酉가 되고 역마는 亥이니 **酉戌亥**로 록과 역마를 보지 않았지만 록과 역가 양쪽에서 협夾하여 귀하게 된다.

- **乙亥**년이 **辰**을 일이나 시에서 만나면
  乙의 록은 卯에 있고 역마는 巳인데 卯辰巳로 록과 馬를 보지 않았지만 록과 역마가 양쪽에서 협夾하여 貴하다.
  시에 일간의 록이 있으면 청운의 길을 얻고 궁궐에서 다섯 말을 타는 높은 벼슬을 한다.
  배록축마背祿逐馬(祿은 등져있고 역마를 쫒음)는 궁한 길에 머물러 처황悽惶하다.

고상녹마孤孀祿馬

甲子가 丙寅을 보고, 庚午가 壬申를 본 것이 이것이다.

이것은 비록 녹마가 동향同鄕되었지만 甲子에 일양一陽이 있다는 것을 알지 않으면 안 된다.

乙丑, **丙寅**은, 순양純陽으로 **陰**은 없고,

庚午는 1陰, **辛未**는 2陰, **壬申**은 3陰으로 순음純陰이 되어 **陽**이 없는 것이며, 이 두자를 일컬어 고상녹마라 하여 비록 동향이 되지만 불길하게 된다.

역마에 장생이 존재하면 반드시 부유하고, 학문이 있고, 록이 제왕을 만나면 재물이 족하다.

록이 시에 임하고 역마가 오지 않으면, 이 사람은 단지 재물만 있을 뿐이다.

납음오행이 사절死絕되면 벼슬을 하지 못한다.

❖ 천을귀인天乙貴人 YouTube 48,89강

년간	甲, 戊, 庚	乙, 己	丙, 丁	辛	壬, 癸
천을귀인	丑, 未	子, 申	亥, 酉	寅, 午	巳, 卯

천을天乙은 곧 천상天上의 신神으로 자미원에 존재하고, 창합문의 바깥에 태을太乙과 함께 배열되어 천황대제를 섬기어 하의 삼진三辰에서 유영하고, 가家는 己丑이 되고, 두우斗牛의 다음이 되고, 己未에서 나타나고 정귀井鬼의 사舍가 된다.

옥형을 집형하여 천인天人의 일들을 비교하여 헤아리며, 이름이 천을로 그 神은 가장 존귀한 바 일어나 있는 곳에는 흉살도 일절 은연隱然이 피하게 된다.

甲, 戊, 庚의 기본적인 천을귀인은 모두 丑未가 된다고 할 수 있는데, 그 뚜렷한 효과는 甲은 未, 庚은 丑, 戊도 丑이 뚜렷하게 나타난다.

戊子, 戊寅, 戊午는 丑을 더 좋아하고 戊辰, 戊申, 戊戌는 未를 더 좋아한다.
乙은 子를 더욱 좋아하고, 己는 申을 더 좋아한다.
乙년에 戊申土, 庚子土는 납음 土가 생왕하여 좋다.
己년에 甲申水, 丙子水는 납음 水가 생왕하여 좋다.
음목陰木, 음토陰土는 財가 왕(납음 土의 財)한 것을 얻은 것으로 좋다.
丙丁의 천을귀인 酉亥가 丁酉火, 乙亥火로 얻고, 壬癸가 乙卯水, 癸巳水로 얻은, 이 납음 水火는 사절을 싫어하지 않는다.

辛의 천을귀인 寅午가 丙寅火, 丙午水로 얻으면 이 金은 귀鬼를 싫어하지 않는다.

둔월遁月, 둔시遁時의 주柱에 천을귀인이 있고, 둔遁한 곳의 干이 입묘하고, 공망, 혼잡하지 않으면 귀하다.

귀신貴神을 우열로 나누어 논한다.
록마와 함께 있으면 길하다.
교태복신交退伏神이 범하지 않아야 한다.
천을귀인의 상합相合 곧 월, 일, 시 간지와 합하면 길하다.

甲子金 년이 己未火를 본 것은 천간이 합한 것이며, 또 천을귀인의 납음이 년의 납음을 극한다. 사, 절, 충, 파, 그리고 공망이 없고, 다시 복신이 돕게 되면 귀하다.
사, 절, 충, 파 공망 등이 되면 길이 적어지고 직위가 낮아진다.

戊子火 년이 己丑火를 본 것은 지지가 합한 것이며, 납음오행은 비견이 된다. 사, 절, 충, 파, 공망 등이 없으면 중간정도의 직위가 된다. 복신이 도우면 직위가 높다. 납음오행이 사절死絕에 임하면 직위가 낮아지고, 충, 파, 공망이 있으면 주 혹은 현의 벼슬 정도 한다.

辛未土가 庚寅木을 본 것은 천을귀인의 납음오행 木이 년의 납음을 土를 극한다. 중간 정도의 직에 속한다. 복이 돕게 되면 중간 정도의 관리가 된다. 사절이 되면 직위가 낮고 충, 파 공망은 평생 많은 어려움이 있고, 고을의 낮은 관리가 될 뿐이다.

귀합貴合이 있는데, 벼슬이 높게 이른다.
甲 년간이 己丑火, 己未火를 얻고,
戊 년간이 癸丑木, 癸未木를 얻고,
庚 년간이 乙丑金, 乙未金를 얻고,

乙 년간이 庚子土, 庚申木을 얻고,
己 년간이 甲子金, 甲申水을 얻고,
丙 년간이 辛酉木, 辛亥金를 얻고,
丁 년이 壬寅金, 壬辰水을 얻은 것
이것이 귀합貴合이 된다.

귀식貴食이 있는데, 많은 재물을 얻는다.
甲이 丙寅(亥), 丙辰(酉)을 얻은 것은 丙은 甲의 食神,[식신 丙의 천을은 酉亥]
寅은 亥 천을과 합하고, 辰은 酉 천을과 合하여 귀식貴食이 된다.
乙이 丁酉, 丁亥를 만나면 丁은 乙의 식신, 酉亥는 丁의 천을귀인이 되어 귀식貴食이 된다.
庚은 壬이 식신 , 辛은 癸가 식신이 되고 , 壬癸의 천을은 卯巳가 된다. 庚이 壬申(巳), 壬戌(卯)을 얻고, 辛이 癸卯, 癸巳를 얻은 이와 같은 종류를 귀식貴食이라고 한다.

천을귀인이 육합 상에 있으면.
甲, 戊, 庚에 子午가 있으면 子가 丑과 합하고, 午가 未와 합하는 것.
乙, 己에 丑, 巳가 있으면 천을인 子, 申과 합.
丙, 丁에 寅, 辰이 있으면 천을인 亥, 酉와 합.
壬, 癸에 申, 戌이 있으면 천을인 巳, 卯와 합.
辛에 未, 亥가 있으면 천을인 午, 寅과 합하면
모두 큰 복이 있고 양합兩合을 만나면 더욱 귀하다.

간협귀신干夾貴神이 있다.
甲, 戊, 庚 년이 丑, 未를 얻었는데, 일 혹은 시에 甲, 戊, 庚의 한 글자가 있으면 도리어 영달하지 못한다.

협귀夾貴가 육합을 만난 것이 있다.
壬癸 년이 辰을 보면 **卯**辰**巳**로 천을에 협夾되고, 다시 癸酉를 보면 합이 되고, 丙丁 년이 戌을 보면 **酉**戌**亥**로 천을에 협夾되고, 다시 丁卯를 보면 합된다. 다시 겸해서 녹마가 년간에 임하면 크게 부귀하다.

노공魯公의 命을 살펴보면
丁 乙 丙 己
丑 酉 寅 亥
丁丙의 천을귀인은 亥酉인데, 이 사주에는 천간에 丙丁이 있고 지지에 亥酉가 있어 4글자가 있다 이러한 사주는 크게 귀하게 된다.
만약 酉월 생이면 己의 록 午로, 酉에 이르면 패敗가 되니 꺼려 비록 네 글자가 완전하더라도 반드시 크게 귀하게 되는 것은 아니다.

복력에는 두텁고 엷은 것이 있다.
甲 년간에 丑은 천을귀인이며 관고官庫가 된다.
庚 년간에 未는 천을귀인이며 관고官庫가 된다.
戊 년간이 丑未는 천을귀인이 되고, 土의 지支가 된다.
己 년간이 申을 만나면 생왕한 위치가 된다.
이상의 네 개의 천간이 해당 천을귀인을 생일, 생시에 만나고, 정관, 정인을 차고, 합하면 올바른 천을의 본가가 되고, 천을귀인에 합당한 자로 복력이 배가 된다.

乙년이 申을 만나면 절絕이 되고, 암합暗合되고 꺼리고, 子을 만나면 패敗가 되어 꺼린다.

丙丁이 亥를 만나면 절絕이 되어 꺼리고, 酉는 사死로 꺼린다. 壬癸가 巳를 만나면 절로 꺼리고, 癸는 巳와 암합暗合하고, 卯를 만나면 死로 꺼린다.

辛년이 午를 만나면 패로 꺼리고, 寅을 만나면 절이 되어 꺼린다.
이상 여섯 개의 천을귀인은 모두 기신忌神과 같은 위치가 되어 생월일시에 만나면 2, 3분의 복력만 얻게 된다.

역마와 같은 위치가 되고, 올바른 천을귀인, 년간의 록, 정관, 정인을 차고, 천간이 합하여 도움이 되는 자는 배가 된다.
천을귀인의 해당 납음오행이 생왕하면 생김새가 헌앙軒昂하고 성령性靈이 영오穎悟하고 의리가 분명하고, 잡술을 좋아하지 않고, 순수한 큰 그릇이 되고, 너그럽고 도덕을 잘 지키고, 많은 사람들이 흠모한다.

천을귀인의 해당 납음오행이 사절이 되면 집요하고, 귀한 것과 가까이하여 즐기고, 겁살과 같이 있으면 두꺼운 얼굴로 권세를 행하고, 꾀가 많고, 망신과 같이 있으면 글과 문장이 뛰어나고, 말솜씨가 뛰어나고, 건록과 같이 있으면 글과 문장이 순실純實하고 제혜광유濟惠廣游한 군자가 된다.
공망에 떨어지고, 혹 공망과 합되고, 혹 공망과 연주連珠하면 영륜伶倫*의 형상으로 음악을 좋아하는 예술인이 된다.

령륜伶倫 : 중국 황제 때의 한 사람. 음률을 정하였다 함.

천을귀인은 삼명三命중에 가장 길한 신神으로 만약 사람이 만나면 영화가 있고, 공명에 일찍 도달하고 벼슬로 쉽게 나아간다.
삼명 모두 왕기를 타면 종내 장상공후將相公侯의 위치에 오른다.
천을귀인이 공망 속에 떨어지고, 록과 역마가 등져 어기게 되면 가치가 없다.
천을귀인의 납음오행이 무기하면 비록 있지만 없는 것과 같다.
천을귀인이 사절이 되면 더럽고 인색한 煞이 된다.

사주에 천을귀인이 있다고 하여 일방적으로 길하다고 논하지 말고, 마땅히 상세히 살펴 논하여야 한다.

❖ 삼기三奇

① **乙丙丁**이 귀인으로 나타나는 것은 干에 支의 뛰어난 배합의 덕德이다.

- 양귀陽貴

甲 … 乙 丙 丁

子 … 丑 寅 卯

양귀인 甲은 子에서 일어나고, 乙은 丑에 덕, 丙은 寅에 덕, 丁은 卯에 덕이 있으며 세 개의 干이 연이어져 건너뛰지 않아야 한다.

- 음귀陰貴

甲 … **乙 丙 丁**

申 … 未 午 巳

음귀는 甲은 申에서 일어나고, 乙은 未, 丙은 午, 丁은 巳에 있으며, 세 개가 연이어져 건너뛰지 않아야 한다.

② **甲, 戊, 庚**도 천상삼기天上三奇가 되는데

甲, 戊, 庚에 丑, 未가 지지에 있어야 한다.

세 개의 干이 적정하게 임하여야 하고, 다른 干과 함께 있으면 천상삼기가 되지 않다.

기奇는 귀貴가 되고 기奇는 뛰어난 것이다.

일컬어 물질이 귀하여 뛰어나게 된다.

乙丙丁, 甲戊庚이 년, 월, 일, 시의 천간에 순포되어 있고 지지에서 충족되어야 길하다.

乙 년간이 丙월, 丁시가 되면 乙이 丙丁을 생하여 빼어난 氣가 하강하여 보통 命이다.

乙時, 丙日, 丁年이 되면 빼어난 氣가 도달하여 貴하게 된다.
甲戊庚은 도리어 순順이 되면 貴가 되고, 역逆이 된 자는 귀하지 않고, 어지럽게 된 자는 수명이 길지 않고, 氣가 청하면 貴하고 氣가 탁하면 부유하다.
命에 있는 삼기는 체를 얻어야 하고. 地에서 받혀 주어야 하고, 실시失時하면 좋지 않다.

乙丙丁이 밤에 태어나고, 甲戊庚이 낮에 태어나면 체를 얻은 것이다.
乙丙丁이 丑, 寅, 卯, 未, 午, 巳를 얻고, 甲戊庚에 丑, 未가 완전하면 모두 득지得地한 것이 된다.
乙丙丁이 金水 삼합국三合局을 얻고, 甲戊庚이 水火 삼합을 얻으면 길하다.

태세에는 없고 월일시에만 있는 자는 고독하다.
십간중의 甲戊庚이 순수하고 겸해서 장생을 얻게 되면 벼슬이 높은데, 그렇지만 만약 록이 없고, 또 역마가 없으면 오직 돈만 모으는 사람이 된다.
천을귀인을 만나는 것이 중요한데, 그러면 영화가 있고, 복이 있고, 수명이 길다.
삼기가 공망이 되면 귀하지 않고, 빈궁하고, 하천하여 능멸 당한다.

❖ 천·월덕天月德귀인貴人 YouTube 124강

생월	寅午戌	亥卯未	申子辰	巳酉丑
월덕天德	丙	甲	壬	庚

생월	寅	卯	辰	巳	午	未	申	酉	戌	亥	子	丑
천덕 天德	丁	申	壬	辛	亥	甲	癸	寅	丙	乙	巳	庚

천월덕은 태양과 달빛이 임하는 궁으로 밝은 天이 地의 煞을 제복制服하여 없어지도록 하니 흉을 되돌려서 길을 만든다. 무릇 덕德이라는 것은 물질에 이롭고, 사람을 가지런하게 하여 흉이 가려지고 선을 만드는 것을 일컫는 것이다. 천을귀인이 재위하면 모든 煞은 숨어 들어가고, 이덕二德이 부지하면 흉한 무리가 해산한다. 무릇 命中에 흉살이 있는데, 이 천월이덕을 얻으면 흉살이 덕으로 변하여 흉이 심하지 않다.

모름지기 일日에 나타나는 것이 중요하다. 시에서 극, 충, 형, 파를 범하지 않으면 길하다.

이를 얻으면 일생 안일하고 형刑이 나타나지 않고, 도둑을 만나지 않고, 설령 흉한 재앙을 만났다고 하더라도 자연히 사라져 없어진다.

천월덕이 삼기, 천을과 같이 있으면 더욱 길하다.

천덕은 오행이 복덕한 辰으로 만약 사람이 만나면 높은 지위에 오르고, 다시 월덕과 같이 있으면 더욱 좋다. 흉살이 있다고 하더라도 청현하게 된다.

인수가 천덕과 함께 하면 관청의 형벌을 범하지 않고, 늙도록 재앙이 없고, 이렇게 천덕, 월덕은 뛰어난 것이다.

천사일天赦日이 있다.

봄은 戊寅일, 여름은 甲午일, 가을은 戊申일, 겨울은 甲子일, 이에 사계절 온전한 氣가 되어 만물을 생육하고, 죄와 재앙을 용서한다.

사주에 하나의 월덕은 합하면 뛰어나게 되고, 네 계절의 해당 천사일을 만나면 더욱 뛰어나게 된다. 이 외에도,

천희신天喜神

봄에 戌, 여름에 丑, 가을에 辰, 겨울에 未로 만난 자는 기뻐다.

정덕살旌德煞

寅午戌 년의 丙일시. 亥卯未 년의 甲일시. 申子辰년의 壬일시. 巳酉丑년의 庚일시가 정덕살이다.

정월살旌鉞煞

寅午戌년의 寅시. 亥卯未년의亥시. 申子辰년의 申시. 巳酉丑년의 巳시가 정월살이다.
또 한 종류의 정덕살旌德煞이 있다. 寅午戌 년이 辛을 본 것. 亥卯未 년이 己를 본 것. 申子辰 년이 丁을 본 것. 巳酉丑 년이 乙을 본 것. 경에 이르기를 정덕旌德은 5대가 빈궁하지 않고, 정월살은 장수와 재상등 삼공三公의 벼슬을 하게 된다. 또 덕월德鉞이 서로 만나면 벼슬은 하지 못하지만 부자는 된다 하였다. 또 한 종류의 정월살旌鉞煞이 있다. 寅卯辰 년이 癸酉 시를 본 것. 巳午未 년이 癸卯 시를 본 것. 申酉戌 년이 戊子 시를 본 것. 亥子丑 년이 戊午 시를 본 것. 법으로 다스려 죽이는 신으로 서민은 도형에 처한 후에 유배되고, 본명本命을 극하면 나쁘게 사망한다.

삼공살三公煞

寅午戌 년이 壬子. 巳酉丑 년이 丙午. 申子辰 년이 乙卯. 亥卯未 년이 辛酉가 삼공살인데, 사계절에 좌하여 하나의 기운으로 이루어지고, 살의 납음오행이 년을 극剋하면 오행이 독한 기운이 되어 서민이 범犯하면 횡사하지 않으면 나쁘게 죽게 된다.

❖ 학당學堂사관詞館

괴성魁星 과명부科名府

학당은 여러가지 설이 많은데 가장 명료란 것은 년의 납음오행을 기준으로 하여 간명하는 것이 가장 확실한 방법이라고 할 수있다.

년의 납음 [또는 년간]	지지 (장생지)	올바른 학당	올바른 사관
木	亥	己亥木	庚寅木
火	寅	丙寅火	乙巳火
土	申	戊申土	丁亥土
金	巳	辛巳金	壬申金
水	申	壬申金	癸亥水

학당은 사람이 독서하는 학당을 말한다.
사관은 관한림官翰林이 사관을 말한다.
학업이 우수하여 문장이 같은 사람들 중에서 뛰어나다.

장생은 학당의 위치로 년의 납음 金이 辛巳金를 보면, 金의 장생은 巳, 辛巳의 납음도 金에 속하여 학당이 된다.
임관은 사관의 위치로 金命의 壬申, 金의 임관은 申, 壬申의 납음도 金에 속하여 사관이 된다.

乙亥, 丁巳는 문성文星 木火의 장생과 임관이다. 木火가 문장의 형상이 된다. 문성은 재물을 모으는 재주는 없다.
년, 월, 일, 시에 甲, 乙, 丙, 丁 4위가 서로 이어져 끊어지지 않으면 청적青赤한 문장이 된다.

甲寅, 乙亥. 丁酉, 丙申. 甲子, 丙寅. 甲寅, 丙寅은 문채가 출중하다.
木金火가 완전하면 문장을 이루게 된다.
丙寅火가 己亥木, 辛巳金을 보면 모두 장생의 地를 좌한 것으로 문장에 뛰어나다.

또 아래 명조는 완전한 申子辰이 丙을 본 것인데,

시	일	월	년
丙	丙	丙	丙
申	辰	寅	子
火	土	火	水

만약 丙이 辛과 합한다면 水가 되어 곧 진수眞水가 된다.
申子辰 합국의 水가 올바른 위치가 되어 간지에 완전하게 보게 되면, 특히 金이 있으면 귀하게 되고, 金이 없으면 학문이 매우 높게 된다.

戊己가 많고, 왕을 차고 록을 겸하면, 곧 戊子火 년이 戊午火, 戊戌木, 己未火, 己酉土를 보면 문장이 찬란하다.
학당은 록(년간)에 있는 것이다. [록은 록명신의 록을 말한 것]
金의 장생은 巳, 임관은 申인데 甲乙 년이 얻고,
水土의 장생은 申, 임관은 亥인데 丙丁 년이 얻고,
木의 장생은 亥, 임관은 寅인데 戊己 년이 얻고,
火의 장생은 寅, 임관은 巳인데 庚辛 년이 얻은 것이다.

관귀학당官貴學堂
官의 장생이 학당이 되고, 官의 임관이 사관이 된다.

학당회식學堂會食

甲의 식신은 丙이고, 丙寅을 얻은 것

乙의 식신은 丁으로 丁巳를 얻은 것

丙의 식신은 戊로 戊申을 얻은 것

官과 印 그리고 역마를 겸하게 되면 그 복은 두텁다.

관성학당官星學堂

지지는 생지가 되고 천간은 극을 하는 것으로 즉 甲乙 년이 辛亥, 丁丙 년이 壬寅, 戊己 년이 甲申, 庚辛 년이 丁巳를 본 것이 이것이다.

과갑科甲에 올라 시종侍從이 된다.

납음이 제왕의 위치를 만나고, 천을귀인를 만난 것도 좋다.

己酉土 년이 丙子, 庚子土 일시를 얻은 것으로, 곧 己의 천을귀인은 子년이, 납음 土의 제왕은 子가 된 것, 이러한 것을 말한다.

壬午木 년이 辛卯木 일시를 얻은 종류 일컬어 학당회귀學堂會貴로 청귀淸貴하다.

학당사관學堂詞館은 공망 및 충파가 매우 흉하다. 간지의 납음도 극되지 않아야 사용할 수 있다.

학당이 공망에 떨어지면 관직이 낮고 천하고 독서하여 공부하여도 벼슬에 제대로 오르지 못한다.

학당에 氣가 없으면 오직 선비에 지나지 않는다 하였으며, 이 말은 학당의 납음오행도 왕하게 되는 것이 중요하다는 말이다.

학당이 역마가 되면 조역마朝驛馬로 천하를 누르는 높은 위치에 오른다.

자평에 이르기를 학당은 천지 음양의 청수淸秀한 기운으로 오행의 장생이 학당에 속한다 하였다.

甲이 亥를 본 것 乙이 午를 본 종류 등들인데 월시에 일위만 있으면 되고 반드시 겸전兼全이 될 필요는 없다 하였다.

겸전兼全 : 여러 가지를 다 갖추어 완전함.

혹 다시 천을귀인을 찬 것은
丁일 酉시 혹 酉월의 종류는 총명하고, 교묘한 지혜가 있고 문장이 매우 높고 다시 득지하여 극하는 신이 없고 덕수德秀를 만나면 벼슬길에 오르고 재물에도 인연이 많게 된다.
학당을 오직 관성으로만 논할 필요가 없고, 문장을 오직 인수만으로 논할 필요는 없다.

고인古人들이 장생 학당은 생기로 학學을 취하게 되는데, 오직 일간으로만 논할 필요가 없고, 또 다만 사주에 寅申巳亥가 있게 되면 학學이 된다고 하였다.
寅申巳亥는 천지 사이의 맑은 氣가 이른 것으로, 4개의 역마가 되고, 4개의 겁살도 되며 모두 생발(生發=활발)하는 뜻이 있다.
子午卯酉는 네 개의 패敗가 되며 그 氣가 탁濁하다.
辰戌丑未는 네 개의 고庫로 그 氣는 혼잡하다.
월후月候를 관찰하며 寅申巳亥월이 도달하면 춥지 않고 덥지 않아 풍기風氣가 자연히 청아淸雅하고 온화한 편이다.

년월에 차지하여 있는 자가 가장 유력하고 일지에 장생이 있으면 월령에 또 있는 것은 좋지 않다. 월령에서 보게 되면, 순행하는 운은 곧 목욕 운이 들어오게 되어 좋지 않다.
사주에 학당이 없어도 5, 7세에 일간의 장생長生 운이 들어와도 문학文學이 있게 되어, 비록 선비는 되지 못하더라도 지식이 매우 높게 된다.

사주에 장생이 없고, 5, 7세에 패敗, 사死 2가지 운이 되는 것을 가장 꺼린다. 설령 엄한 스승이 있다고 하더라도 훈화되지 못한다.

사주에 두 형태의 학당이 있으면 자형自刑, 극괴剋壞는 두려운데, 형충으로 파손되면 공부를 제대로 하지 못한다.
겹쳐 있으면 비록 한 개의 충은 해롭지 않지만 끝내 순수하게 되지는 않게 된다.
사주에 재성이 크게 왕성한 것은 좋지 않다.
재성은 후탁厚濁한 물건으로, 탐욕을 좋아하여 사람의 심지心志를 잃기 때문이다.

만약 먼저 관성이 있으면 타고난 품성이 치우친 氣가 되어 억눌림으로써 성격이 고집스러워 변통變通하지 못한다.
▶ 흔히 비견·겁이 고집스럽다고 하지만 실제 그렇지 않다. 도리어 煞이 고집스러운데, 역시 고대에서도 이렇게 살이 고집스럽다고 하였다.

재성이 왕성한데 관성이 없다면 혼탁하여 맑지 않아 설령 부귀하더라도 우매한 사람이 된다.
록마가 생하여 오면 진학당眞學堂이 되고, 만약 사관이 같이 있으면 문장이 뛰어나다.
무엇을 하지 못한 사람은 충극沖剋을 만난 것이며 만나지 않아야 복록이 창성하게 된다.

❖ 괴성魁星(=장원壯元)

甲辰 순의 10개

甲辰, 乙巳, 丙午, 丁未, 戊申, 己酉, 庚戌, 辛亥, 壬子, 癸丑이다.
이 중에 **甲辰, 丁未, 庚戌, 癸丑** 4위를 취하여, 甲木은 동방에서 왕하고, 丁火는 남방에서 왕하고, 庚金은 서방에서 왕하고, 癸水은 북방에서 왕한 것으로, 각 방향의 왕기旺氣를 좇아 취하게 되고, 辰戌丑未 상에 있는 것이 진정한 괴성이다.

사주에 甲辰에서 癸丑에 이르는 일순一旬이 일, 시에 갖추게 되면 과거에 급제하고 2, 3개 있으면 반드시 가운데 등급 이상이 된다.(상순의 일종)

丁亥, 辛卯, 庚戌도 괴성이 되는데 일시에서 만난 자는 벼슬이 높다.

괴성魁星은 寅申巳亥 4개가 되는데, 둔월遁月에 해당하면 크게 좋다.
癸巳 년은 寅 상에 甲이 되어 甲寅, 丁巳, 庚申, 癸亥가 감추어진 것이 일어난 것이 되고, 또 丁卯 년의 둔월은 寅 상에 壬寅, 乙巳, 戊申, 辛亥가 감추어진 것이 일어난 것이 된다.

둔년遁年 : 예를 들어 甲년으로 설명하면 둔년은 丙寅부터 丁丑까지로 즉 월주를 세울 때 사용되는 주柱를 둔년이라 한다.

土金의 빼어난 氣가 오르고, 金水의 빼어난 氣가 오르고, 木火의 빼어난 氣가 오르고, 水木의 빼어난 氣가 오르면 모두 과거에 급제한다. 빼어난 氣는 월령에 있어야 한다. 대체로 보아 간지가 유기有氣하고, 월령의 빼어난 氣를 타면 급제及第하는 命이 된다.

일이 제강을 얻어 빼어나게 되는것이 있는데,
화명목수火明木秀 : 火가 밝고 木도 뛰어남,
금청백수金淸白水 : 金은 희고 水는 맑고,
중첩토금重疊土金 : 土金이 겹겹이 쌓이고,
기제수화旣濟水火 : 水와 火가 서로 구제하고,
丙丁이 서로 갈마들고, 천을은 뿌리와 싹이 되고,
金水가 서로 포용하게 된다는 것이 그것이다.

괴성과 관살이 뛰어나면 벼슬을 하는 사주가 되고, 만난 년에 급제한다.
역마와 재성이 합을 겸하면 관직에 오른다.
유년의 역마와 더불어 生의 역마를 보고, 충하여 합하지 못하고, 또 천재天財, 문성의 종류를 보면 그 사람은 반드시 발하고, 합하면 나타나지 않고, 官과 祿을 만나면 이룸이 있고, 官과 祿을 만나지 못하면 나타난 벼슬도 그치게 될 뿐이다.
유년流年의 역마도 역할이 있는데 충하면 합당하게 되지 못한다.
또 유년의 천재天財, 문성文星의 종류도 발한다.
그러나 합하면 절대 발하지 않는다.
官과 록을 유년에서 만나면 이루지고, 官과 록을 만나지 못하면 발하는데 그칠 뿐이다.
무릇 당년에 과거를 보면 대개 유년과 월건月建이 서로 화합하게 되면 복이 있다.
삼기와 관계없이 오로지 유년과 월주月柱 참고하여 추리하여야 한다.
모름지기 대운이 관성의 위치가 되고, 또 태세가 정인을 차고 혹 올바른 천을귀인, 혹 년간의 록이 되면 그 해에 급제한다.

❖ 정인正印 YouTube 91강

일간,년간	庚辛	甲乙	丙丁	壬癸	戊己
정인正印	乙丑金	癸未木	甲戌火	壬辰水	丙辰土

사주에 정인을 만나면 반드시 옥당玉堂에 절하게 된다.
오행이 정인에 들면 5개 부서의 벼슬을 맡게 되고, 년간(本家)을 기준으로 한 정인이 귀하게 되는 것으로 볼 수 있으며, 년과 일이 함께 정인을 얻어야 가장 좋고, 시의 있는 것은 다음이고 태월胎月에 있는 것은 하下가 된다.
사람이 점잖고 너그럽고, 크고, 공명을 세운다.
만약 본가인本家印*이 있고 또 좋은 체상을 이룬 사주이면 특히 뛰어나다.
본가인本家印 : 년간을 기준으로 한 정인

만약 일간 甲乙이 壬辰水를 얻거나, 일간 丙丁이 癸未木을 얻으면 다른 방면에서 권력을 얻고, 부정하게 재물을 얻는다.
신(身년의 납음)을 정인의 납음오행이 극하거나, 혹 정인의 납음오행이 身을 극하면 무너진 것이 다시 일어난다.
일간의 壬癸가 甲戌火 정인을 얻고, 일간의 丙丁이 壬辰水 정인을 얻은 것은 본가인本家印보다 못하다. 그리고 년간과 일간이 왕기를 타야 좋게 된다.
만약 극파剋破하는데, 다른 곳에서 복을 구조하지 못하고, 혹 공망이 되면 가난한 선비나 스님, 절세 고인이 되고, 또 煞이 있으면 빈천하게 된다.

- **귀인협인**貴人夾印

일 혹은 년이 丙丁火인데 甲戌火 정인이 있고, 다시 酉亥 천을귀인이 있는 것.
일 혹은 년이 壬癸水인데 壬辰水 정인이 있고, 다시 卯巳 천을귀인이 있는 것이 귀인협인이라 한다.

▶ 酉戌亥에 戌이 공협되고, 卯辰巳에 辰이 공협되었다.

화개인華蓋印은 亥卯未가 癸未木을 얻은 것.
문장인文章印은 戊寅土가 癸未木를 본 것.
辛巳金이 甲戌火를 보고, 庚申木이 乙丑金을 보고, 癸亥水가 丙辰土을 보고, 乙亥火가 壬辰水를 보는 것으로 납음이 身을 극하고 천간이 또 극하는 것을 문장인文章印이라 한다.
戊午火가 癸未木를 얻고, 庚子土가 乙丑金을 얻고, 丁酉火가 壬辰水을 얻고, 己卯土가 甲戌火을 얻고, 辛酉木이 丙辰土을 얻은 것은 천간은 합하고 지지는 육합하는 종류들이 된다.

모든 정인은 묘고를 만나는 것을 요한다. 만약 생왕하고 또 도움이 있고, 록,역마,천을귀인과 호환하고, 아울러 서로 합하는 자는 귀한 命이 된다.
형, 충, 파, 해를 가장 꺼리고, 삼합 육합 상에 귀鬼를 보게 되면 가령 甲戌火 일이 癸酉金 시를 얻으면, 일의 납음오행 火가 시의 납음오행 金을 극한다 곧 힘이 감소된다.

壬癸水 일이 본가(年)에 정인이 있으면 이익이 없고, 癸未木을 얻으면 氣가 손상되고, 丙辰土를 얻으면 간지에 교섭하는 자는 벼슬하는 정인이 되고, 교섭이 없는 자는 귀鬼가 된 정인일 뿐이다.

▸ 壬癸水가 丙辰土를 보면 납음 土가 납음 水를 극하는데 납음이 극하는 것을 귀鬼하고 한다. 손상이 있다는 것이다.

봉황함인鳳凰啣印

년. 시에 정인을 본 것. **[우상서의 명]**

시	일	월	년
丙	戊	甲	癸
辰	午	寅	未
土	火	水	木

복취인福聚印 : 복이 모인 정인

년, 월, 일, 시, 태 5위가 모두 氣가 없고, 쇠약한데 인수印綬, 편인을 얻어서 이것이 정인이 되고, 고庫, 혹은 왕이 되면 비록 煞에 극을 당하여도 견뎌 복이 모인다. 그래서 복취인이라 한다.

화취인禍聚印 : 재앙이 모인 정인

癸巳水 년이 壬辰水 정인을 찬 것.

사주에 많은 水를 만나고, 辰인 묘墓가 함께 있는 것. 癸巳의 命 巳가 水 煞에 극당한다. 巳가 命이 되고, 巳火가 水를 많이 만나 본명本命에 병病이 든 것이 된다. 그래서 화禍가 모인 것이다.

파복성화인破福成禍印 : 복이 깨어져 재앙이 된 정인.

壬, 癸년간이 壬辰水 정인을 얻었는 것인데, 월, 일, 시, 태에 많은 土가 있어 귀鬼가 왕성한 것.

대살인帶殺印 : 정인이 煞을 본 것

壬子木이 壬辰水, 丙辰土를 본 것이 이것이다.

子에 辰이 이른 것은 화개가 되고, 壬 년간이 辰을 보면 煞이 된다. 정인이 도리어 命의 근본을 극하면 복신이 되돌아가게 되어 흉하다.

임공인臨空印 : 정인이 공망이 된 것

정인이 공망이 된 것이다. 지지에 육합이 없고, 관귀官責를 본 것으로, 천하게 되고 이루는 것이 없다.

자형인自刑印

정인이 자형을 찬 것으로,곧 庚戌金 년이 乙丑金을 찬 것이다.

金 일, 년이 金 정인을 본 것이며 한 결 같이 좋고, **丑戌 刑은 金이 金을 刑하는 것**. 이 종류는 없는 것만 못하다. 비록 적은 복은 있다고 하더라도 종내 천하게 된다.

정인을 논함에 다시 진오행眞五行*과 납음이 같은 氣를 얻게 되면 더욱 뛰어나다. 다만 주主가 부족하여 안일하면 육친에 불리하고 자식에 재앙이 있다.

진오행眞五行 : 천간의 상합하여 화한 오행을 진오행이라 한다. 즉 丙辛합 하여 化한 오행 水를 진오행이라 한다.

❖ 덕수德秀

생월	寅午戌	申子辰	巳酉丑	亥卯未
덕德	丙丁	壬癸 戊己	庚辛	甲乙
수秀	戊癸	丙辛 甲己	乙庚	丁壬

덕德은 년일이 생왕하여 덕이 있는 것이며, 수秀는 합으로, 천지가 중화된 氣가 어긋남이 없이 오행이 변화하여 이루어진 자다.
덕德은 음양이 흉을 푸는 신神이 되고, 수秀는 천지에 청수淸秀한 氣가 된다.

사계절에 당왕當旺한 신神이 되니
寅午戌 월은 丙丁이 덕이 되고 戊癸는 수가 된다.
申子辰 월은 壬癸 戊己가 덕이 되고 丙辛 甲己는 수가 된다.
巳酉丑 월은 庚辛이 덕이 되고 乙庚은 수가 된다.
亥卯未 월은 甲乙이 덕이 되고 丁壬은 수가 된다.

人命 중에 이 덕수를 얻고 파破, 충衝, 극剋이 없는 子는 총명하고 온후, 화기하다.
학당을 만나고 다시 財官을 차게 되면 貴하게 되고 충극衝剋이 있게 되면 힘이 감해진다.
덕수가 상관의 도움을 받으면 병권을 장악하고 부월斧鉞도 굴복시킨다.

❖ 금여金轝

록 앞의 **두 번째** 지지가 금여가 된다. 깨우친 사람이 복록을 얻어서 수레에 앉아 있는 것에 비유한다.

년간	甲	乙	丙	丁	戊	己	庚	辛	壬	癸
금여金輿	辰	巳	未	申	未	申	戌	亥	丑	寅

수레(여輿)는 모시는(직直) 것이고, 황금(金)은 貴한 의미가 있다. 즉 군자가 벼슬을 이루어 녹봉을 받게 되면, 반드시 수레에 실려 앉아 있게 되는 것이 근거가 된다.

금여는 록앞의 2번째 지지로 가령 甲의 록은 寅인데, 寅앞의 2번째의 지지인 辰이 금여가 된다.

성격이 부드럽고 용태가 성실, 행동거지가 온화, 공손하다.
여자 사주에 금여를 만나면 부유하고, 貴하게 된다.
남자가 얻으면 처첩, 음복陰福이 많다.
서로 돕고, 생일 생시에 만나면 좋고, 골육이 평생 크게 편안하고, 현숙한 처첩, 자손이 무성하다.
이것을 만난 사람은 복이 최고로 다다르게 되고, 총명하고, 부귀하고, 평생 근심이 없다.

건록 앞의 2번째에 있는 지지가 금여로 이곳에 생하고, 아울러 운에서 들어오면 늙어도 벼슬이 자연히 통하게 된다.
사주에 관성과 공협하여 금여가 끌려 들여지면 대귀하고, 만약 금여가 천을귀인을 보고, 장성이 아울케 되는 자는 뛰어나다.

❖ 진교퇴복進交退伏 YouTube 83강

진신進神	甲子	己卯	甲午	己酉
교신交神	丙子	辛卯	丙午	辛酉
퇴신退神	丁丑	壬辰	丁未	壬戌
복신伏神	戊寅	癸巳	戊申	癸亥

진신進神의 가치는 나타나는 자취가 형쾌하고,
교신交神의 가치는 모든 일에 불화하고,
퇴신退神의 가치는 관직에서 물러나고,
복신伏神은 체류한다.

진신 4좌는 특별하여 천을귀인과 煞이 서로 돕게 되면, 복력이 있게 된다.
태세太歲에서 순順으로 행하면 진신이라고 하고, 태세가 역逆으로 행해지면 퇴신이라고 하며, 진신을 만나면 문장이 영예하고, 퇴신을 만나면 지식이 암매하다.

간지가 모두 퇴자退者라면, 뜻에 부합한 가운데에서 부합하지 않는 자를 따르게 된다.
가령 庚戌이 甲寅을 얻으면 순旬의 앞이니 진進이 되고, 乙巳를 얻으면 순旬의 뒤이니 퇴退가 된다.
본순本旬에 존재하지 않은 자는 거만하다. 진퇴進退는 있고 교복交伏은 없는 것이 되니 옳지 않은 뜻이다.

❖ 양인羊刃 ▶ YouTube 85, 87강

천간	甲	乙	丙	丁	戊	己	庚	辛	壬	癸
양인羊刃	卯	辰	午	未	午	未	酉	戌	子	丑

양羊은 강剛이란 말이고, 인刃은 재할宰割*의 의義를 취한 것이다.

재할宰割 : 침략하고 압박하고 착취하다. 유린하다

무릇 사람이 록(벼슬)을 소유하면 반드시 인刃(칼)을 하사하여 보위한다는 뜻이 있는 것이 양인이다.
양인이 왕한데 또 록을 보면 부귀하고 금옥이 넉넉하게 된다.

록이 지나가면 인刃이 나타나는 것은, 공이 이루어지면 마땅히 물러가야하는데, 물러가지 않으면 지나침이 있게 된다.
당연히 극極한 장소는 氣가 강렬하여 사납고 흉폭하여 불화하게 되는 것이다.

음양과 만물의 이치는 모두 권력이 왕성하게 되면 나쁘게 된다.
극한 곳에서는 즉 火는 타서 꺼지고, 水는 솟아남으로 없어지고, 金은 쪼개져 이지러지고, 土는 붕괴되어 무너지고, 木은 억눌려서 꺾어진다.
그러므로 이미 이루어져 극極이 되지 않을 때 복이 되고, 극이 되어 끝나면 어찌 흉이 되지 않겠는가!

10 천간 중에서 극히 왕성한 지지는 이와 같은 것이다.
卯는 甲의 양인으로 양목陽木의 극이 된 곳이다.
辰은 乙의 양인으로 음목陰木의 극이 된 곳이다.
午는 丙의 양인으로 양화陽火의 극이 된 곳이다.
未는 丁의 양인으로 음화陰火의 극이 된 곳이다.

酉는 庚의 양인으로 양금陽金의 극이 된 곳이다.
戌은 辛의 양인으로 음금陰金의 극이 된 곳이다.
子는 壬의 양인으로 양수陽水의 극이 된 곳이다.
丑은 癸의 양인으로 음수陰水의 극이 된 곳이다.
당연히 극한 장소는 氣가 강렬하여 사납고 흉폭하여 불화하게 된다. 그래서 祿 앞의 一辰이 양인이 되는 것이다.
또 양인과 충衝하는 지지는 비인飛刃이 되는데, 예를 들면 甲의 양인은 卯가 되고 충하는 酉는 비인이 된다.
이미 왕성했지만 극에 도달하지 않으면 온유 화창하게 되는 것이니 그래서 인刃 후後의 一辰은 건록이 된다.

양인이 록을 차고 다시 관성과 인성이 바탕을 제공하면 더욱 길하다.
성질이 급하고 흉폭하여 물질을 해롭게 한다.
패敗(목욕)를 만나면 질병으로 근심이 많다.
금인金刃은 너절하게 잡다하고, 궁핍하고, 고달프고, 안일한 태도로 무엇도 얻지 못한다.

甲년이 乙卯, 丁卯를 만나면 강한 양인으로 질병, 파직, 늙어 재물이 흩어진다. 己卯, 辛卯, 癸卯는 편향된 양인으로 乙卯, 丁卯 보다 흉이 적다.

인두재刃頭財 : 양인의 천간에 재성이 있는 것
甲人이 己卯를 본 것 재물이 말라 흩어지고, 평상인은 백정, 술장수 등 칼로 자르는 업業에 종사하고, 도적에 죽을 지경에 이르기도 한다.

인두귀刃頭鬼 : 양인의 천간에 정관이 있는 것
甲人이 辛卯을 본 것. 제 목숨대로 살지 못한다. 비록 귀격인 자도 매우 흉하다.

양인상식羊刃相蝕

甲寅, 甲戌이 卯를 본 것. 갉아먹는 것이 되어 년월은 나쁘지는 않고, 일시는 흉하다. 두 개로 겹치고, 다시 공망이 되면 서로 갉아먹지 않으면, 유배, 또 늙어 흉하게 된다.

조원양인朝元羊刃

卯 년에 甲 일간, 甲 시간이 되는 종류인데 흉하다.
일간이 시에 刃을 만나면 질병, 자식에 재해가 있다.
시간이 일지에서 刃을 만나면 처妻에 흉하고, 품성이 좋지 않고, 군인이 되고, 질병이 있다.
년간이 시지에 刃이 만나면 부모가 나쁘게 사망하고, 다시 천간에 煞이 있으면 틀림없다.
태중胎中에 양인이 있고, 년과 刑하면 벼슬길이 흉하고, 혹 부모가 나쁘게 사망하게 하고, 여자 사주는 도적이 된다.
년간의 인刃이 일지日支에 있으면 부모가 나쁘게 사망한다.
시인時刃이 태胎의 지지에 또 있고, 혹 일인日刃이 시의 지지에 또 있는데, 다시 간지가 剋되면 처가 해산할 때에 재앙이 있고, 여자의 사주도 마찬가지다. 양인이 刑하게 되면 재앙이 더욱 크다.

연주인連珠刃

己 戊	辛 庚	乙 甲	丁 丙	壬 癸
未 午	酉 戌	卯 辰	未 午	子 丑

己는 未가 양인 戊는 午가 양인이 되어 연달아 있다.
모두 흉한 象이 된다.

비인飛刃은 칼과 도刀에 의해서 끝내 어그러지게 된다.

▶ 甲 년의 양인은 卯, 卯와 충하는 酉는 비인. 다른 천간도 이 예에 준한다.

양인이 다시 도과倒戈를 겸하게 되면 반드시 머리가 없는 귀신이 되고, 이 양인이 악살을 차면 더욱 흉하다.

남비징청격攬轡澄清格

귀인이 말을 탄 것. 앞에 양인이 있어 마치 말 머리에 검을 찬 것.

시	일	월	년
甲	乙	○	庚
申	酉	○	午

午의 역마는 申, 庚의 록은 申, 乙일의 천을귀인은 申, 庚의 양인은 酉. 청렴한 관원, 길신이 있으면 엄한 관리가 된다.

록마동향祿馬同鄕 

시	일	월	년
壬	己	○	庚
申	酉	○	午

午의 역마는 申이 되고 申은 庚의 록이(록마동향) 되어 좋다.

- 양인과 칠살은 벼슬길에 나아가 말을 달리게 된다.
- 비견에 양인이 들어오면 재격財格은 크게 꺼리고, 세운에서 충하거나 합하면 반드시 질병의 재앙을 맞는다.
- 시의 煞이 충당하고, 양인을 制하지 못하면 여자는 산액產厄이 많고 남자는 범죄를 저지른다.

- 양인이 겹쳐있는데 재성을 보면 사망한다.
- 양인은 창과 칼로 머리 없는 귀신이 된다.
- 운에서 양인, 겁재를 만나면 재물이 줄어들고 흩어진다.
- 운이 흉하게 된 것은 양인이 이루어진 기세가 깨었기 때문이다.

- 양인이 신身을 도와야 조건이 되었다면 합은 좋고 충은 나쁘다.
- 양인은 편관을 극히 좋아하여 화란을 평정한다.
- 남녀 모두, 사주에 양인이 많으면 반드시 거듭 결혼한다.
- 양인이 중중한데 또 煞을 보면 무과의 벼슬을 하게 된다.

❖ 공망空亡 ▶ YouTube 19, 52강

순旬	甲子	甲戌	甲申	甲午	甲辰	甲寅
공망 空亡	戌亥	申酉	午未	辰巳	寅卯	子丑

공空은 실實이 맞수가 되고, 망亡은 유有가 맞수가 된다.
십간이 비게(空) 되어 도달하지 못한 것이다.
비(空)었지만 실(實=실체)은 있고, 없(亡)지만 있(有=기운)는 것이 되어 옳지 않게 되어 흉하다고 논한다.
록마, 귀관貴官이 공망이 되면 구류격九流*格이 된다.
구류九流 : 일반 서민들의 직업

학당이 공망을 보면 이름이 높고, 자사自死, 자절自絶이 공망을 보면 좋다.
귀인貴人이 많으면 공망을 보아도 좋다.
화개가 많아도 공망을 보면 좋다.
년주 납음이 공망의 납음을 剋하면 도리어 특별한 복이 있게 된다.
〈가령 戊午火 人이 甲子金을 본 종류로 납음 火가 납음 金을 극한다〉
그 성질은
망신이면 문장이 아름답고, 쑥이 나부끼는 것 같다.
겁살이면 사납고 용맹하다.
대모이면 송골매가 갑자기 먹이를 보고 내려오는 듯하다.
건록이면 일생에 파산이 많고, 함지, 육해이면 흉하게 죽는다.
협귀, 화개, 삼기, 학당인 자는 매우 총명하고, 세속을 벗은 선비가 된다.

공망은 년주年柱는 말하지 않는다.
생일에 순중공망旬中空亡은 극히 긴緊하다.

호환공망互換空亡은 재앙이 깊다.
甲子년에 壬戌일이 되면 甲子의 올바른 공망은 壬戌이 되는데, 壬戌은 甲寅 순旬에 있고, 다시 甲寅 순중旬中에서 발생하는 공망은 子가 되니 즉 공망이 호환한다. 일생 재물이 흩어져 줄어든다.
일시가 호환하면 시時는 심하고 일은 그렇게 심하지 않다.
일이 시를 범하는데, 형, 해, 충, 파가 되고, 시가 일을 범하는데 형, 해, 충, 파가 되면 복이 있다.

재앙이 모인 地가 공망이 되면 도리어 흉을 풀게 되어 좋은데, 공망이 합하면 풀리지 않아 흉하다.

록마, 재관은 복이 모인 氣인데, 공망이면 복신이 흩어져 두려운데 공망이 합이 되면 좋다. 합은 공망이 되는 것을 막는다.

충, 합, 형이 되지 않으면 진공망眞空亡이 되고, 사맹四孟(寅申巳亥)은 크게 독하여 재주가 많아 예술인이 된다.

진공망眞空亡은
甲子 순旬은 水土 즉 亥戌. 甲戌 순은 金 즉 申酉
甲申 순은 火土 午未 甲午 순은 火土 즉 辰巳
甲辰 순은 木 즉 寅卯 甲寅 순은 水土 즉 子丑

울려 소리가 나면 공망이라 하지 말라. 만약 공망되었지만 덕이 있으면, 또 공망이 자왕自旺하면 사용하게 되어 크게 출세한다.
월, 일, 시 세 곳에 공망이 된 자는 해롭지 않아 아주 귀한 사람이 된다.
만약 두 곳에 있으면 비록 벼슬하게 되지만 크지 않다.

사주에서 공망이

시에 있으면 성격이 삐뚤고, 일이 헛되고, 다시 화개를 만나면 자식이 적다. 일에 있으면 서출이 많고, 혹 처첩과 이별을 하고 짝하고 합하면 음탕하다.

건록이 공망이면 허하여 평생 공부를 하나 늙도록 이루지 못한다. 역마, 귀貴가 와서 구원하여도 크게 길하지 않다.
甲寅水, 戊午火, 庚申木은 丑이 천을귀인인데 공망이 되며 좋지 않다.

오귀五鬼를 만나면 쇠빈衰貧하게 된다.
甲寅水의 辛丑土. 庚申木의 乙丑金. 戊午火의 丁丑水는 각 공망이 되고, 또 공망의 납음오행에 극되어 쇠빈하다.
두 개의 공망이 있어도 육순六旬 후는 장생과 합하여 왕하면 흉하지 않다. 충, 극, 형, 록이 더해지면 관직이 다시 융성해진다.

戊	癸	丁	己
午	未	丑	丑
火	木	水	火

午未가 공망인데 戊癸합이 되고, 午가 있어 火가 왕하여 귀격이다. 납음오행이 허한 년의 납음오행 火에 불꽃이 일어났기 때문이다.

사주에 공망이 있으면 원래 좋지 않지만, 운에서 형충하면 공망이 도리어 무력하게 된다.

절로공망截路空亡

水는 앞으로 전진하여야 하는데 앞으로 나아갈 수가 없을 때가 된 것을 절로截路라고 한다.[둔시遁時에서 찾는다.]

甲, 己 日의 壬申, 癸酉

乙, 庚 日의 壬午, 癸未

丙, 辛 日의 壬辰, 癸巳

丁, 壬 日의 壬寅, 癸卯

戊, 癸 日의 壬子, 癸丑

이상이 절로 공망인데, 이 공망은 오직 수명 뿐만 아니라. 출입, 재물, 교역, 벼슬, 혼인 등 모든 일에 불길하다.

사대공망四大空亡

甲辰, 甲戌 두 순旬에는 납음 金木水火土가 완전하다.

甲子, 甲午 두 순내에는 납음 水가 없다.

甲申, 甲寅 두 순에는 납음 金이 없다.

甲子, 甲午 순에 생한 사람이 납음오행 水를 보고 , 甲寅, 甲申 순에 생한 사람이 납음오행 金을 본 것이다.

년간 기준 공망이 되지 않더라도 운에서 납음오행 水金이 들어와도 공망이 작용한다.

일생 건체하고, 빈천부귀에 관계없이 모두 요절하고, 세 곳을 겹쳐 만나면 갑자기 요절한다.

오귀공망五鬼空亡

甲己 년이 巳午를 보고 ,　乙庚 년이 寅卯를 보고 ,
丙辛 년이 子丑를 보고 ,　丁壬 년이 戌亥를 보고,
戊癸 년이 申酉를 본 것. 고향을 떠나고 가난하다.

극해공망剋害空亡

甲乙 년이 午를 보고, 丙丁 년이 申, 戊己 년이 巳, 庚辛 년이 寅, 壬癸 년이 酉丑을 본 것. 처와 자식이 극해剋害된다.

파조공망破祖空亡

甲, 乙, 丙, 丁은 위의 극해 공망과 같고, 戊巳 년이 戌을 보고, 庚辛은 子, 壬癸가 寅을 만난 者로 조업祖業이 깨어지게 되는데 모름지기 아울러 논하여야 한다.

육허六虛 YouTube 148강

육허六虛는 년주를 기준으로 한, 공망과 충하는 성星이다. 호중자가 이르기를 언사가 교활한 것은 탄생한 時가 육허六虛가 되었기 때문이다. 육허가 있으면 말이 교활하고, 빈 말이 많이 하고, 허식을 좋아하고, 평생 존친을 극하고, 외지, 타국을 떠돌고, 행한 일이 헛되다 하였다.

가령 甲子순은 戌亥가 공망이니 戌과 충하는 辰, 亥와 충하는 巳가 육허가 된다.

❖ 대모大耗(원진元辰) ▶ YouTube 60강

원진元辰 이라고도 하고 모두성毛頭星에 속한다.
요즘의 원진살元嗔殺과 다르다.

년지	子	丑	寅	卯	辰	巳	午	未	申	酉	戌	亥
양남음녀	未	申	酉	戌	亥	子	丑	寅	卯	辰	巳	午
음남양녀	巳	午	未	申	酉	戌	亥	子	丑	寅	卯	辰

대모大耗는 따로 떨어져서 합하지 못하는 이름이다.
陽이 앞에 있고, 陰이 뒤에 있으면 굽은 곳이 있게 되는데, 굽으면 일이 펴지지 않게 된다. 陰이 앞이 되고 陽이 뒤가 되면 굽혀져 나아가지 못하여 일이 혹독하고 다스리지 못하여 함께 일하기 어려워 대모라 한다.

양남陽男 음녀陰女는 충衝 전의 일위一位인 지지가 원진에 속하고 음남陰男 양녀陽女는 충 후의 일위一位인 지지가 원진이 된다.
흉이 되는 자는 충된 地가 당면한 기가 되어 흉하게 된다. 좌를 두드리면 풍살은 우에 있고, 우를 두드리면 풍살은 좌에 있다.

유년과 운에서 만나게 되면 전도되어 편안하지 못하고,
내질內疾, 혹은 외난이 있게 된다.

비록 부귀숭고富貴崇高하여 그 세력이 강하다고 하더라도 운에서 만나게 되면 10년 동안 두렵게 되는데, 벼슬을 하고 있으면 귀양을 가게 되고, 집안에 흉한 허물이 있고, 설령 길신吉神이 돕는다고 하더라도 화복이 의복倚伏* 함을 면하지 못한다.

의복倚伏 : 화와 복은 서로 인연이 되어 일어나고 가라앉음.

더욱 꺼리는 것은 먼저 길한 후에 흉하게 되는 것이다.
대모가 있어 재해가 발생할 것 같은데 그 재해가 아직 일어나지 않아 재앙의 징조를 알 수 없는데, 그러나 있게 되는 것이다.

사주에 있으면 얼굴 모양이 볼품없고, 광대뼈가 있고, 코가 낮고 입이 크고, 눈꼬리가 무서우며 머리는 가운데가 튀어나오고, 엉덩이가 올라가고, 손발은 억세고 단단하며 목소리는 가라앉고 탁하다.

부녀자가 얻으면 목소리가 남자같이 탁하고, 간음, 사통하고, 천한 노비와 추한 귀신에 의지하고, 예법을 존중하지 않고, 일생 재앙이 많고 비록 자식이 있다고 하더라도 고집스럽고 불효한다.

대모에 악살이 더하여 있게 되면 재앙이 심하고, 호환을 만난 자는 더욱 불길하다.

관부官符와 같이 있으면 허물이 없어도 고통을 당한다.
겁살을 차면 작은 일에도 순조롭지 않고, 스스로 욕辱됨을 자초하고 빈천하고 부끄러움을 모른다.

합을 만나면 길하다고도 한다.
그렇지만 아래의 등강 사주는 합이 없어도 길하였다.
• 추밀을 지낸 등강의 命
壬 乙 壬 乙
午 丑 午 丑
木 金 木 金
합이 없어도 길하였다.

• 참정급의 命

甲 己 甲 己

戌 巳 申 卯

火 木 水 土

대모 천을귀인을 겸하였고 또 申巳합 되었다. 조원양인에 속하여도 길했다.
천을귀인 申은 년간 일간이 같이 겸하였다.
이 두 命이 어찌 대모가 범한 命이 아니겠는가?

서자평은 “원진은 命중에 원래 해로운 辰이라”하였다.
가령 사주 년, 월, 일, 시에, 甲이 申庚을 보고, 乙이 酉辛를 본 것을 말하는 것이다.
사주에 이 七殺이 있게 되면 원래부터 몸에 해롭다.
그런데 운에서 다시 원진을 만나면 흉이 더욱 심하게 되고 원진이 없으면 가볍게 된다하였다.
그러나 원진과 더불어 망신, 겁살, 양인, 공망과 같은 종류들에 관해서 락녹자는 소식부에서 자신의 견해를 밝혔다.
설심부에서도 원진은 신살의 이름이라고 하였다.
그러하니 실제 자평 이전의 고인들은 원진을 신살로 취급하였다는 것을 알 수 있다.

❖ **암금적살暗金的煞** YouTube 63강

년일지	子	午	卯	酉	寅	申	巳	亥	辰	戌	丑	未
파쇄破碎	巳				酉				丑			
煞	음신 吟呻				파쇄 破碎				백의 白衣			

이 세 煞은 선천수先天數와 사충四衝에서 일어난다.

巳는 金의 생지인데 巳중의 火는 官으로 金氣를 극하니 가시나무의 몽둥이로 벌을 받아 신음을 하는 재앙이 있기 때문에 음신吟呻이라 한다.

酉는 金이 왕한 地로 당시에 임하게 되면 만물을 죽이게 되고, 또 辛金이 상조하여 그 일을 맡게 되니 분쇄되지 않을 수 없어 주主는 지탱하지 못하여 유혈의 재앙을 당하게 되니 파쇄破碎라고 한다.

丑은 金의 고묘庫墓가 되어 사계에 거주하고 귀문이 되어 방해를 받아서 상복을 입고 우는 일이 발생하게 되어 백의白衣라고 한다.

오행 중에서 오직 金만 만물을 죽이는 것이 가능하다. 그래서 총괄적으로 암금적살이라 한다.

子午의 수는 각9, 卯酉는 각6으로서 총 합은 30이 되는데 子에서 순행順行으로 헤아려 30번째가 되면 巳가 있다.

그래서 巳가 子午卯酉의 煞된다.

寅申은 각 7, 巳亥는 각4로서 합하면 총 합은 22가 된다. 子에서 순행으로 헤아려 22가 되면 酉가 있다.

그래서 酉가 寅申巳亥의 煞이 된다.

辰戌은 각5, 丑未는 각8로 총 합은 26이 되는데 子에서 순행으로 헤아려 26째가 되면 丑이 있다.

그래서 丑은 辰戌丑未의 살이 된다
이렇게 수數에서 일어는 것이다.

온갖 흉이 있는 것으로 외출에 더욱 꺼린다.
망신과 같이 있으면 갑자기 관청의 재앙이 오고, 겁살과 같이 있으면 사망, 백호, 양인과 같이 있으면 유혈상잔, 천을귀인, 건록과 같이 있으면 자못 거만하다.
오행이 왕상하고, 길신이 상조하고, 귀격에 든 자는 해롭지 않지만 천격에 든 자는 다시 흉신을 일절 살펴야 하고, 흉신이 더불어 있게 되면 더욱 흉하다.
金을 생하는 곳이 되면 중풍으로 반신 불수가 된다.
金이 묘墓가 되면 자식이 剋되어 악사惡死하는 근심이 있다.
삼형을 차고 다시 천을귀인을 얻으면 고관이 되고 병권을 가진다.
유년에서 만나면 초상을 만나고, 도둑이 들어 시끄럽게 되고, 구설수에 휘말린다. 어릴 때 소아가 만나면 끊는 물에 재앙을 당하고, 상해 당하여 흉터를 남긴다.
형해刑害가 지나치지 않으면 어그러짐이 없고, 시에 있으면 길도 되고, 충파衝破가 심하게 되지 않으면 어긋나지 않고 모두 반드시 흉하다고 할 수는 없다.

❖ 구교勾絞 YouTube 46, 59강

◆ 양남음녀陽男陰女

命 앞의 三辰이 구勾가 되고, 뒤의 三辰은 교絞가 된다.

년지	子	丑	寅	卯	辰	巳	午	未	申	酉	戌	亥
구勾	卯	辰	巳	午	未	申	酉	戌	亥	子	丑	寅
교絞	酉	戌	亥	子	丑	寅	卯	辰	巳	午	未	申

◆ 음남양녀陰男陽女

命 앞의 三辰이 교絞가 되고, 뒤의 三辰은 구勾가 된다.

년지	子	丑	寅	卯	辰	巳	午	未	申	酉	戌	亥
구勾	酉	戌	亥	子	丑	寅	卯	辰	巳	午	未	申
교絞	卯	辰	巳	午	未	申	酉	戌	亥	子	丑	寅

구勾는 견련牽連*으로 즉 서로 얽히어 관련되고, 서로 끌어당기어 관련시키게 하는 뜻이다.

견련牽連 : 서로 얽히어 관련됨. 서로 끌어 당기어 관련시킴.

교絞는 기반羈絆*으로 즉 굴레를 씌우듯 자유를 얽매는 것이다.

기반羈絆 : 굴레를 씌우듯 자유를 얽매는 일.

구교는 상대를 충하는 맛이 있고 마치 망신, 겁살과 비슷하다.
양남 음녀는 년지(命) 앞의 3번 째 지지가 구勾가 되고, 命 뒤의 3번째 지지는 교絞가 된다.
음남양녀는 命 앞의 3번째 지지가 교絞가 되고, 命 뒤의 3번째 지지가 구勾가 된다.

가령 甲子년 남자는 양남이니 卯가 구勾가 되고, 酉는 교絞가 된다. 乙丑년 여자는 음녀이니 戌이 교絞가 되고, 辰은 구勾가 되는 것이 예가 된다.

이 煞은 금신金神과 양인이 임하는 것을 크게 꺼리고, 협살夾煞의 납음오행이 년의 납음오행을 剋하는데 구원이 없으면 복이 없어 반드시 뱀과 호랑이를 만나 몸이 손상된다.
금신과 백호가 같이 있으면 크게 흉하다. 범, 이리, 소, 말, 개, 범과 이리 등에 손상당한다.

그러나 년의 납음오행을 극하지 않고, 이 煞이 천을귀인 등 복신에 해당하면 그렇지 않다.

년의 납음오행이 煞의 납음오행을 剋하면 마음 씀이 간교하고, 형법의 임무 맡는 장수가 되어 주륙誅戮*을 행한다.
주륙誅戮 : 죄에 따르는 형벌로 마구 죽임. 법으로 다스려 죽임.

이 煞의 납음오행이 만약 년의 납음오행을 剋하면 수명을 다하지 못하고 사망한다.
서민은 갑자기 재앙에 이르지는 않지만 유년流年에서 이것이 들어오면 구설, 감옥에 들어가는 벌을 받는다.
구교 두 개 다 있으면 재앙이 크고, 한 개만 있으면 재앙이 가볍다.
납음오행이 년의 납음을 극하면 재앙이 더 심하다.

❖ 고진孤辰 과숙寡宿 격각살隔角煞 YouTube 64강

년지	亥子丑	寅卯辰	巳午未	申酉戌
고진孤辰	寅	巳	申	亥
과숙寡宿	戌	丑	辰	未
격각隔角	卯	午	酉	子

선현들이 이르기를 늙어 남편이 없는 것을 과寡라 하고 어려서 아비가 없는 것을 고孤라 한다.
辰을 일컬어 성진星辰이라고 하고 숙宿을 일컬어 성숙星宿이라고 하여 그 신神을 지칭한다.
사주에 이 성진星辰이 있으면 고아孤, 과부寡가 되는 것으로 추리한다.

亥子丑에서 丑에서 앞으로 1개 나아가면 寅이 되는데, 곧 고孤가 된다. 亥에서 뒤로 1개 물러나면 戌이 되는데, 모퉁이가 된 곳으로 곧 퇴각退角되어 과寡가 된다. 남은 세 방위도 모두 이에 준하여 추리하면 된다.
즉 음양이 낙담하고 실의 한 뜻이 있는 것이다.

寅은 봄의 시작이 되고, 辰은 봄의 말이 되고, 巳는 여름의 시작이 되고, 未는 여름의 말이 되고, 申은 가을의 시작이 되고, 戌은 가을의 말이 되고, 亥는 겨울의 시작이 되고, 丑은 겨울의 말이 되니 모두 陰陽이 가지에서 떠나는 신으로 즉 사계절이 묵은 것이 없어지고 새것이 새롭게 생기는 곳이 된다.
삼차에 이르기를 "조물造物 중에 나를 생하는 자는 모母가 되고, 나를 극하는 자는 부夫가 되고, 내가 극하는 자는 처가 된다" 하였다.

亥子丑은 북방 水의 위치로 金은 水의 모母가 되고, 金은 寅이 절絕하는 곳이 되니 즉 모母가 절絕하는 곳이 된다.
火는 처가 되는데, 火는 戌이 묘墓가 되니 처가 묘에 든 것이 된다.

申酉戌은 서방 金의 위치로 火는 金의 지아비가 되는데, 火는 亥에서 絶하게 되니 즉 지아비가 絶하는 것이다. 木은 처가 되고 木은 未가 墓가 되는 것이니 처가 墓에 든 것이 된다.

巳午未는 남방 火의 위치로 木은 火의 모母가 되고, 木은 申에서 絕하게 되니 母가 絶하게 되는 것이고, 水는 火의 지아비가 되고 水는 辰이 墓가 되니 지아비가 墓에 든 것이 된다.

寅卯辰은 동방 木의 위치로 水는 木의 모母가 되고, 水는 巳에서 절絕하니 모母가 巳에서 絶한 것이 된다. 金은 남편이 되고, 金은 丑이 墓가 되니 지아비가 墓에 든 것이 된다.

이것을 취하여 모母가 絕한 곳이 고진이 되고, 부夫, 처妻가 墓에 든것은 과숙寡宿이 된다.

寅申巳亥는 각角이 되고, 辰戌丑未는 격隔으로 진자進者는 陽이 되어 부친에 불리하고, 퇴자退者는 陰이 되어 모친에 불리하다. ▸ p243 참고.
양궁陽宮에 있으면 부친에 해롭고 음궁陰宮에 있으면 모친에 해롭다.

방위	寅卯辰	巳午未	申酉戌	亥子丑
음궁	丑巳		未亥	
양궁		辰申		戌寅
작용	모친에 해害	부친에 해害	모친에 해害	부친에 해害

골육이 중도에 분리된다. 고과孤寡보다도 오히려 격각隔角이 되어 더 싫다.
남녀 사주에 있으면 자식들에도 불리하다.

남명의 사주에서 처성이 절絶했는데, 고진孤辰을 만나면 평생 짝을 만나 결혼하기 어렵다.
여명의 사주에 남편성이 絶했는데, 다시 과숙을 만나면 시집가서 해로하지 못한다.

辛丑년의 사람이 庚寅을 얻으면, 寅은 고진孤辰, 丑은 寅(卯辰)의 과숙寡宿이 된다. 그래서 寅丑은 호환 고과격각孤寡隔角으로, 곧 丑寅은 간괘艮卦가 된다. 건곤간손乾坤艮巽*은 격隔이며 네 곳의 구석의 각이 된다.

건곤간손乾坤艮巽 : 24괘 방위도에서 각 계절과 계절의 사이에 있는 방위

고진과숙과 흉살 관계

- 사주에 고과가 있으면 몸이 작고, 야위고, 얼굴에 화기가 없고, 육친에 불리하다.
- 역마와 같이 있으면 타향에 방랑한다.
- 공망과 같이 있으면 어릴 때 의지할 곳이 없다.
- 상조와 같이 있으면 부모가 상속을 주어 사망한다.

고진, 과숙, 격각이 사주에 있으면

일생 초상을 많이 당하고, 재앙이 겹치게 되고, 골육의 도움을 받지 못하여 외롭다.
귀격에 든 者는 데릴사위가 되고, 천격에 든 자는 방랑을 면하지 못한다.
운에서 들어온 고과는 작용이 없는 것으로 단정한다.
亥가 寅戌을 얻고, 寅이 丑巳을 얻었지만 천을귀인에 속하면 고과로 논하지 않는다.

정란사충井欄斜衝*은 고진, 과숙이 되는데, 다시 天干에 도식을 차게 되면 일컬어 정란도식井欄倒食이 된다.

▸ 정란사충 : 申일의 辰시 未일의 亥시, 寅일의 戌시 丑일의 巳시

다시 식신을 차면 이름이 절방살絶房殺로 딸은 많고 아들은 적다.

甲辰일이 壬午년을 만난 것은 도식倒食으로 더욱 긴요하다.
만약 巳午未 년이 다시 巳午未월에 태어나서 고과孤寡 두 개를 차면 처와 자식에 해롭다. 육친도 적고, 재물도 취하지 못하고 딸이 많다. 또 일생을 좋게 마치지 못한다.
유년에서 고진을 만나지 않아야 하고, 陽을 근거로 陰의 재앙을 살펴야 한다. 과숙을 만나면 수명에 지장이 있고, 소운 유년에서 만나는 것은 좋지 않다. 남자 사주는 고진이 흉하고 여자 사주는 과숙이 흉하다.

- 戌일 子시.
  丑일 卯시.
  辰일 午시.
  未일 酉시.

격각으로 군자는 큰 종기가 있게 되고, 서민은 피를 보고 사망한다.

- 子人이 亥를 보고, 丑人이 戌을 보고,
  戌人이 丑을 보고, 寅人이 酉를 보고,
  酉人이 寅을 보고, 卯人이 申을 보고,
  申人이 卯를 보고, 辰人이 未를 보고,
  未人이 辰을 보고, 巳人이 午를 보고,

午人이 巳를 보았는데, 일, 시에서 만나면 고과가 되어 젊어서 육친을 잃게 되고, 년시에 있으면 양아들로 가지 않으면 반드시 부모가 극한다는 일설이 있다.

❖ 천라지망天羅地網

천라天羅	戌 亥
지망地亡	辰 巳

하늘은 서북이 기울어져 있어 戌亥는 陰의 끝이 되고, 땅은 동남이 꺼져있어 辰巳는 陽의 끝이 되어 나망羅網이 있게 된다.
음양이 마침내 극極한 위치에 도달하면 암매暗昧하여 명료하게 되지 않으니 곧 사람에게 나망이 있게 된다.

호중자가 이르기를
"용辰과 뱀巳이 혼잡하면 辰생(년)에 불리하고, 돼지(亥)와 개(戌)가 침능侵淩하면 亥생(년)에 싫다" 하였다.
남명은 해롭지 않고, 다만 여명은 파혼하고, 자식에 불리하고, 박명薄命하거나 질병이 발생하게 된다.
辰 년에 巳는 심하고, 巳 년의 辰은 심하지 않다.
일컬어 용이 사혈蛇穴에서 태어난 자는 퇴보한 것이고, 뱀이 용혈龍穴에서 태어난 자는 진보한 것이 되기 때문이다.

戌은 개가 되고, 亥는 돼지가 된다.
戌 년이 亥를 얻고, 亥 년이 戌을 얻으면 돼지와 개가 상호 멋대로 침범하는 것이 되어 해롭다. 여자 사주에서는 해롭지 않지만 남자 사주에서는 막히고, 틀어져서 어긋나게 되고, 조상에 해롭고, 처를 剋하게 된다.
戌 년이 亥를 얻으면 심하지 않고, 亥 년이 戌을 얻게 되면 심하다. 즉 개가 돼지의 무리에 들어가면 진출하는 것이 되고, 돼지가 개의 무리에 들어가면 상처를 입게 된다.

辰巳(지망)가 혼잡하면 보통 여자는 우환을 막아야 하고, 亥戌(천라)가 침능하면 남자에게 액난이 염려된다. 곧 이것은 남에게는 천라天羅가 두렵고, 여자에게는 지망地網이 두렵다는 것이다.

火 命에는 천라天羅, 水土 命에는 지망地網이 되는 것으로 논하고 남은 金木 두 命은 없는 것으로 논하기도 한다.
사주에 천라지망이 있으면 건체蹇滯*하고, 다시 악살이 같이 있고, 오행이 무기하면 반드시 나쁘게 사망한다.
건체蹇滯 : 괴로워하며 머뭇거림. 마음대로(뜻대로) 되지 않음

운에서 이것이 있게 되면 또한 같게 논한다.
가령 戌년 戌월 초 1일생 자는 1년간 천라가 나타나고, 15일생 자는 15년간 천라가 나타나고, 만약 다시 생일이 戌이 되면 30년간 천라가 작용한다.

戌년, 亥월 , 戌일, 亥시는 상호 교류하여 심하게 나타나 재앙이 쉬지 않고 나타난다. 지망도 같다. 만약 천라, 지망이 같이 있게 되면 더욱 해롭다.

생시의 지지가 천반天盤과 더불어 묶이게 되어 다투니 설사 안방을 얻었다 한들 어찌 오래 살겠는가?
甲辰 년이 甲戌을 보고, 甲戌 년이 甲辰을 본 이 두 사주는 나망을 취한다는 말이다.

❖ 십악대패十惡大敗

일주	甲辰	乙巳	丙申	丁亥	戊戌	己丑	庚辰	辛巳	壬申	癸亥

십악十惡은 비유하면 율법을 수행하는 사람이 십악의 큰 죄를 짓었는데 용서를 받지 못한 것이다.
대패大敗는 비유하면 병법을 수행하는 사람이 적과 교전하여 크게 패하여 일생 되돌아오지 못하는 극히 흉한 것이다.

60갑자 중에 10개 일의 록祿이 공망이 되는 것인데
가령 甲辰, 乙巳 순에서 甲의 록은 寅, 乙의 록은 卯가 되고, 寅卯가 공망이 되니 곧 甲辰, 乙巳의 천간 甲과 乙의 록이 공망이 되어 甲辰, 乙巳가 십악대패에 속한다.
가령 甲午, 乙未 순의 공망은 辰巳가 되는데 이 순에 있는 丙申의 천간 丙의 건록 巳가 공망이 되므로 곧 丙申이 십악대패에 속한다.
남은 일도 이에 준한다.

사주에 오직 일주日柱가 이에 속한자 해당하고 다른 주柱에 있는 것은 논하지 않는다. 또 사주에 길신이 도우면 길한 것으로 논한다.

년을 기준으로 하여 煞을 구분하여 구한다.
庚戌년이 **甲辰**일을 보고, 辛亥년이 **乙巳**일을 보고,
壬寅년이 **丙申**일을 보고, 癸巳년이 **丁亥**일을 보고 ,
甲辰년이 **戊戌**일을 보고, 乙未년이 **己丑**일을 보고 ,
甲戌년이 **庚辰**일을 보고, 乙亥년이 **辛巳**일을 보고,
丙寅년이 **壬申**일을 보고, 丁巳年이 **癸亥**일을 본 것.

모두 년의 간지와 일의 간지가 충하고, 또 록이 공망이 되어 꺼린다.
남은 것은 전부 무방하다.

이하는 반드시 그렇다.
甲己년, 戊辰월, 戊戌일,　壬申월, 癸亥일,
　　　乙亥월, 丙申일,　丙子월, 丁亥일.

乙庚년, 辛巳월, 壬申일,　甲戌월, 乙巳일,

丙辛년, 壬辰월, 辛巳일,　戊戌월, 庚辰일,
　　　己亥월, 甲辰일,

戊癸년, 己亥월,己丑일,
丁壬년은 없다.

甲子 순旬이, 년이 되어 壬申일을 만나고, 甲辰 순이, 년이 되어 乙巳일을 만나면 반드시 적중한다.

사폐일四廢日이 있다.
봄의 庚申. 여름의 壬子. 가을의 甲寅, 겨울의 丙午가 사폐일이다.
또 봄의 辛酉, 여름의 癸亥, 가을의 乙卯, 겨울의 丁未를 첨가하기도 한다.
폐廢는 수사囚死되어 사용할 수 없다.
命에 이것을 차면 일을 시작 하지만 이루지는 못한다.

천지전일天地轉日이 있다.

乙卯水 일의 辛卯木 월. **丙午**水 일의 戊午火 월.

辛酉木 일의 癸酉金 월. **壬子**木 일의 丙子水 월.

납음이 왕한 계절을 만난 것을 말한 것이다. 일이 이와 같은 월에 태어나고 다시 또 년의 납음오행이 왕하게 되면 물질이 크게 왕하게 되어 손상되니 요절한다.

안자顔子의 命

戊 丙 辛 己

子 午 未 丑

火 水 土 火

여름에 태어나서 다시 丙午를 보아 火가 매우 강하다. 이로 인해서 년의 납음 火가 매우 왕하게 되어 비록 공자에 버금가는 성인이지만 곧 조화가 극極에 도달하게 되어 庚申木 년에 사망하였다.

또 하나의 命

乙 辛 丁 丙

未 酉 酉 戌

金 木 火 土

酉월 태어나 金이 왕한데 다시 일에 辛酉木을 만나 金이 왕하다

비록 년은 土가 되었지만 壬申金 년, 庚戌金 월에 수명을 멈추었다.

사주에서 부족하다면 생부를 얻고, 지나치게 왕하면 이것을 제어하는 것이 있으면 이와 같이 논하지 않는다.

❖ 고란孤鸞 과곡살寡鵠煞

고란과곡일 孤鸞寡鵠日	乙 巳	丁 巳	辛 亥	戊 申	甲 寅	丙 午	戊 午	壬 子

木火가 뱀(巳)을 만나면 크게 좋지 않고, 금돼지(亥)는 단단하니 어찌 미쳐 날뛰지 않겠고, 원숭이와 범은 지아비가 어찌 존재하겠는가? 시에 고란을 차서 한 마당의 춤을 춘 것이다.

남자는 처가 상傷하고, 여자는 남편이 상傷한다.

❖ 홍염살紅艶煞

홍염살紅艶煞	甲午	丙寅	丁未	戊辰	庚戌	辛酉	壬子	庚申
여명女命에 가장 꺼린다. 주로 음란하다.								

❖ 괴강살魁罡煞 YouTube 55,72강

괴강 魁罡	庚 辰	庚 戌	壬 辰	戊 戌	戊 辰	壬 戌

모든 사람을 제압하는 힘이 있다.

횡폭, 재앙이 발생하는 흉성凶星이 된다. 대부大富, 대귀大貴, 영웅호걸 등 대단한 인물이라는 좋은 의미와 나쁜 의미인 극빈, 단명, 횡액, 살상, 재앙 등 극단적인 불행을 나타낸다. 중용지도가 안 되고 양 극단에 치우치는 의미를 가지고 있다. 자평총론에 이르기를 괴강살이 있을 때 "만약 身(일간)이 강하면 절륜한 귀가 나타나고, 만약 약하면 뼈를 뚫는 가난을 맛본다"하였다.

❖ 평두살平頭煞

평두살平頭煞	甲	丙	丁	壬	辰

약 3, 4개를 보고, 공망인 자는 승도僧道가 된다.
한 길로 나아가지 못하여 해롭게 된다.
남男은 처를 극하고 여인는 남편을 극한다.

❖ 현침살懸針煞 YouTube 55,85강

현침살懸針煞	甲	辛	午	卯	申

오행의 근원에 氣가 없어 덕신德神값이 아니므로 군인이 된다.
甲辛 3, 4호는 현침으로 안질眼疾이 있고, 험한 액을 많이 당한다.
刑이 되고, 煞이 있으면 귀향을 가게 되고, 얼굴이 잘리는 군인이 된다.

❖ 장형살杖刑煞 YouTube 55,72강

장형살杖刑煞	戊	庚	戌

날카로운 칼과 창이 된다.
양인을 차면 거지가 되어 떠돌아다니고, 나쁘게 죽는다.

❖ 상조살喪弔煞

년지 앞 2번째지지를 상문喪門살
년지 뒤의 2번째지지를 조객弔客살

年支	子	丑	寅	卯	辰	巳	午	未	申	酉	戌	亥
상문 喪門	寅	卯	辰	巳	午	**未**	申	酉	戌	亥	子	丑
조객 弔客	戌	亥	子	丑	寅	**卯**	辰	巳	午	未	申	酉

범례 : 乙巳년생일 경우 未가 상문이고, 卯가 조객이다.

다른 흉살을 겸하게 되고, 대운, 소운에서 다시 들어오게 되면 재앙이 발생한다.
오직 년을으로 적용하는데, 사주에 있는 것이 제어되지 못하면 불길하고, 유년에서 들어오면 더욱 흉하다.

모든 질병 흉상凶喪은 이 상조를 오직 년을 기준으로 추리하여 살펴야 하고 단순하게 년만 생각하여 길하지 않다고 추리하여서는 안 된다.
특히 유년에서 들어오면 더욱 흉하고, 만약 월에 양인이 있고, 흉살이 보좌하고, 시에 임하면 돌연 재해가 있게 되는 것이다.
시에 임하면 횡관살이 되며 이 횡관살은 소년에 나타난다.

월에 건록, 또는 시에 있는 것이, 이 흉신이 되었을 때, 곧 길성吉星이 중첩되어 있으면, 형벌에 의한 죽음은 피하겠지만 위태로움은 있다.

❖ 택묘살宅墓殺 ▶ YouTube 65강

(年支가 亥경우) 앞의 5번째가 辰이 택宅이 되고, 5번째 뒤가 年은 묘墓가 된다.

年支	子	丑	寅	卯	辰	巳	午	未	申	酉	戌	亥
파택破宅	巳	午	未	申	酉	戌	亥	子	丑	寅	卯	辰
파묘破墓	未	申	酉	戌	亥	子	丑	寅	卯	辰	巳	午

겁살이 택묘살과 겸하게 되는 것이 매우 두려워한다.
본명本命의 택宅을 깨기 때문으로 신음하게 된다.

▸ 택묘살은 귀문관살과 같은데 귀문관살은 연해자평과 삼명통회에는 기록이 없는 煞로 중국 명나라 이후 누군가가 카피하여 만든 것인 것으로 추정해 본다. [귀문관살辰亥, 午丑, 巳戌, 申卯, 寅未, 子酉] 다만 택묘살에는 子酉가 없다. 또 아래의 자액살하고도 거의 동일하다.

❖ 자액살自縊煞

요즘은 귀문관살鬼門關殺 이라고도 한다.

년지	戌	巳	辰	亥	寅	未	卯	申	午	丑	子	酉
자액 自縊	巳	戌	亥	辰	未	寅	申	卯	丑	午	酉	子

상극相剋은 크게 꺼리고, 천원天元의 묘墓가 되고, 다시 공망, 망신, 대모가 있으면 흉하다. 자액살은 오행이 얽혀 등 돌린 곳이다.

❖ 음양살陰陽煞 ▶ YouTube 47강

음양살 陰陽煞	戊 丙 午 子

여자는 陰에 속하여 陽을 좋아하는데, 사주에서 戊午 왕한 火를 얻으면 정양正陽이 되고, 남자는 陽에 속하여 陰을 좋아하는데, 사주에 丙子 왕한 水를 얻으면 올바른 陰이 되어 음양이 화창하게 된다.
남자 사주에 丙子를 얻으면 평생 아름다운 부인을 많이 얻게 된다.
여자가 戊午를 얻으면 평생 아름다운 남자를 만나게 된다. 일에 있으면 남자는 아름다운 부인을 얻고 여자는 아름다운 지아비를 얻는다.

대모, 함지와 같은 궁이 되는 것을 크게 꺼린다. 남녀 모두 음란하다.
가령 남자가 戊午를 얻으면 많은 여자와 사랑을 나누고, 여자가 丙子를 얻으면 많은 남자를 유혹하여 꼬드긴다.
다시 귀천 유무의 소식消息을 살펴 판단하여야 한다.

❖ 음욕방해살淫慾妨 ▶ YouTube 100강

팔전 八專	甲 寅	乙 卯	己 未	丁 未	庚 申	辛 酉	戊 戌	癸 丑

팔전八專은 늙도록 12홍등가를 누비는데, 중범重犯하면 젊어서 음욕淫慾으로 초나라의 여덟 방위를 없애는 두려운 것이다. 일상에 있으면 처가 부정하게 되고, 시상에 있으면 자식이 부정하다. 여인이 범하면 친할 사람과 친하지 말아야 할 사람을 구분하지 못하고, 많이 범한 자는 더욱 그렇다.

❖ 구추살

구추 九醜	壬 子	壬 午	戊 子	戊 午	己 酉	己 卯	乙 酉	乙 卯	辛 酉	辛 卯

부녀자가 범한다면 자식을 낳을 때 재해를 당하고, 남男이 범하면 추잡하여 자기 명대로 살지 못하게 된다.

❖ 음착陰錯 양차陽差 YouTube 83강

음착陰錯	丁丑	丁未	辛酉	辛卯	癸巳	癸亥
양차陽差	丙子	丙午	戊寅	戊申	壬辰	壬戌

여자가 만나게 되면 시어머니와 잘 어울리지 못하고 동서간의 사이도 좋지 않고, 시가에 냉대 당한다.

남자가 만나면 외가에 냉대, 또 처가와 시시비비로 잘 어울리지 못한다.

이 煞은 남녀를 불론하고, 月, 日, 時에 2개 혹은 3개가 있으면 극히 그렇게 된다.

일주日柱에 범하면 더욱 중重하고, 외가의 힘을 얻지 못한다.

설령 처와 재물이 있다고 하더라도 허화虛花를 이루게 되고 나중에는 처가와 원수가 되어 왕래하지도 못한다.

▸ 이 편에 수록하지 못한 기타 잡살은 부록편에서 공부할 수 있습니다.

제9장

삼명법 논명 비전

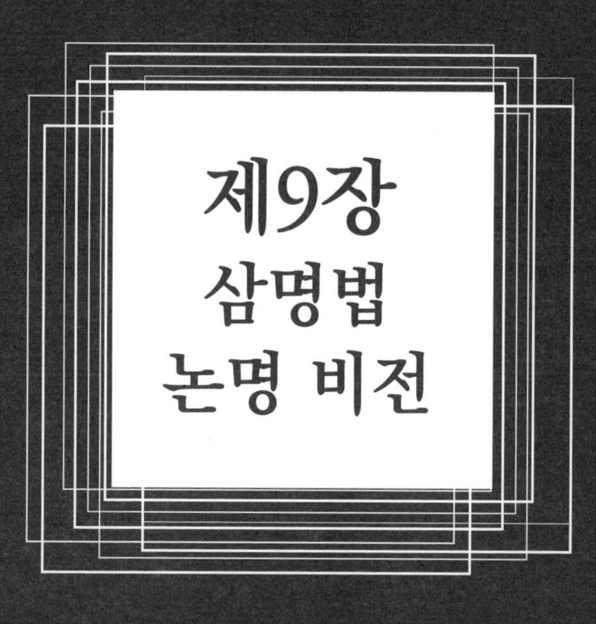

제9장 삼명법 논명 비전

1. 삼명법三命法개요

(1) 납음오행의 기본 간법

삼명법三命法은 명리命理의 근본 뿌리로 고대 귀곡자 낙녹자로부터 서대승으로 이어지는 간법인데, 근·현대에 유행하는 자평법이 나오면서 거의 사라져 존재하면서도 존재하지 않은 것과 같고 또한 체계화되지 않은 중구난방으로 존재할 뿐이다.

삼명법은 년주를 주로 하여 년간을 녹祿, 년지를 명命 년주의 납음오행을 신身으로 하여 간명看命하는 것으로 삼명은 곧 록·명·신을 말한 것이다.

신身(년주年柱의 납음오행)의 강약을 중요하게 여기는데, 삼명통회에 수록되어 있어 아래에 그 간법을 해독하여 기록하였으니 꼼꼼히 살펴 학습하면 큰 얻음이 있게 될 것이다.

흉살의 납음오행이 하가 상을 극하는, 즉 시, 일, 월에 있는 납음오행이 년의 납음을 剋하면, 일컬어 흉살이 태세인 본위本位의 납음을 찬 것이 되어 흉한 편에 속한다.

년의 납음은 신身으로 身이 피극被剋되고 사패절死敗絶 위치가 되면 재해가 크다고 할 수 있다.

身을 剋하는 흉살의 납음오행이 장생에 앉아 氣가 왕하면 재해가 큰 편이다.

년의 납음오행이 각종 흉살의 납음을 剋하면 도리어 길한 편이다.

사주가 귀격에 속하고 요긴한 곳에 煞을 차고 천을귀인 같은 복신福神이 도우면 권력이 되고, 복신의 도움이 없고, 煞氣가 왕하고, 서로 번갈아 왕복하고, 본주本主를 剋하면 하천하고 나쁘게 사망하는 경우가 많다.

복신은 거주하는 곳은 납음오행이 생왕하여야 하고, 생왕하면 곧 영귀榮貴하게 된다.
살신은 전부 거주하는 것의 납음오행의 위치가 사절되어야 하고 사절이 되면 종내 좋게 된다.
복신의 납음오행은 득령하여 왕기旺氣가 되어야 하고, 꺼리는 것은 패敗가 되어야 한다.
흉신의 납음오행은 득령하지 않아 쇠약한 기운이 되어야 하고, 꺼리는 것은 흉신이 도움을 받는 것이다.

충, 파, 삼합, 육합이 명중命中에 있으면 납음오행이 서로 얻는 여하를 구하여야 한다.
재앙 중에서도 복이 나타나고 복중에서도 재앙이 발생하게 된다.
사절이 생으로 회복되고, 공망이 剋를 받고, 剋이 도리어 상성相成되면 재앙중에서 복이 나타나게 되고, 이와 반대는 복중에 재앙이 있게 된다.
▶ 납음 오행의 생왕사고사절 및 생극제화에 대해서 p188간명비전에서 더 공부합니다.

길흉신살을 정해진 대로 단순하게 잡는 것은 옳지 않다. 경중을 비교 헤아려 통변하는 것이 매우 중요하다.
흉살이 있는 천간도 진귀眞鬼를 찬 것으로 마땅하지 않다. 剋하여 년간을 손상시키면 비록 관성을 보았다고 하더라도 오히려 귀鬼로 변하게 되는데 하물며 이것은 진귀眞鬼가 되니 재앙이 명확하게 나타나지 않겠는가!

2. 삼명법三命法 논명論命 비전祕傳

(1) 寅申巳亥 사궁四宮 신살神煞

살국煞局(신살)은 12궁 중에 모두 있다. 寅申巳亥가 최고 좋고, 망신, 겁살, 귀인, 장생, 녹마등이 된다.
사주에 길신을 만나면 길하고, 흉신을 만나면 흉하다.
煞이 용납되는 것은 납음오행의 해당 지지가 장생이 되고, 그 지지가 천을 귀인 등 길신이 된 것이다. 곧 煞이 변하여 권력이 된다. 길하지 않은 것은 煞이 변하지 않은 것이다.

論命 1 YouTube 45강

乾

辛	辛	壬	庚								
卯	巳	午	子	己	戊	丁	丙	乙	甲	癸	
木	金	木	土	丑	子	亥	戌	酉	申	未	

午[재살] 巳[겁살, 음신, 파택살, 공망] 卯[육액, 구교] 辛卯午[현침살]

년의 납음 土는 子를 좌하여 약하지 않다.
월과 시의 납음 木은 午가 있지만 卯를 좌하여 왕하다. 일의 납음 金은 생지를 좌하여 강한데 천간에 辛이 있어 더 강하게 되었다.
태胎는 癸酉金이 되고, 子, 午, 卯, 酉가 구성되었다.

巳는 파쇄, 겁살에 해당한다. 귀鬼 木이 身 土를 剋하는데, 金이 다시 木을 剋하지만, 납음 金이 권력을 장악하여 곧 파쇄, 겁살이 권력을 장악하여 흉하다. 특히 金이 장생을 좌하여 효력이 크다.

乾

壬	己	乙	乙							
申	未	酉	巳	戊	己	庚	辛	壬	癸	甲
金	火	水	火	寅	卯	辰	巳	午	未	申

酉[장성, 파쇄] 未[월살, 상조] 申[천을귀인, 고진] 申巳 천을과 육합, 구교]

壬申 납음 金은 망신, 천을귀인이 되고, 또 년과 시가 각 귀인(壬의 천을이 년지의 巳)이 호환하는 나문귀인에 속한다.
납음오행 金이 왕지에 앉아 곧 자왕自旺하여 권력이 되니 대귀하게 된다.
년주의 납음오행(身) 火가 천을귀인을 극하지만 월의 납음오행 水가 **身(年의 납음오행 이하 身으로 칭함)** 火를 극하여 보호한다.

납음 金과 火의 세력에서 金이 강하고, 년 지의 巳는 金의 생지로 호환 되어 좋다.

각 주柱의 납음오행이 자생自生, 자왕自旺, 자임관自臨官이 되면 氣가 분산되니 권력이 나누어지게 되어 좋지 않다.
즉 년, 월이 생왕하고, 일시도 생왕하면 도리어 氣가 분산되어 貴하지 않다.

論命 3 YouTube 47강

乾

己	丙	戊	癸
亥	子	午	亥
木	水	火	水

辛 壬 癸 甲 乙 丙 丁
亥 子 丑 寅 卯 辰 巳

午[육액, 파택] 子[함지, 록, 공망] 亥[지살] 丙子, 戊午[음양살]

午亥[천덕] 午丙[월덕]

각 주柱 네 개의 납음오행이 각 생왕하여 즉 객이 많아 번갈아 들게 되니 좋지 않다.
심성이 솜씨가 있었지만 단지 한 술사에 머물렀다.

년의 납음오행 水는 亥가 임관이 된다.
월의 납음오행 火도 午 월지이니 왕한다.
일의 납음오행 水도 일지에 子 水의 왕지가 되어 강하다.
시의 납음 木도 亥 생지를 좌하여 강하다.
년월일시 납음오행이 모두 왕하여 즉 氣가 분산되어 크게 되지 못하고 술사에 머물렀다.

자평으로 보면 관살혼잡된 사주에 초년 운이 木 인성으로 흘러 관살이 인성으로 흐르는 기세가 성립되었고, 천월덕이 있어 나쁜 사주라고 할 수가 없다. 덕만 있어 추진하는 카리스마가 부족한 무사안일한 형태가 되어 술사에 머물게 된 사주라고 할 수 있다.
상관으로 관살을 제어하는 사주에 인성이 들어와 흐름을 거슬렀다.

論命 4 YouTube 48강

乾

辛	庚	壬	壬
巳	戌	寅	寅
金	金	金	金

己	戊	丁	丙	乙	甲	癸
酉	申	未	午	巳	辰	卯

寅[지살] 庚戌[괴강] 巳[고진, 천을귀인]

납음이 전부 金이 되고 시에 장생이 있어 정신이 모여 거두어져 貴하게 되었다. 巳 망신살이 변화하여 권력이 되었다.
망신, 겁살은 흉한 것이지만 년간의 건록 혹은 천을귀인과 겸하고, 또 그 煞이 장생을 만나면 煞이 변하여 권력과 명예를 이룬다.

건록 혹은 천을귀인이 없으면 간사하고 완고하고, 조급하지 않고, 재촉하지 않고, 계책도 높다.
다시 삼형을 차게 되면 스님이 되고, 골육과 화합하기 어렵고, 골육을 해치는 심성이 있다.
가령 甲申水와 己亥木은 납음이 장생을 좌한 것이 되어 좋고, 또 辛巳金이 丙寅火를 만나면 辛의 천을귀인은 寅이 되어 사막까지 위엄을 떨치고, 간사한 생각을 하지 않고, 큰 인물이 된다.

寅申巳亥는 장생으로 좋은 것이다.
장생은 최초의 근원으로 근본이 모인 것이고, 가장 영화가 있는 곳이다.
甲申水, 己亥木, 辛巳金, 丙寅火는 모두 진장생眞長生이 된다. 또 망신, 겁살인데, 다시 녹마, 천을귀인을 겸하면 반드시 위용을 사막까지 떨친다.

乾

甲	乙	乙	乙
申	酉	酉	酉
水	水	水	水

戊 己 庚 辛 壬 癸 甲
寅 卯 辰 巳 午 未 申

酉[장성] 申[망신, 천을귀인] 甲申[현침살] 酉酉酉[자형]

네 개의 납음 水가 모두 申에 생을 받고, 氣가 전일하여 객이 없다. 또 乙들이 천을귀인 申에 의지하고, 또 납음 水의 장생이 된다. 또 같은 순旬에 존재하게 되니 대귀大貴하였다.

신살이 년주와 화합하고, 둘 다 장생이면 부귀영화와 곳집이 드넓고, 만약 귀인과 합하면 벼슬이 높다.

생처生處에 生을 만난 것은 가령 壬寅金이 辛巳金을 본 것, 乙酉水가 甲申水를 본 것으로 이러한 종류인데 반드시 크게 貴하게 된다.

壬寅金이 辛巳金은 곧 년의 납음 金이 巳 생지를 만났고 巳중의 土가 또 金을 생한다. 그래서 생처生處에 生을 만난 것이 되고, 또 壬의 천을귀인이 巳이니 즉 망신살이 천을 귀인이 되어 귀하게 된다. 乙酉水가 甲申水도 같은 이치다.

무릇 권력이 있는 것은 煞을 찬 것이다. 권력 성星은 煞이 되며 이 煞이 사용되어 서로 도움되어야 귀하게 된다.

五行이 모두 잘 갖추어졌어도 권살權煞이 없으면 권성權星을 얻어도 命이 고독하게 된다. 또 형극이 많으면 고독을 면하기 어렵다.

한 개의 망신은 비밀스럽고, 두 개의 망신은 어지럽고 3개의 망신은 살아있어도 살아있는 것이 아니니 감옥에서 사망하지 않으면 종내 나쁜 병에 걸린다.

論命 6 ▶ YouTube 50강

乾

己	辛	丁	壬
亥	亥	未	子
木	金	水	木

庚	癸	壬	辛	庚	己	戊
寅	丑	子	亥	戌	酉	申

未[천살, 택묘, 대모] 亥[망신, 록] 子未[천해]

두 개의 망신 亥가 겹쳐서 가난하다.

論命 7 ▶ YouTube 51강

乾

戊	乙	丁	辛
寅	未	酉	丑
土	金	火	土

庚	辛	壬	癸	甲	乙	丙
寅	卯	辰	巳	午	未	申

寅[천을귀인, 겁살, 고진, 천덕] 酉[장성] 未[월살]

관사官司를 범했지만 寅 겁살이 천을귀인에 속하여 煞이 변하여 권력이 되니 후에 크게 발달하였다. 또 시간의 戊의 천을귀인 丑이 년지에 있으니 나문귀인이 되어 매우 좋다.

만약 힘 있는 겁살이 한 개 있고, 貴를 차고 생왕하면 발달한다. 설령 나를 극한다 하여도 해롭지 않다. 만약 세 개가 있으면 사절, 무기하다 하여도 반드시 도적의 무리가 되고 나쁘게 사망한다.

論命 8 YouTube 51강

乾

壬	丁	戊	辛
寅	亥	戌	丑
金	土	木	土

辛 壬 癸 甲 乙 丙 丁
卯 辰 巳 午 未 申 酉

戌[반안, 상조, 구교] 亥[역마, 상조] 寅[천을귀인, 겁살]

寅 천을귀인이 있는 시의 壬寅이 丁亥와 천합지합한다.
공부하여 급제하고 벼슬이 올라 복록을 취하였다.

 TIP

- 煞이 있는 곳은 煞이 재물의 근원이라 할 수 있다.
- 년의 납음이 타他를 剋할 때 복의 매개가 되어 煞이 스스로 재물을 수항受降하여 자연히 이르게 하니 녹마, 귀인이 필요 없다.
- 사주에 망신, 겁살, 두 煞이 있으면 煞이 재물의 근원이라고 할 수 있다.
- 나를 剋하는 煞을 제거하면 길하게 되고, 煞이 와서 나를 剋하면 재앙이 된다.

1. 己 甲
   巳 子
   木 金

2. 癸 乙 甲
   亥 巳 子
   水 火 金

1번은 身 金이 겁살의 납음 木을 剋하여 복이 되고,
2번은 겁살의 납음이 身 金을 극하여 흉하다. 그렇지만 다시 납음 水가 납음 火를 하여 흉이 변하여 길하게 된다.

論命 9 YouTube 52강

乾

丙	甲	庚	辛
寅	申	寅	亥
火	水	木	金

癸	甲	乙	丙	丁	戊	己
未	申	酉	戌	亥	子	丑

寅[천을귀인, 망신, 공망] 申[겁살] 亥寅[육합] 丙辛合.

2개의 망신을 겸한 천을귀인 寅이 있다.
망신, 공망, 겁살이 겹쳐 煞이많다.
또 寅亥 육합이 있고, 身의 납음 金이 천을귀인 납음 寅을 극하여 역시 좋지 않다.
丙辛 합, 寅亥 육합, 寅申 충하여, 합과 충이 많고 납음오행이 교전하여 흉하다.
또 년의 납음오행 身 金도 亥를 병지病支를 좌하여 약하다.
그래서 일생 독서만 하다 마침내 중풍이 발생하여 과거를 보지 못했다.
천을귀인이 없었다면 틀림없이 나쁘게 사망하였을 것이다.

TIP

귀인은 煞을 누를 수 있다하는데, 망신, 겁살이 많으면 늘 가난하고, 자신의 氣가 쇠약 하면 길신吉神에 기대기 어려워 흉한 煞과 선한 길신도 효과가 없다.

論命 10 YouTube 53강

乾

壬	甲	壬	己
申	寅	申	巳
金	水	金	木

乙 丙 丁 戊 己 庚 辛
丑 寅 卯 辰 巳 午 未

申[천을귀인, 망신, 고진, 구교]이 2개, 寅[겁살, 구교] 寅巳申[삼형] 寅申[충]

유배당한 관리의 명조이다.
身 木은 巳 병지病支를 좌하여 약하다.
망신살 申은 납음오행 金의 申 록지祿支가 되어 강한데 身의 납음오행 木을 극한다.
비록 천을귀인 申이 있지만 충당하고, 또 겁살, 구교, 고진, 삼형등 흉살이 많아 혼잡하여 좋지 않다.
또 甲己 합하는데 이것은 겁살과 합한 것이니 역시 흉하다.
그래도 천을귀인이 있어서 벼슬은 했다고 할 수 있다.

TIP

오행은 많은 신살을 사용하지 못한다. 겁살이 임관이면 일찍 발하여 煞이 스스로 권력이 되지만, 2, 3개가 겹치면 결핵으로 죽거나 겸해서 골열骨熱*이 있게 된다. 제왕帝旺이 많아도 그렇다. 칠상七傷, 오로五勞*로 구천에 들어가고, 겁살이 납음의 생지에 속하면 일찍 사망하고, 임관, 제왕은 오히려 흉함이 더디게 나타난다.

골열骨熱 : 뼛속이 화끈거리며 사지가 느른하고 이가 아픈 병
오로五勞 : 과로過勞로 인하여생기는 다섯 가지 병. 곧 근로·골로·피로·기로·혈로 등이다.

論命 11 YouTube 54강

乾

戊	壬	辛	辛
申	申	丑	未
土	金	土	土

甲 乙 丙 丁 戊 己 庚
午 未 申 酉 戌 亥 子

申[겁살, 고진, 현침] 丑[파쇄]. 申, 辛[현침]

일찍 발發하였으나 피를 토하는 결핵에 걸렸다.
겁살 申이 두개 있고 납음이 록지祿支를 좌하여 왕하여 흉하다.
흉살이 겁살, 고진, 현침, 파쇄로 많고 복신은 없다.

論命 12 YouTube 55강

乾

戊	戊	庚	甲
午	辰	午	戌
火	木	土	火

丁 丙 乙 甲 癸 壬 辛
丑 子 亥 戌 酉 申 未

午[장성] 辰[월살] 戊辰, 甲戌[괴강살] 甲, 午[현침살] 戊, 庚, 戌[장형살]

이 명조도 질병이 몸을 얽어매었다.
身은 고庫를 좌하였고, 제왕 午가 2개 있어 크게 왕하다.
괴강살, 현침살, 장형살 흉살이 많고 천을귀신이 없어 흉하다.
흉살이 많으면 공격이 너무 많게 되어 버티기 힘든다.

[한평원의 命]

乾

	時	日	月	年
	丙	己	辛	壬
	寅	巳	亥	申
	火	木	金	金

戊	丁	丙	乙	甲	癸	壬
午	巳	辰	卯	寅	丑	子

亥[망신, 록, 공망, 고진, 구교] 巳[겁살, 천을귀인, 구교] 寅[역마]

이 명조는 대귀大貴했지만 참수를 면하지 못하였다.
寅巳申는 삼형살로 곧 겁살 역마가 되는데 년지와 刑한다.
천을귀인 巳가 있어 크게 귀했지만 결국 망신과 겁살등 흉살이 너무 많아 역량이 밀려 참수 당했다.
각 납음오행의 장생을 만나지 못하여 삶의 역량이 떨어진다.
또 천을귀인이 충당한다.

TIP

- 일시에 완전한 망신,겁살을 찬 자는 주색을 탐하여 질병이 있게 되고, 예술과 구류九流에 적당하고, 월일에 천월덕을 만났다면 설령 재앙이 있다고 하더라도 크지 않다.
- 寅, 申, 巳, 亥를 완전하게 만나도 장생을 만나지 않으면 수명이 길지 않고, 계략이 높고 대담한데 종내 치욕을 당한다.

論命 14 YouTube 57강 [이 한림의 命]

乾

辛	壬	丙	甲							
亥	午	寅	申	癸	壬	辛	庚	己	戊	丁
金	木	火	水	酉	申	未	午	巳	辰	卯

寅[역마] 午[상조, 재살] 亥[구교, 망신, 고진]. 巳[겁살]

丙寅[월덕] 寅午[합] 甲辛申午[현침살] 甲丙壬[평두살]

丁巳土가 태胎가 되고, 寅申巳亥를 갖추었다.

辛巳金(59세)년에 재앙을 당했다.

태胎 丁巳의 납음오행 土가 년의 납음오행 水 身을 극형剋刑한다.

납음 火水가 각 장생에 앉았지만 납음 火가 午寅와 또 태가 丁巳로 火가 크게 왕하여 흉하다.

겁살이 고진을 겸하면 흉하다.

한 지지가 겁살, 고진이 겸하면 두렵다.

丑년이 寅을 보고, 辰년이 巳를 보고, 戌년이 亥를 보고, 未가 申을 만나면 겁살과 고진이 겹친 것이 된다.

초년에 반드시 집은 부자인데, 중년에는 전답을 팔고, 형벌이 몸에 미치게 되고, 자식과 처를 잃게 되고, 부친에 흉하다.

다시 일시가 전쟁까지 하면 사람의 도리를 하지 못한다.

剋되어 고독하고, 가난하고, 승도, 구류九流가 된 몇 사람이 있었다.

論命 15 ▶ YouTube 58강

乾

己	丙	庚	癸								
亥	申	申	未	癸	甲	乙	丙	丁	戊	己
木	火	木	木	丑	寅	卯	辰	巳	午	未

申[고진, 겁살인데 2개] 亥[지살] 申亥[천해] 申申[자형]

- 중년에 파직되어 멀리 유배되어 사망하였다.
  겁살이 고진을 겸한 申이 두개 있고, 申申자형이 되어 매우 흉하다.

- 다른 한 명조命造를 예로 살펴보면

己未火, 壬申金이 申시를 본 것인데, 고진, 겁살이 겸한 것이지만 천을귀인이 되어 도리어 해롭지 않았다. 다만 부모가 극剋되고 자식이 없었다.

TIP

- 겁살, 고진이 천을귀인 등 귀기貴氣를 겸하고 납음오행이 장생을 겸하면 권위가 있고, 복과 수명이 온전하다.

  장생에 해당하지 않고, 귀기貴氣만 된다면 벼슬은 하지 못하지만 재물은 많다.
- 선인仙人은 삼명三命을 강약强弱으로써 간명하였다.

  겁살, 망신이 가장 흉악하여 무리를 이루어 身을 공격하면 가장 좋지 않아 가난하지 않으면 요절하여 구렁에 들어가게 된다 하였다.
- 흉살의 무리는 망신, 겁살, 고진, 과숙, 격각, 파전破田, 파택破宅, 대모(元辰), 현침 등의 종류다.

	년
丙	癸
申	卯
火	金

이 경우는 겁살 申의 납음오행 火가 身 金을 극하여 흉하다.

무릇 흉신의 납음오행이 년의 납음오행을 剋하지 않아야 하는데 년을 剋하면 재해가 연이어진다.

- 살신煞神은 각각 경중을 나누어야 한다.

  년의 납음오행이 월, 일, 시, 의 납음오행을 극하면 煞이 권력으로 변하게 된다.

  흉신과 악살은 극하여 내쫓아야 하고, 길신과 귀인은 극받아 들어오게 하여야 한다.
- 크게 부유하고, 크게 귀한 것은 煞의 권력에 기대었기 때문이다.

  煞의 마땅한 거처는 후가 마땅하고 主는 먼저가 마땅하다.
- 천원天元이 빼어난 망신, 겁살을 만나면 어지러운 나라를 편안하게 하는 크게 어진 사람이 된다.

論命 16 YouTube 59강 [가평장]

乾

丙	丙	庚	癸						
申	子	申	酉	癸	甲	乙	丙	丁	戊	己
火	水	木	金	丑	寅	卯	辰	巳	午	未

申[망신, 현침] 子[구교, 육액]

酉는 主로 앞이 되고, 申은 망신살로 酉의 뒤에 있는 성星이다. 庚申 망신살의 납음오행 木이 身 납음 金에 극를 받는다.

귀鬼 丙申의 납음火는, 申이 火의 병지病地가 되고, 일의 납음 水에 극된다.

시의 귀鬼 火는 년의 납음 金을 剋할 능력이 부족하다.

년의 납음오행 身 金이 왕하여 貴하게 되었다.

卯酉와 寅申 관계

최고 흉한 것은 卯酉가 寅申을 본 것이다.

택묘가 망신, 겁살과 겸하면 좋지 않다.

卯酉 년이 寅申을 보는 것은 택묘살이 되고, 또 망신 겁살, 현침, 대모, 고진이 겹쳐 범하게 되기도 한다.

이 흉살이 寅申에 겸해지게 되면 사치가 심하고, 관청에 몰수당하거나 불타 없어지게 되고, 먼저 부유하나 뒤에 가난하게 된다.

또 거주지를 떠나고, 조상을 떠나고, 고독하고 가난하게 된다.

論命 17 ▶ YouTube 60강

坤

甲	庚	癸	乙
申	寅	未	酉
水	木	木	水

庚 己 戊 丁 丙 乙 甲
寅 丑 子 亥 戌 酉 申

寅[택묘살, 겁살] 申[망신살] 寅申[형] 未[고초, 상조, 과숙]

酉 년이 寅,申을 만났는데, 寅은 택묘, 겁살. 申은 망신살로 겹쳐져 있으니 흉하다.
여자 사주로 재능이 있는 지아비에 시집갔는데, 그 집이 불타버렸다. 그래서 땅을 팔고 조상을 떠났다.
申 천을귀인이 있는데, 寅과 충하여 효력이 역량이 감소되어 힘을 발휘하지 못한다.
또 년간 乙이 庚과 합는데, 庚의 지지는 寅으로 택묘와 겁살이 되어 즉 겁살, 택묘와 합한 것이 되어 흉하다.

TIP

子, 午 년이 巳, 亥가 일시를 만나면 흉하다.
다시 다른 무리와 剋하면 재산이 파산하게 되는 것을 의심하지 말아야 한다.

乾

甲	癸	癸	戊
寅	巳	亥	午
水	水	水	火

庚	己	戊	丁	丙	乙	甲
午	巳	辰	卯	寅	丑	子

巳[망신] 亥[겁살, 파택] 寅[지살] 寅巳[천해穿害, 형刑]

년의 납음오행 火가 3개의 납음 水에 극당하여 흉하다.

甲寅水가 태胎로 4개의 납음오행이 身火를 극한다.

망신, 겁살, 파택살을 얻어 3차에 걸쳐 군에 입대했고 뒤에 구걸하게 되었다.

論命 19 ▶ YouTube 62강

乾

丁	癸	癸	戊
巳	巳	亥	午
土	水	水	火

己	庚	戊	丁	丙	乙	甲
午	巳	辰	卯	寅	丑	子

巳[망신, 음신] 亥[겁살, 택묘]

납음오행중 한 개의 土가 3개의 水를 극하여 년의 납음오행 火를 水로부터 보호한다.[태월:甲寅水]

납음오행 火의 巳 록이 두개, 午 왕이 한 개 있어 身은 강하다.

그러나 흉살이 한 지지에 중복되었고, 많아 부유했으나 조상을 떠나 고독하였다.

이렇게 子午가 巳亥를 만나면 많은 흉살이 겸해지게 되어 결국 하나는 잃게 되어 흉하게 된다.

TIP

- 일에 망신, 겁살 등 흉신을 차고 다시 그 납음오행의 록왕이 되어 왕하면 처는 극한다.
  또 천간이 생을 받아 도움이 되고, 또 납음이 생을 받으면 재혼하거나 그렇지 않으면 첩이 처가 된다.
  일에 길신이 녹마, 귀인, 식신을 보면 처는 현숙하고, 내조를 잘한다. 다시 육합을 겸하면 미모의 처를 얻는다.

- 망신과 겁살은 고독한 것이다.
  망신, 겁살이 고진 과숙을 겸하게 되면 육친이 어렵게 되고, 특히 삼형과 같은 위치가 되면 스님이 되거나 가난하게 된다.
  일에 있으면 처를 극하고, 시에 있으면 자식을 극하게 되고, 반드시 처가 어리석고, 자식은 어긋난다.

망신과 겁살은 벼슬에 불리하고, 일시에 완전히 나타나있으면 반드시 배필이 사망한다.
그 사이에 합하게 되면 또 유랑하고, 다시 寅申巳亥가 子午卯酉를만나면 흉하다.

- 록과 역마는 충은 싫고, 육합은 마땅하다.
- 煞은 합을 꺼리고, 형충刑衝은 좋다.
- 煞이 합을 만나면 흉살이 된다.
- 록과 역마는 형충되면 도리어 흉하다.

論命 20 YouTube 63강

乾

己	己	乙	甲
巳	亥	亥	子
木	木	火	金

壬 辛 庚 己 戊 丁 丙
午 巳 辰 卯 寅 丑 子

巳[겁살, 파택, 음신] 亥[망신, 공망]

이 명조는 煞과 합하여 살해당하였다.
亥가 망신, 파택, 음신을 겸했는데, 천간의 己가 년간 甲과 합하여 망신살, 파택살이 강하게 년간 즉 록을 압박하여 흉하게 된다.

論命 21 YouTube 64강

乾

庚	甲	丙	己
午	寅	寅	亥
土	水	火	木

己 庚 辛 壬 癸 甲 乙
未 申 酉 戌 亥 子 丑

午[택묘, 육액] 寅[망신, 고진, 구교]

寅은 망신, 고진, 구교를 겸하였다.
甲寅과 己亥가 천합지합天合地合한다. 합해서 흉하다
다행히 甲寅의 납음오행이 水로, 身을 尅하지 않아 52세 庚寅木 년에 감옥에서 사망하였다. 만약 尅했다면 일찍 사망했을 것이다.

망신 겁살

일시에 오직 하나의 망신 혹은 겁살을 보고, 또 함지가 있고, 귀신貴神이 사절지를 만나 생왕하지 않으면 주색을 탐하고, 예술, 의원, 점술, 무당, 선생, 관원 스님으로 세월을 보낸다.

그러나 크게 빈천하게 되지는 않게 된다.

암금적살

酉 년이 寅申巳亥 일시를 보거나, 丑 년이 辰戌丑未 일시를 본 것은 회두파쇄回頭破碎이라 한다.

회두파쇄살이 있으면 일찍 재앙을 당하게 되고, 酉丑 둘이 궁에 모이면 煞이 한 층 더 심하게 맴돈다.

심하게 외롭고, 수명이 길지 않다.

또 교할하고, 요절하는 팔자가 된다.

극을 받은 자는 30을 채우지 못한다.

암금적살이 망신과 같이 있으면 갑자기 관청의 재앙이 오고, 겁살과 같이 있으면 사망, 백호, 양인과 같이 있으면 유혈상잔, 천을귀인, 건록과 같이 있으면 자못 거만하다.

子, 午, 卯, 酉가 巳를 만나고, 煞의 납음오행이 장생의 氣를 받는다면 반드시 파직된다.

또 巳 음신살(암금적살)이 있고 년의 납음이 많은 사절을 만나면 백정으로 도살장을 운영한다.

論命 22

[진학사陳學士]

乾

辛	辛	壬	庚
卯	巳	午	子
木	金	木	土

己 戊 丁 丙 乙 甲 癸
丑 子 亥 戌 酉 申 未

巳[겁살, 택묘,음신] 卯[구교, 육해] 午[재살] 子卯[삼형]

태胎 : 癸酉金

子가 巳를 만났고 또 午가 있다. 다시 巳의 납음오행 金에 巳는 생지가 되어 파직되었다.

뿐만 아니라 巳는 **음신**(암금적살), 겁살, 택묘를 겸하여 흉살의 납음오행이 왕하게 된 것이 그 원인이 된 것이다.

論命 23

乾

辛	乙	丁	己
巳	卯	卯	卯
金	水	火	土

庚 辛 壬 癸 甲 乙 丙
申 酉 戌 亥 子 丑 寅

巳[역마, 고진, 상조,음신] 卯[장성] 태胎[戊午火] [卯는 납음 土의 사死]

卯년이 巳(역마, 고진, 상조, 음신)를 만났다.

그래서 도살장을 운영하였다. 납음 土가 3개 死를 만났다.

子, 午, 卯, 酉가 巳를 만나 것은 음신살에 해당한다.

쌍둥이

사주에 寅申이 있으면 쌍둥이로 태어난다.

쌍둥이가 같은 성별로 태어난 것은 초하루에서 보름 사이를 만난 것이고, 보름이 지난 후는 한 명은 아들 한 명은 딸이 된다.

삼형, 격각에 다시 공망, 화개가 겹쳐있으면 양자로 가게 되고, 반드시 쌍둥이가 되거나 혹은 서출이 된다.

巳는 쌍둥이 여아가 되고, 亥는 쌍둥이 남아가 된다.

사주에 巳, 亥, 寅, 申이 있고, 화개, 공망이 아우르고, 삼형, 고진, 격각이 있으면 쌍둥이가 많다. 그렇지 않으면 서출이거나 양자가 되고 혹 부모 형제가 흉하게 된다.

쌍진살雙辰煞

쌍진살雙辰煞은 가장 형상刑傷이 많은데, 천동지동天同地同이 인 것이며 육해와 아울러 망겁을 만나면 스님이 되거나, 서자나 양자가 되고, 남자는 홀아비가 되고, 여자는 과부가 된다.

쌍진살이 겹쳐 있는가를 보고, 또 평두도 마찬가지인데 상세히 살펴야 한다.

쌍진살은 干支가 천동지동한 것으로 심히 외롭게 된다.

論命 24

乾

丙	丙	癸	癸
申	申	亥	亥
火	火	水	水

丙 丁 戊 己 庚 辛 壬
辰 巳 午 未 申 酉 戌

겁살이 쌍진살로 독신으로 늙었다.

論命 25

乾

丁	己	丁	乙
卯	卯	亥	亥
火	土	土	火

庚 辛 壬 癸 甲 乙 丙
辰 巳 午 未 申 酉 戌

이 사주도 쌍진살로 노비의 사주이다. 卯 현침 丁평두가 있다.

論命 26

乾

己	丁	乙	己
酉	酉	亥	亥
土	火	火	木

戊 己 庚 辛 壬 癸 甲
辰 巳 午 未 申 酉 戌

이 사주도 쌍진살로 양자로 간 사주다.
酉는 파쇄살과 함지살에 해당한다.

고진과 과숙

과숙, 고진을 완전하게 만나면 늙도록 자식이 없고, 3개의 성씨를 가지거나 스님의 길, 홀아비 혹은 과부가 된다.

합의 길흉

공망이 합하고, 양인이 합하고, 함지와 합하면, 공망은 총명한데 이리와 같이 우매하고 날카롭다. 양인은 이리와 같이 우매하다.
나문귀인羅紋貴人과 양인이 합하면 좋지 않게 사망한다. 관청의 형벌을 받을 정도의 일은 만들지는 않는데, 미련하다.
육합, 삼합, 화개와 천간합, 공망과 합하면 사람이 간교하다.
양인이 합하여 다시 나망이 겹쳐 호환하면 나쁘게 사망한다.

論命 27

乾

乙	庚	庚	乙							
亥	辰	辰	亥	癸	甲	乙	丙	丁	戊	己
火	金	金	火	酉	戌	亥	子	丑	寅	卯

乙의 양인 辰의 천간 庚과 乙庚 합한다. 즉 양인과 합한다. 죄는 짓지 않았는데, 형체가 깨어지고, 질병이 있다.

함지의 질병

함지는 좋지 않는데 풍류가 있고, 합하면 간음을 하고도 부끄러움을 모른다. 합하여 다시 납음오행이 년의 납음오행을 극하면 장풍腸風, 소갈병, 잔질이 있다. 함지의 천간이 년의 천간을 극하거나 납음오행이 身을 극하면 소갈병이 있다.

論命 28

乾

丁	辛	己	庚
酉	巳	丑	辰
火	金	火	金

丙 乙 甲 癸 壬 辛 庚
申 未 午 巳 辰 卯 寅

丑[과숙, 구교, 백의白衣] 巳[겁살, 고진] 酉[함지, 택묘]

巳酉丑 삼합하고, 酉 함지가 합한다. 납음오행 火가 身을 극하고, 천간의 丁이 천간 庚을 극한다. 그래서 일생 음란하였다.

합의 길흉

천간이 합하면 힘이 약하게 된다.
삼합은 깊고 얕음을 분별하여야 하는데, 3개가 완전하게 합하는지, 두 개만 합하는지 관찰하여 이에 따라 길흉화복을 살펴야 한다.
천간은 합하고 지지는 합하지 않은 것은 단합單合이라 한다.
戌 년이 시일에 寅午를 본 것은 반합이라하고, 화복은 일반인으로 단정한다.

망신, 겁살이 육합하는 것은 좋지 않다.
그러나 귀인貴人과 합하면 좋다.
귀인이 아닌데 년간 혹은 身을 극하면 좋지 않다. 살인을 당하지 않으면 자신이 살해한다.
망겁이 육합되는 것은 좋지 않다. 특히 년을 극하지 말아야 한다.

日 年	日 年
① 壬 丁	② 己 壬
申 巳	巳 申
金 土	木 金

① **명조** : 천간지지가 천합지합天合地合 되었고, 巳申 刑이 되어 주색으로 집안이 거들 났다. 申[망신]

② **명조** : 여명女命인데 창녀가 되었고, 己가 壬 년간을 극한다. 巳[겁살]

• 천을귀인과 합하고 官을 차면 소년에 출세한다.

록과 합하고 록의 천간이 다시 록을 얻으면 3궁이 갈구리로 연결되어 복이 크게 일어난다.

論命 29 **[이태위 命]**

乾

己 己 癸 壬
巳 亥 卯 戌
木 木 金 水

庚 己 戊 丁 丙 乙 甲
戌 酉 申 未 午 巳 辰

巳[망신, 파묘, 천을] 亥[겁살, 고진] 卯[함지, 파택, 천을귀인]

이태위 명은 비록 천간합은 되지 않지만, 卯戌 육합이 되었고, 또 도리어 己 음토陰土가 있어, 壬 양수陽水를 극한다.

다시 또 지지에 충을 만나서 참수당하는 흉이 발생하였다.

論命 30

乾

戊	丙	己	辛
戌	午	亥	未
木	水	木	土

壬 癸 甲 乙 丙 丁 戊
辰 巳 午 未 申 酉 戌

亥[지살, 공망] 午[육액, 천을] 辛午[현침살] 戌[공망, 괴강]

辛未년이 丙午일과 천합지합한다.

丙은 정관이 된다. 그래서 공거貢擧*되었다.

辛에 午는 천을귀인으로 흉살을 제거하여 권력이 되었다.

공거貢擧 : 재능이 있는 시골 자제를 뽑아서 서울로 올리던 일

論命 31

乾

丙	甲	辛	辛
寅	午	丑	未
火	金	土	土

甲 乙 丁 丙 戊 己 庚
午 未 申 酉 戌 亥 子

寅[망신, 택묘] 午[육액] 辛,午[현침]

어린나이에 벼슬을 하였다.

인연이 된 것은 丙寅이 丙辛 합되고 寅은 천을귀인이기 때문에 흉이 변해서 길하게 되었다. 자평법으로 보면 목화통명木火通明*된 사주다

목화통명木火通明 : 木이 火로(을) 통(생)하여 밝게 되는 것. 木火의 기세가 이루어진 것

천을귀인의 길흉 YouTube 148강

귀인이 년을 剋하여 들어오는 것이 가장 아름답고, 록과 역마도 뽐낼 만하고, 극하고 다시 육합되면 벼슬을 하고 부귀영화를 누린다.

천을귀인은 우열을 논하여야 한다.

록마와 함께 있으면 길하다.

교태복신交退伏神이 범하지 않아야 한다.

천을귀인의 상합相合 곧 월, 일, 시 간지와 합하면 길하다.

천을귀인이 공망 속에 떨어지고, 록과 역마가 등져 어기게 되면 가치가 없다.

(2) 子午卯酉 사궁四宮신살神煞

함지는 子午卯酉로 들판의 불그스레한 복숭아꽃을 두고 경쟁하는 것이다.
남녀가 만나면 모두 주색을 탐하고, 탐스럽게 요염하고, 예문藝文, 예술에 능하다.
子, 午, 卯, 酉는 중천中天을 차지하는 성星이다.
함지는 양인살이 되며, 甲, 庚, 壬, 丙 년과 만나면 불의에 대해 복받치어 슬퍼하고 한탄하고, 풍류적이고 악기를 잘 다룬다.

함지의 성정
함지는 성격이 공교롭고, 풍류적이고, 얼굴이 아름답고, 몸맵시가 있고, 성격이 다급하고, 예술을 업으로 하는 경우가 많고 또한 한적하지 않은 곳에 집안을 이룬다.

함지와 진신
함지 일살은 염정廉貞*이라고 부르고, 水를 만나면 요염하고 아리땁고, 음란하다. 목욕, 진신進神이 되고 거듭 貴를 보면 반드시 나라를 기울게 하고, 성城을 기울게 한다. 함지가 水를 보는 것이 가장 좋지 않다. 음란하다.
염정廉貞 : 북두칠성 또는 9성 중의 다섯째 별.

도삽도화
卯 년이 寅午戌 월일시나, 酉 년이 申子辰 월일시가 되는 것인데 년과 반대로 있는 것.
색色이 다시금 곱다. 년의 함지가 있으면 풍류에 뛰어나고, 사람이 질투가 많고 간사하고, 성격이 공교롭고 총명한데 어질지 못하다. 현숙하지만 어질지 못하다. 성격이 일들을 융통성 있게 받아들이지 못한다. 현숙하지만 현숙하지 않을 때도 있다.

착란함지錯亂咸池

함지의 납음오행이 휴수休囚에 귀鬼가 되어 身을 剋하는 것으로 흉하다.

함지는 예술인으로, 납음오행이 왕한 궁에 존재하여야 예술에 뛰어난 선비가 된다.

함지와 공망

함지가 공망이 되었고, 다시 년의 납음오행을 剋하는 귀鬼가 되었는데, 또 년의 납음이 사절되어 무기하면 반드시 촌의 무당이 아니면 장인匠人이 된다.

함지와 양인

양인, 함지가 일,시에 있으면 솜씨나 꾀 등에 재치가 있고 교묘하고,학식이 풍부하고, 납음오행이 왕한 궁이 되면 성격이 급하고,휴수가 되면 느리고, 학문이 월등하고, 재주가 많은데, 고질병이 있고 풍류가 있는 사람이다.

甲戌 년이 卯를 보면 일컬어 함지와 양인이 겸한 것이 된다.

庚申木 년이 酉를 보고, 庚辰金 년이 酉를 본 종류도 이에 속한다.

함지와 水

함지는 성격이 음란하다. 申子辰이 癸酉金을 만나면 함지인데, 亥子水가 있으면 색을 좋아하여 주색으로 병드는 것이 두렵다.

함지의 중첩

시, 일에 함지가 한 개 혹은 두 개가 겹치면 세살歲煞의 이름이 되고, 도리어 흉하게 된다.

일, 시가 水火에 따라서 다른데 갑자기 사망하거나 고향을 떠나서 죽게 된다. 전염병 등을 앓아 좋게 끝나지 않는다.

세살은 함지를 말하는 것으로 일, 시에 있으면 부친은 좋지 않게 사망한다.

火에 속하면 火로 인하여 사망하고, 水에 속하면水로 인하여 사망하고, 土

에 속하게 되면 전염병으로 사망하게 되고, 木에 속하면 맞아서 사망하게 되고, 金에 속하면 칼날에 사망하게 된다.
그 사망 원인은 오행으로 추리한다.

함지와 음착양차

일에 있는 함지의 납음오행이 왕한 지지를 차고, 다시 음착양차陰錯陽差, 화개, 패쇄가 아울러 있으면, 처가妻家가 재앙을 만나게 되고, 못생겼고, 처가 불량하고, 처가 못되게 굴어 모욕을 당한다.
만약 형벌을 당하지 않는다면 외인의 유혹으로 헤어지게 된다.

함지와 천을귀인(나문귀인)

천을귀인은 하늘의 존귀한 성星이다.
년과 시에서 호환(나문귀인)하게 되면 복기가 깊다.
다시 생왕하고 유기하면 그 위세가 화려하게 된다.

論命 32

[호환하고 貴를 본 命]

乾

己	辛	己	丙							
亥	未	亥	申	丙	乙	甲	癸	壬	辛	庚
木	土	木	火	午	巳	辰	卯	寅	丑	子

亥[천을권인, 망신, 고진, 구교] 未[과숙,금여]

납음오행 木이 亥를 좌하여 유기有氣하여 재상宰相이 되었다.
己의 천을귀인은 申, 丙의 천을귀인은 亥로 상호 호환하는 나문귀인이 되어 매우 좋은 사주다.
식상이 재로 흐르는 기세가 잘 이루어진 사주에 나문귀인이 있어 매우 복 받은 사람이다.

論命 33

YouTube 79강

乾

壬	壬	丙	辛							
寅	午	申	巳	己	庚	辛	壬	癸	甲	乙
金	木	火	金	丑	寅	卯	辰	巳	午	未

申[망신, 구교, 고진] 午[천을귀인, 함지] 寅[겁살, 구교] 丙,壬[평두] 辛午申[현침]

천을귀인 寅의 납음오행 金은, 寅이 사절지에 속해 무기하여 태수에 머물렀다. 壬의 천을귀인 巳, 辛의 천을귀인 寅午, 곧 월시의 천을귀인이 호환는 나문귀인으로 좋은 사주에 속한다.

論命 34 YouTube 80강 [소동파]

乾

乙	癸	辛	丙
卯	亥	丑	子
水	水	土	水

戊 丁 丙 乙 甲 癸 壬
申 未 午 巳 辰 卯 寅

丑[반안] 亥[천을, 망신] 卯[육액, 구교] 亥卯[삼합] 子丑[육합] 丙辛[합] 子卯[삼형]

丙의 천을귀인은 亥인데, 망신을 겸했다.
년간 丙의 官인 癸의 좌 亥가 丙의 천을귀인이고, 년의 납음 水의 임관이 된다. 또 癸의 祿은 子 년지가 되어 호환한다. 그래서 귀하게 되었다.

대체로 오행에서 중요한 자는

제1 貴한 자는 복기福氣인 官과 귀인이 그 뿌리가 서로 호환互換하는 것이다.
제2 貴한 자는 煞이 권력이 되는 화살위권化煞爲權 된 것인데 정승까지는 오르지 못한다.
제3 貴한 자는 빼어난 기운만 있는 것이다.

음귀 양귀

귀인 육합에는 음양이 있는데, 陰貴가 陽을 만나면 평상보다 뛰어나게 된다. 만약 나문귀인羅紋貴人을 보고 겸해서 氣가 있다면 소년 때 관청에 이름을 올린다.
甲이 丑을 보면 양귀陽貴가 되고 未는 음귀陰貴가 된다.

論命 35

乾

戊	癸	辛	甲							
午	未	未	寅	戊	丁	丙	乙	甲	癸	壬
火	木	土	水	寅	丑	子	亥	戌	酉	申

未[천을귀인, 파택] 甲, 午[현침]

음귀陰貴가 합당하게 되어 여인과 재력을 얻었다.
월의 천을귀인 未의 납음오행 土가 身 水를 극한다. 다시 木이 土를 극한다.
戊, 甲이 천을귀인 未를 공유하였다.
일주日主가 약하고, 財官이 매우 강하여 戊癸 합하여 火로 화하여 화격으로 보아도 무난하겠다.
운도 매우 나쁜데 천을귀인이 화살위권하여 권력을 얻었다.

진신의 길흉

진신進神이 백호, 양인을 겸하고, 세살, 현침, 파쇄는 어느 것이나 음양이 잘 조화된다면 건곤乾坤이 감응되어 상호 스스로 통하게 된다.

子午卯酉는 네 개의 진신, 네 개 양인, 네 개 백호가 되고, 세살, 함지, 장성이 되고 두 개 현침, 파쇄가 있는데 건곤의 조화에 따라 각 화복이 발생한다.

진신은 뛰어나다고 할 수만 없고, 중간에 묘한 이치가 있다.
진進이 祿, 貴, 官이 된 곳은 길하고, 시, 일의 함지가 진신을 겸하면 패가敗家한다.

辛未土가 甲子金 시를 본 것은 진함지進咸池*로 가난하다.

[진신 : 甲子, 甲午, 己卯, 己酉]

진함지 : 진신이 함지를 겸한 것

진침進針* 진모進耗*는 모두 무익無益하다.
양인 함지는 더욱 불길하고 천을귀인이 임한다 하여도 아무것도 이루지 못하고 주색만 탐한다.
辛未가 甲午를 본 것으로 貴가 현침懸針*을 찬 것이다.

현침 : 甲, 卯, 辛, 申, 午

진침 : 진신이 현침을 겸한 것.

진모 : 진신이 대모를 겸한 것

진신進神이 命에 있으면 무익하다. 줄어들게 하는 神으로 더욱 불길하다.
만약 폭패暴敗와 함지를 만나면 주색을 즐겨 전원을 팔아버린다.
진신, 현침, 양인이 일상日上이 있으면 처와 생이별 혹은 사별하여 몇 차례 부인을 얻는다. 시에 있으면 자식이 흉하다.

진신이 양인을 겸하면 반드시 벼슬을 하게 된다.
또 삼형이 되면 군軍에 들어가고, 그렇지 않으면 나쁘게 사망한다. 빠르고 늦은 것은 운으로 논한다.

진신이 양인, 현침, 폭패, 삼형을 차면, 공公으로 인하여 죄를 짓고, 군에 들어가고 흉하게 죽는다.

論命 36 YouTube 83강

乾

己	庚	庚	甲							
卯	午	午	子	丁	丙	乙	甲	癸	壬	辛
土	土	土	金	丑	子	亥	戌	酉	申	未

甲子, 己卯[진신] 甲, 卯, 午[현침] 午午[자형] 子卯[삼형] 午[백호] 卯[구교, 육액, 양인]

진신이 있고 현침, 자형, 삼형, 백호, 구교, 양인 흉살이 다량하게 겹쳤다. 그래서 44세에 흉하게 사망하였다.

백호살과 태신

백호白虎와 태신胎神의 기상氣象은 호걸이다.
목인木人에 癸酉는 명예가 높고 다시 양인을 만나고 겸해서 비인飛刃이 있으면 사람의 언도言道가 칼과 같이 험하다.

백호살은 오행의 태신胎神으로 가령 庚申木, 庚寅木이 癸酉金 일시를 본 종류다.
처첩이 호도糊塗*하고 또 처가 형벌 당하고, 입담이 험하고 말이 많지만 조화가 잘 되었다면 복이 있고 수명도 길다.

호도糊塗 : 풀을 바른다는 뜻으로, 성정이 흐리터분함. 근본적인 조처를 하지 않고 일시적으로 얼버무려 넘김. 어물쩍하게 넘겨 버림

음양차착살

음착양차陰錯陽差는 효도 때문에 장가가게 되고, 또는 외조外祖가 두 사람이 되고, 혹은 데릴사위가 되기도 한다.
그렇지 않으면 처를 尅하고, 집안을 해치고, 애인을 만든다. 일,시,년,월에서 서로 만나지 말아야 한다.
음착양차는 풍류적이지는 않다. 남편을 맞는데 자유롭지 않다. 과부가 되지는 않지만, 효도하기 위한 결혼이 되고, 힘든 결혼 생활로 두 집안이 원수가 된다.
여자 사주도 마찬가지다. 시부모와 진가의 다툼을 하고, 혹은 재가한다. 만약 그렇지 않으면 형벌을 당하고, 과부가 되기도 한다. 또 외가가 몰락하는데, 무릇 전생의 인연 때문이다.
음착양차살이 가장 흉하다. 시,일,년,월에서 만나지 말아야 한다.

論命 37 ▶ YouTube 83강

乾

癸	壬	丁	丁
卯	戌	未	亥
金	水	水	土

壬	辛	壬	癸	甲	乙	丙
子	丑	寅	卯	辰	巳	午

卯[장성] 戌[과숙, 천살] 未[화개] 壬戌[양차] 丁未[음착]

처음의 처는 비정상적으로 태어난 여자인데 반년 만에 사망하고 다시 장가갔다.

論命 38

乾

丙丁庚丙	
午丑寅子	丁丙乙甲癸壬辛
水水木水	酉申未午巳辰卯

寅[역마, 상조] 丑[반안] 午[재살] 丁丑[음착] 丙午[양차]

세 명 처妻를 맞아들였다.

음양차착과 도화살

음착양차陰錯陽差는 이치가 도리어 정묘하다. 도화살을 만나고 제왕의 위치가 되지 않아야 한다.

부녀자에 의해서 관사官司가 일어나고, 외가로 인해 발생되는 문제가 아니면 처로 인하여 발생한 것이다.

論命 39

乾

戊辛己庚	
子卯丑午	丙乙甲癸壬辛庚
火木火土	申未午巳辰卯寅

卯[함지살, 구교] 辛卯[음양차착]

음양차착살이 함지살에 해당하여 세 차례나 여인에 의해 관청의 형벌이 일어났다.

論命 40

乾

壬	辛	壬	辛							
辰	酉	辰	亥	乙	丙	丁	戊	己	庚	辛
水	木	水	金	酉	戌	亥	子	丑	寅	卯

酉[상조, 재살] 辰[택묘, 반안] 辛酉, 壬辰[음양차착]

음양차착이 많고 함지가 있어 여인이 관사官司를 일으켜 집안이 깨어졌다.

論命 41

乾

己	丙	戊	癸							
亥	子	午	亥	辛	壬	癸	甲	乙	丙	丁
木	水	火	水	亥	子	丑	寅	卯	辰	巳

午[육액, 택묘] 子[함지살] 丙子[음양차착]

음양차착살이 함지살을 겸하여 여인에 의해서 재해가 일어났다.
음양차착살은 煞은 남녀를 불론하고, 월, 일, 시에 2개 혹은 3개가 있으면 극히 그렇게 된다.
일주日柱에 범하면 더욱 중重하고, 외가의 힘을 얻지 못한다.
설령 처와 재물이 있다고 하더라도 허화虛花를 이루게 되고 나중에는 처가와 원수가 되어 왕래하지도 못한다.

양인이 현침을 만나면 흉하다.
일시 양인은 생이별 사별, 현침과 호환하면, 낙타 허리에 개 등背인 사람이 된다.
여자는 요절하고 또는 물에 뛰어들거나 목매어 자살한다. 천월덕이 구원하면 죽음은 면한다.

일, 시 양인은 처가 剋된다. 신身과 주主를 剋하면 일처一妻는 생이별하고 이처二妻는 사망한다.

丙午년생의 甲午 종류는 첩신貼身된 것이다.
연, 월, 일의 양인이 시에 있거나 혹은 일의 양인이 연, 월, 일에 모여 있으면 상문에 준한다.

論命 42 YouTube 85강

乾

戊	壬	丙	丙							
申	午	申	寅	癸	壬	辛	庚	己	戊	丁
土	木	火	火	卯	寅	丑	子	亥	戌	酉

申[역마] 午[장성] 丙, 壬[평두] 午, 申[현침] 戊申[양차]

일지에 양인이 있고 申申午 현침이 있어 18세 甲申년에 목이 잘렸다.

論命 43 ▶ YouTube 87강

坤

庚	丁	甲	丙
午	亥	午	寅
土	土	金	火

丁 戊 己 庚 辛 壬 癸
亥 子 丑 寅 卯 辰 巳

亥[겁살, 천을귀인, 공망, 구교, 천덕귀인] 午[양인, 장성] 甲, 午[현침]
甲, 丙, 丁[평두] 丙[월덕귀인]

일에 亥 천을귀인이 있지만 공망이 되었고, 午午 양인이 겹쳐 있어 흉하다. 비록 자살은 면했지만 집을 능멸하였다. 또 조산으로 아이가 죽었고 끝내 피를 보고 죽었다.

양인살의 길흉

옛날 말하기를 양인은 남자에 마땅하다고 하여 노怒하지 않고 성性이 바쁘지 않고, 도량이 넓고, 강렴剛廉하고 날카롭고, 불의에 참지 못하고, 부귀하고 편안하다 하였다.

이리가 사냥하여 짐승을 먹듯이, 고래가 물먹듯이 술을 마시는 것은 양인에 망신, 겁살이 겹쳐있는 것이다.

寅申巳亥에 子午卯酉가 임하면, 실컷 마시고 먹어서 취하고, 또 풍류에 능하다.

論命 44 **[조규승상]**

乾

乙	乙	乙	庚
酉	酉	酉	戌
水	水	水	金

壬 辛 庚 己 戊 丁 丙
辰 卯 寅 丑 子 亥 戌

年의 납음 金이 酉 3개의 왕기旺氣를 차고 있다. 양인에 화개, 함지, 현침의 무리가 없어서 권력을 차지하였다. 이 命은 종화從化를 얻은 국局으로 대귀한 命이다.

TIP

신살이 많고 없는 것으로만 단순히 논하지 말아야 한다. 다른 모여 있는 방면을 살피고, 구별하여야 한다. 화복禍福을 구별함에는 납음오행이 지나치게 과왕하면 분산되어야 한다. 만약 煞이 흉을 많이 차고,납음오행이 분산되지 않으면 목숨이 존재하기 어렵다.

論命 45  YouTube 88강

乾

丁	癸	丁	甲
巳	卯	卯	戌
土	金	火	火

甲 癸 壬 辛 庚 己 戊
戌 酉 申 未 午 巳 辰

巳[망신살, 대모살, 파묘살] 卯[양인살 도화살, 파택살] 卯戌[육합] 丁甲[평두살]

일생 부유하였는데 자식은 없었다. 일컬어 납음오행이 분산한 것인데, 분산했지만 흉살이 많아 수명은 50세를 채우지 못하였다.
두개의 卯 곧 양인 도화와 卯戌합해서 수명이 짧았다.

論命 46

乾

甲	丙	壬	丙
午	子	辰	寅
金	水	水	火

己 戊 丁 丙 乙 甲 癸
亥 戌 酉 申 未 午 巳

午[양인살, 장성] 甲, 丙, 壬[평두살] 甲午[현침살] 子午[충] 子[구교]

납음 水가 귀鬼인데, 2개 있고 子,壬辰이 있어 水가 많으니 곧 煞에 모여 흉을 돕는 命이다. 빈천 요절하였다.
子 백호살白虎煞과 辰 고초살이 같이 납음오행 水 2개로, 身 火를 剋하니 煞이 모여 흉凶을 돕는다 한 것이다.

 TIP

- 일지에 있는 양인이 화개를 겸하면, 첫 부인에는 이로와 죽거나 혼자 지내는 화禍를 면하고, 미모가 있고, 명성을 날린다.
  년간이 己인 사주가 未월을 본 것이다. 己亥, 己卯, 己未의 사주가 未를 얻게 되면 위 글에 준한다.
- 살신, 흉살은 공망에 떨어지는 것이 가장 좋다.
  녹마, 귀인이 공망에 떨어지면 도리어 복이 줄어들고, 충은 별도로 상세히 살펴야 한다.
- 공망이 생왕하면 반드시 총명하고, 사절은 말이 많고, 진솔하지 않고, 공망이 깨어지면 공空 한 속에서 발發하고, 공망은 예술 구류인에 속한다.
  공망이 충을 만나면 공망이 해소된다.
- 귀인, 록마는 일이 허하게 되지 않고, 신살의 권력은 최고의 위치가 된다.
- 록마 살신이 만약 貴를 얻으면 매우 좋다.

- 귀인, 녹마가 순중旬中에 있고, 공망이 되지 않고, 충이 되지 않고, 자왕自旺 자생自生하고, 겸해서 도화와 합이 되면 물결 속의 물고기가 용으로 변하는 것과 같이 큰 벼슬을 하게 된다.
- 휴수사절休囚死絶은 아무 이익이 없고, 공망이 충격되면 힘을 감소시켜 벼슬을 한다 하여도 높지 않다.
- 년, 월, 일, 시가 공히 일순一旬이 되고, 녹마도 같이 순내旬內에 있게 되면 이친二親이 큰 벼슬을 하게 된다.
- 본순本旬에 있고, 녹마, 관귀官貴를 만나면 길하고, 양인 파쇄는 흉하고, 빼어난데 부실하다.
- 사주에서 태胎가 刑되면 부친이 모친의 배속에 있을 때 사망한다.

乾

己	辛	己	丙							
亥	未	亥	申	丙	乙	甲	癸	壬	辛	庚
木	土	木	火	午	巳	辰	卯	寅	丑	子

亥[천을귀인,망신,구교] 未[과숙] 辛,申[현침]

천을귀인 亥의 납음오행 木이 장생에 속하고, 또 亥는 망신인데 년의 丙申과 己亥가 甲午 순내에 있어 크게 貴하였다.

평두살

평두가 외곬으로 천간을 차지하여 있고, 양인, 현침살이 싸우고, 상극, 상충하고 왕기가 없으면, 털이 나고 뿔이 나는 짐승의 태생으로 본다.

천간에 평두살이 있으면 가령 丙午, 丁未의 종류인데 지지에 양인, 현침이 중첩되어 있으면 수명은 손상되고, 그렇지 않으면 짐승의 命이 된다.

이것은 돼지의 命이다.

시	일	월	년
癸	乙	乙	癸
未	丑	卯	丑
木	**金**	**水**	**木**

丑[양인] 卯[현침살, 공망, 상조]

戊, 庚이 격각, 평두살과 같이 있으면 수명이 짧다.

다시 격각, 평두, 삼형, 공망이 되고 오행에 氣가 없으면 짐승 같은 아이가 태어난다.

시	일	월	년
戊	庚	庚	戊
寅	寅	寅	寅
土	**木**	**木**	**土**

戊, 庚, 戊[장형살]

개의 命이다. 오행이 두루 건강하지 않다.

(3) 辰戌丑未 사궁四宮 신살神煞

네개의 정인 乙丑金, 癸未木, 甲戌火, 壬辰水, 丙辰土
辰戌丑未는 네개의 정인이다.
戊己가 얻으면 믿음이 편향偏向되고, 甲乙이 만나면 탐욕 서럽고, 丙丁이 만나면 질병을 자초하고, 庚辛에 칭하는 법식은 어머니가 자식을 낳는 것이 된다. 丑에 煞이 모이면 단명한다.

甲乙이 만나면 財가 되는데, 財가 입고하면 탐비貪鄙하고, 丙丁이 얻으면 절기竊氣되어 가난하지 않으면 요절하게 되고, 庚辛은 자식이 모母의 뱃속에 든 것이 된다.
네 개가 완전하지 않고, 사절死絶의 地가 되면 구문勾紋 술수를 사용하고, 혹은 축궁丑宮에 煞이 모이게 되면 요절한다.
사주의 네 개의 충과 삼형, 화개, 양인이 되고, 묘고墓庫인데, 丑未에 복(천을귀인)이 모이면 큰 부자가 된다.

論命 48 YouTube 91강 **[삼형을 찬 命]**

乾

己	辛	甲	甲
丑	未	戌	辰
火	土	火	火

辛	庚	己	戊	丁	丙	乙
巳	辰	卯	寅	丑	子	亥

丑未[천을귀인] 丑戌未[삼형] 丑[구교]

辰戌丑未를 완전하게 찼는데 복을 누린 자다.

화개살

戌 년이 戌를 보고, 未 년이未를 보고, 丑 년이 丑을 보고, 辰년이 辰을 보면 화개살이 되는데, 시상時上에서 중첩하게 만나고, 남녀 사주 다 공망이 되면 욕정이 적막하다.

화개는 청한淸閑한 예술인이고, 휴수 생왕을 구분해서 논하여야 한다. 문장이 있고 의원, 점, 사술師術*, 구류, 승도가 된다. 일시에 있는 것이 징조가 강하다.

사술師術 : 남의 스승이 될 만한 도.

화개는 자묘自墓 및 상생相生이 기쁘고, 맑고 아름답고 한가한 복을 누린다. 그렇지 않으면 승도 예술 등 잡다한 직업으로 흐른다. 가령 庚辰金의 종류는 자묘自墓라고 할 수 없다.

화개는 자묘 및 상생相生이 좋아 청한淸閑한 복을 누리고, 그렇지 않으면 문장, 의복, 사술師術, 구류九流, 승도가 된다. 가령 庚辰金의 종류는 자묘라고 할 수 없고, 촌의 무당이나 예술인이 된다.

화개가 함지와 귀鬼를 겸하면, 기능공이 되지 않으면 선생이 되고, 鬼가 적고 오행이 유기하면 벼슬을 하지 않으면 승복을 입는다.

묘고墓庫가 화개가 되면, 복과 수명의 터가 되는데, 육친과 사이가 좋지 않아 고독하게 되고, 일은 처, 시는 자식으로 구분하여 경중을 살펴야 한다.

論命 49

乾

甲	己	甲	甲
戌	未	戌	戌
火	火	火	火

辛庚己戊丁丙乙
巳辰卯寅丑子亥

戌[화개] 未[구교, 반안] [火의 묘墓는 戌, 고庫는 未]

화개는 戌이 되고, 납음오행 火의 고庫는 未, 묘墓는 戌이 된다.
묘고가 화개를 만난 것으로, 복을 누리고 수명이 길었으나 부모가 극剋됨은 면치 못하였고, 처자도 형刑되었다.
甲己 화토化土 격이라고 할 수 있다.

TIP

- 丑은 寅을 만나는 것을 두려워하고, 戌 년은 亥未와 申을 싫어하고, 辰 년은 巳를 싫어하는데, 고진 겁살이 되기 때문이다.
  록과 貴가 이에 임하면 복신이 된다.
  겁살, 고진 두 煞이 당해 납음오행의 장생이 되고, 貴와 록을 만나면 매우 좋다.

- 土 왕한 辰戌, 丑未가 무릇 사주에 있으면 성性이 고집스럽고, 비인飛刃, 삼형과 같은 위치가 되면 성性이 악하고, 급하다.
  외모가 온화한 것 같으나 노발충관怒髮衝冠*하고. 처를 극하고 자식을 극한다.
  친기親氣(유전적)로 말미암아 기혈이 조화롭지 못하다.
  쌍으로 만나야 상기의 특성이 나타난다 또 양인, 비인飛刃이 있으면 상문에 준한다.

비인飛刃 : 양인과 충하는 지지. 甲의 양인은 卯이며 충하는 酉가 비인이 된다.
이하 이에 준한다.
노발충관怒髮衝冠 : 노한 머리털이 관을 추켜 올린다는 뜻으로, 몹시 성낸 모양을 이르는 말.

- 양인이 2, 3개 있으면 벙어리, 장풍腸風이 있고, 또 삼형이 되면 상해를 입는다. 처와 자식을 극하고 좋게 죽지 못한다.

장풍腸風 : 결핵성의 치질이 원인이 되어 똥을 눌 때에 피가 나오는 병

- 비인飛刃이 화합하면 권력이 있고, 공론에서 말이 적고, 왕상한 힘과 올바르고 웅대하고, 흠모하고, 집안이 융성하여 가까운 곳에서 먼 곳까지 명성을 전하게 된다.

- 양인을 차면 나(년지의 납음오행)를 극하지 않아야 하고, 타他가 왕한 地를 차지하지 말아야 한다. 타他가 약하면 나에게 항복하여 복이 되고, 타他가 강하고 내가 약하면 화禍가 된다.

▶ 甲寅水년이 辛卯木을 본 종류가 이에 해당한다. 나我인 납음오행 水는 寅 병지를 좌하여 약하고, 타他인 납음오행 木은 왕지를 좌하여 흉하다.

- 비인飛刃이 있고 아울러 삼형이 되면 사납고 악랄하여 친해지기가 불가능하다.
  살인을 좋아하고, 속이기를 좋아하고, 그래서 무武를 따른다.
  다만 마땅한 것은 타는 패하고, 나는 생으로 이루어져야한다.

- 형극刑剋이 겹치면 입양된다. 옛날 말에 辰戌은 괴강, 어릴때 집안이 박살나 살던 곳을 떠나게 되고, 길한 곳이 있으면 예술 관원에 불과하게 된다.
  辰은 천강,지망이 되고, 戌은 천괴天魁, 천라가 된다.
  辰戌 일시는 고독한 삶이 되는 경우가 많다.
  중말년에 몸조심하여야 한다.
  상극相剋은 예술 승도에 마땅하다.

- 辰이 酉와 합하는데 卯가 충하여 辰卯는 육해가 되고,.
  未와 午가 합하는데 子가 충하여 未子 육해가 된다.
  이것은 모친을 따라가서 의붓아버지를 맞거나, 승도가 되거나 가난하게 된다.

- 오행 귀살鬼煞은 순수한 가, 왕성한 세력인가를 살펴 곧 전투하여 항복하는 경중을 구분하여야 한다.
  납음오행이 타는 약하고 나는 강하면 복을 얻고, 타(귀鬼)가 강하고 나는 약하면 흉하게 된다.

귀鬼(년의 납음오행을 극하는 납음오행)가 많으면 술術, 의醫, 복卜에 이롭고, 속이 공허하여 경영을 모사謀事하여 일을 이룬다.

鬼가 강한 궁을 차지하고, 왕지에 거주하면 낙양화가 피기 시작하니 곧 봄이 다 지나가는 것과 같다.

● 귀살鬼煞*이라고 다 身을 극할 수 있는 것은 아니다.

강한 궁을 차지하여 전투하여 항복하는 여하를 구분하는 것이 중요하다.

만약 鬼가 많으면 구류九流가 적당하고, 鬼는 패궁敗宮이 마땅하고, 身은 강한 위치에 거주하여야 한다.

귀살鬼煞 : 년지의 납음오행을 극하는 납음오행인데 겁살 등 살이 된 것

● 귀鬼가 없으면 조화를 이룰 수 없고, 煞이 없으면 어찌 身에 권력이 있겠는가!

다만 귀鬼가 많은 것이 두려운 것이다. 겸해서 煞이 많게 되면 흉이 많고 길은 적은데 지나치게 많아서 그러한 것이다.

● 어미가 많은 자식을 生하면 어미가 허虛하게 된다. 어미가 강궁을 차지하면 허하게 되지 않는다.

어미가 왕하고 子가 쇠약한 것은 사계四季로써 구분하여야 하고, 구중궁궐을 맡게 된다.

가령 납음오행 金에 납음오행 土는 어미가 되고, 水는 자식이 된다.

論命 50 ▶ YouTube 92강

乾

乙	乙	乙	庚
酉	酉	酉	戌
水	水	水	金

壬 辛 庚 己 戊 丁 丙
辰 卯 寅 丑 子 亥 戌

태胎는 丙子가 된다.
金이 세 개의 水를 생하게 되니 어미가 자식을 생하여 공허하다. 때 마침 기쁜 것은 자식은 쇠약하고 어미는 3개의 酉가 있어 왕하니 해롭지 않다.
金이 8월에 태어났으니 가을로 득령하였고, 煞은 실지失地하여 어미의 기운을 훔쳐가지 못하니 貴하게 되었다.
모母는 자식을 낳는 것을 월지로 구분하고, 자식이 강왕하면 모母는 쇠약하게 된다.
여름에 木년이 왕한 火를 만나면 집안의 형편이 매우 어렵게 되는 재앙을 만난다.

(4) 전투戰鬪복항伏降형충刑衝파합破合

전투戰鬪는 좋은 힘이 두 개가 머무는 것이다. 양변兩邊이 서로 제어하면 영화가 있다. 부처夫妻가 대응하여 균형이 잡혀있으면 화순하여 좋다.
전투는 매우 많은 복이 나타나는 것을 알아야 한다.
사주의 상정相停된 힘이 분리되지 않으면 위엄이 멀리 사막까지 떨치고 글로써 천군을 쓸어내린다.

論命 51  YouTube 93, 94강 **[전투하여 복이 된 격]**

乾

辛	庚	癸	己
巳	寅	酉	巳
金	木	金	木

丙 丁 戊 己 庚 辛 壬
寅 卯 辰 巳 午 未 申

酉[장성] 寅[겁살, 구교]

己巳는 대림목大林木으로 癸酉 검금劍金이 두렵다. 일은 주主가 되어, 주체는 庚寅 왕목旺木이 되니 己巳 대림목은 庚寅木에 의지하여 자립을 주관한다. 癸酉金의 세勢는 고립되어 적수가 되지 못하는데 辛巳金이 있어 癸酉金을 보조를 하니 다시 주관을 가지게 된다.
己巳木은 약하고 庚寅木은 강하고, 癸酉金은 강하고, 辛巳金은 약하여 강약이 비등하여 양변兩邊의 힘이 균정하게 되었다.
나를 剋하는 자는 지아비가 되고, 剋을 받는 자는 부인되는데, 부처夫妻의 강유가 상제相濟되어 소이 전투하지만 도리어 복을 얻게 되었다. 오행이 전투하지 않으면 체體가 일정하게 항구적이지만 전투를 만나면 주인과 객이 번갈아 들게 되어 길흉이 교차한다.

論命 52 ▶ YouTube 94강

乾

壬	己	己	壬
申	巳	酉	午
金	木	土	木

丙 乙 甲 癸 壬 辛 庚
申 卯 寅 丑 子 亥 戌

酉[육액, 구교] 巳[망신, 천을귀인] 申[역마, 상조] 申酉[공망]

양목陽木이 가을에 태어났다.
백제白帝*가 권력을 맡았으니 金이 강한 때가 되어 木이 극히 쇠약하다.
巳申酉 金이 국을 이루었고, 또 壬申金이 월의 납음 土를 얻어서 그 세력이 불어났다.
己巳木이 또 壬申 金과 합하는데 다시 납음오행이 전투하여 금극목 당하여, 즉 身이 손상되어 38세(戊午년)에 물에 빠져 사망하였다.

백제白帝 : 가을을 맡아보는 서쪽의 신神.

TIP

- 오행이 싸움을 만나면 변화 변동 변경이 심하다. 상대와 서로 충하면 곧 전쟁이 되고, 싸움이 왕성하지 않으면 도리어 재해가 있게 된다.

힘이 균정하면 모름지기 둘이 같이 오르는 것으로 본다. 형충刑衝은 전투의 승부를 논하여야 한다.
사주가 치우쳐 자못 힘이 균등하지 못하면 재해가 발생하게 된다.

전투 복항伏降이 복격福格이 된 격

일이 월을 刑하고, 월이 년을 형하고, 귀鬼가 휴수가 되고, 세력이 편중되고, 시가 일을 剋하면 서로 번갈아 들게 되어 복이 넘쳐흐르게 된다.

乾

己	乙	甲	乙							
卯	酉	申	巳	丁	戊	己	庚	辛	壬	癸
土	水	水	火	丑	寅	卯	辰	巳	午	未

申[천을귀인, 망신, 구교] 酉[장성] 卯[재살, 상조] 己卯[진신] 申巳[삼형, 육합]

乙酉의 납음오행 水는 酉를 좌하여 패수敗水가 되는데, 甲申水에 태어나서 乙巳火는 극받아 火가 그 위치를 얻지 못하였다.

그래서 水가 이긴다.

그렇지만 鬼가 무리를 얻었지만 己卯土가 있어 鬼를 제어하여 좋게 되었다.

먼저 乙酉水를 깨고 다시 甲申水을 制하여 호환 상제相制되어 申巳 형합도 재해가 되지 않아서 도리어 길하게 되었다.

論命 54 YouTube 96,97강

乾

丁	癸	癸	戊
巳	巳	亥	午
土	水	水	火

庚 己 戊 丁 丙 乙 甲
午 巳 辰 卯 寅 丑 子

亥[겁살, 파택] 巳[망신, 파쇄] 巳亥[충] 戊癸[합]

癸巳는 水가 절絶한 곳이고, 癸亥는 겨울의 水로 水가 왕성한 때가 된다.
戊午 火를 剋하여 火가 무기無氣하게 되었다.
또 巳는 亥와 충하여 곧 戊의 祿이 깨어졌고, 亥는 파택인데 또 충하여 빈천하다.
그러나 좋은 것은 丁巳土가 身을 극하는 癸巳水를 물리치고, 癸亥와 癸巳가 巳亥 충한다.
그래서 자식이 어미를 구원한 것으로, 곧 일생 부유한 사람이 되었다.

TIP

- 鬼의 거처가 강하고 나는 약하면, 대적한 힘이 없어 흉하다.
- 鬼와 煞에 氣가 있고, 鬼와 煞이 공망되지 않고 또는 합하면 큰 재앙이 된다.
- 어미가 鬼에 손상당하면 자식이 좌우를 물리치고 부모의 원수를 갚아 보은한다. 鬼가 형충刑衝하여 깨어지면 복이 있고 수명이 길다.

충하여 복이 된 격

귀鬼와 煞이 충하기를 요한다.

충衝하여 서로 교류하면 공功이 있게 되어 길하게 되어 문장이 높고 부귀가 쌍전雙全하게 된다.

論命 55 ▶ YouTube 96,97강

乾

癸	癸	乙	乙								
亥	巳	酉	亥		戊	己	庚	辛	壬	癸	甲
水	水	水	火		寅	卯	辰	巳	午	未	申

酉[재살, 상조] 巳[파쇄, 역마] 亥[지살, 자형]

납음오행 水가 매우 왕하고 다시 身을 극하여 흉하다.

그렇지만 巳亥 충하여 즉 鬼가 극하지만 지지가 충하여 도리어 복이 된 명조다.

일생 부유했고 예의가 있었다.

자평법으로 보면 인성과 비겁이 강하여 흉하다.

그렇지만 乙亥 식상이 강하고 巳가 있어 식상, 재의 기세를 이루게 되지만 재성이 약하다.

그러나 좋은 것은 운에서 재성이 들어오니 식상, 재의 기세를 이루게 되니 부유하게 된 명조가 된다.

충파衝破가 화禍가 된 격

구학망신溝壑亡神*과 예상겁살翳桑劫煞*이 귀鬼가 되어 나를 극하고, 길신이 상잔하게 되면 격을 구조하지 못하여 흉하다.

예상겁살 : 겁살이 파택살에해당한것.

구학망신 : 망신살이 파택살에 해당한것

論命 56 YouTube 101강 [1558년(양) 11월 09일]

乾

甲	癸	癸	戊
寅	巳	亥	午
水	水	水	火

70	60	50	40	30	20	10
庚	己	戊	丁	丙	乙	甲
午	巳	辰	卯	寅	丑	子

亥[겁살, 파택] 巳[망신, 음신, 록] 寅[지살] 寅巳[刑]

甲寅이 태胎가 되고, 3개 水는 癸亥에 귀의하고, 戊午火를 극하고, 녹택, 명택(년지의 파택살)이 깨어졌다. 巳亥 충하지만 戊癸 합되어 흉하다.
예상겁살翳桑劫煞*이 되어 3번 군에 들어갔고 뒤에 거지가 되어 굶어 죽었다.

자평법으로 보면 일간이 강하고, 상관도 왕하고,재성도 왕하고,관성도 강하고,인성은 다소 약한 편이다. 기세의 흐름은 식상이 재성으로 흐클고, 재성이 관성으로 흐르는 기세가 이루어져 나쁘다고 할 수 없다. 다만 丁卯운에 상관이 과왕하게 되어 관성을 깨고, 또 인성이 사절되는 곳이 되어 매우 흉하다. 40세 세운이 丁酉에서 시작하여 북에서 동으로 흐르는 세운으로, 곧 일간과 식상이 강해지는 세운이 되어 식상이 겹쳐져 수명에 나쁜 운이다.

제형制刑이 복이 된 격

형살刑煞이 공망에 떨어지고, 겸해서 제制가 되고, 刑이 身에 들지 않으면 복이 모이게 되고, 또 동궁同宮이 상제相制하게 되면 구원을 얻게 되며, 구원되면 상서롭게 된다.

論命 57 ▶ YouTube 112강 [1564년 (양) 10월 29일]

乾

丁	甲	甲	甲
卯	寅	戌	子
火	水	火	金

63	53	43	33	23	13	03
辛	庚	己	戊	丁	丙	乙
巳	辰	卯	寅	丑	子	亥

戌[상조, 고초, 공망, 과숙] 寅[고진, 역마, 상조] 卯[삼형, 구교] 寅戌[공협]

甲戌이 공망이 되어 鬼인 火가 공망에 떨어졌고, 탄함, 과숙이 공망이 되었다. 甲寅水의 납음 水가 丁卯火의 납음 火를 극퇴剋退하여 火가 甲子金의 납음 金을 손상시키지 못하니 곧 내內에서 구원을 얻어 도리어 복이 되었다.

자평법으로 보면 지지에 인묘가 있어 일간이 강하고 寅戌에 午가 공협되어 있고, 丁도 있고 납음도 火가 2개 있어 약하지 않다.
재성도 寅戌이 있어 약하지 않다.
그런데 運의 흐름이 水木으로 흘러서 나쁘다. 그러나 유년의 흐름이 火土로 흐르면 발달하게 된다.
육오선생보다 41년 후에 태어난 분이다.[육오선생 양1523.01.14 생]

제형制刑이 공망

제형制刑이 구원을 얻자면 공망이 되어야 한다. 그러면 身을 尅하지 못하여, 복록이 창성하게 되어 부귀하고, 소년에 벼슬에 오른다.

論命 58 YouTube 115강

乾

乙	壬	癸	庚							
巳	戌	未	寅	庚	己	戊	丁	丙	乙	甲
火	水	木	木	寅	丑	子	亥	戌	酉	申

未[공망, 파택, 반안] 戌[화개] 巳[망신] 壬戌[괴강, 음양차착]

甲戌火가 태胎가 된다. 甲戌火와 壬戌水는 戌이 동궁同宮되었다.
납음오행에서 水火가 서로 싸우는데 또 태의 甲戌火가 乙巳火에 귀의하여 납음 火가 강하게 되어 좋다. 그래서 壬戌水의 세력이 고독하게 되어 未를 刑하지 못하여 부귀하게 되었다. 또 천을귀인 未가 있어 좋다.

자평법으로 보면 일간이 약하고 관살 혼잡 되었고, 재, 인, 식상도 건강하다. 재성에서 관성으로 흐르는 기세가 이루어졌고, 비교적 약한 십성인 인성과 비견겁을 운에서 도우니 좋다.

刑에 이끌려 화禍가 된 격

전투, 충은 상호 강적이 되었을 때 하게 된다. 서로 힘이 대등하지 않으면 전투를 하지 않고 일방적으로 패배하거나 승리한다. 적에 승리하면 길하게 되고, 귀적鬼賊 중에 몸을 던져지면 횡사하고, 집안이 망하고 범법하게 된다.

刑에 이끌려 발생한 화禍가 가장 좋지 않다. 힘이 동궁同宮에 머무르면 싸워 손상되고, 身이 만약 귀적鬼賊에 항복되면 집안이 망하고 사망한다.
힘이 머무르는 자, 일위一位는 刑하지 못하고, 2, 3위가 1위를 형하여야 확실한 형이 된다.

乾

壬	癸	辛	辛
子	酉	丑	酉
木	金	土	木

甲	乙	丙	丁	戊	己	庚
寅	卯	辰	巳	午	未	申

丑[화개] 酉[장성] 子[육액, 구교] 壬子[홍염] 辛酉[홍염, 음양차착, 교신] 酉酉[형]

癸酉, 辛酉는 동궁同宮으로 전투(金극木)하여 본신本身에 형벌이 되어, 가家가 귀鬼에 항복하고, 鬼에 제制되어 급사하였다.
酉酉 자형하는데 납음이 금극목 당하여 매우 흉하다.

論命 60

乾

乙	己	辛	辛
丑	丑	丑	酉
金	火	土	木

甲 乙 丙 丁 戊 己 庚
午 未 申 酉 戌 亥 子

丑[화개] 乙丑[정인]

己丑火를 얻어 시의 납음오행 金을 극하여 身木을 구제하여 화禍에서 구원되었다.

육합이 복이 된것

녹마, 귀인이 순내旬內에 합하면 복이 보태져 복을 헤아릴 수 없게 된다.

論命 61 YouTube 119강

坤

戊	癸	辛	甲
午	未	未	寅
火	木	土	水

甲 乙 丙 丁 戊 己 庚
子 丑 寅 卯 辰 巳 午

未[반안, 택묘, 천을귀인] 午[장성] 戊午[고란]

이 명조는 午未, 戊癸 육합으로 2개의 귀인 未가 합 되었다.
여명女命인데 육합의 도움으로 부귀하고 수명도 길었다.

함지가 육합

함지가 육합이 되면 복이 더해져도 감해지게 된다.

곧 공명功名이 장마 때, 구름만 있고 비는 오지 않는 것과 같다.

論命 62

乾

癸	壬	壬	戊							
卯	申	戌	戌	己	戊	丁	丙	乙	甲	癸
金	金	水	木	巳	辰	卯	寅	丑	子	亥

戌[화개] 申[역마, 상조, 현침] 卯[함지, 택묘] 卯戌[육합, 현침]

癸卯金의 납음오행 金은 木을 좌한 것으로 약하여 木이 승리한다.

卯 함지와 년지의 戌이 육합이 되는데, 卯의 납음오행 金이 증가하거나 감해지는 것은 좋지 않다.

또 함지의 납음오행 金이 身인 납음오행 木을 극하여 비록 사람이 총명하지만 필경 복이 적어진다.

또 壬申金의 납음오행 金이 년의 납음오행 木을 극하는데, 주柱에 구조할 수 있는 납음오행이 없다.

그래서 이것이 합한 중에 복이 감해진 것이다.

자평법으로 보면 사주의 체상 구조가 이렇다 할 기세를 이루지 못했다.

운에서 재성이 들어오면 식상이 재로 흐르는 기세가 다시 관살로 흐르는 기세가 되어 곧 3수를 이루면 좋게 된다. 그러나 운이 좋지 않다.

육합六合이 재앙이 된 격

신살과 합하면 흉하게 된다. 신살의 어떠한 경우도 마찬가지다. 각 煞, 각 궁에 따라 화禍나 복福이 있다.

論命 63 YouTube 121강 [1419년(양) 2월 12일]

乾

辛	甲	丙	己
未	寅	寅	亥
土	水	火	木

68	58	48	38	28	18	08
己	庚	辛	壬	癸	甲	乙
未	申	酉	戌	亥	子	丑

寅[망신, 구교, 고진] 未[화개, 양인] 甲己[합] 寅亥[合]

甲己 합, 寅亥 합이 되고, 寅은 망신, 고진으로 흉살과 합하여 감옥에서 억울하게 사망하였다.
평소 소송을 잘하기를 좋아한 것이 화禍가 된 것이다.

자평법으로 보면 일간이 寅, 寅, 亥가 있어 강하고, 식상도 생지 寅을 좌하여 약하지 않다.
그렇지만 癸亥운에 효신이 강하여 식상을 제어하게 되니 수명성인 식상이 극되어 흉하다.
癸亥운의 유년에서 壬申이 들어올 때는 식상의 역량이 약하게 되고, 寅申이 충협 되어 수명에 지장이 있게 된다.

망신 겁살의 합

천간 합에서 생긴 재앙은 당해 낼 수가 없다.

합하는 지지의 망신, 겁살을 상세히 살펴야 한다. 주색에 빠지고, 감옥에 갇히고, 소송을 잘 당하고, 감옥에서 사망하기도 한다.

論命 64 YouTube 122강 [1480년(양) 10월 20일]

乾

丁	乙	丙	庚
亥	酉	戌	子
土	水	土	土

66	56	46	36	26	16	06
癸	壬	辛	庚	己	戊	丁
巳	辰	卯	寅	丑	子	亥

戌[고초, 과숙] 酉[함지, 구교, 양인] 亥[망신살] 乙庚[합]

酉는 함지와 양인이 된다.

일간 乙이 년간 庚과 합하여 흉하다.

납음오행 土가 크게 왕하다.

평소 사람 같지 않게 싸움을 좋아하고 가무 주색에 묻혀 살다 31세(辛未)에 사망하였다.

己丑운, 辛未년에 사망, 丑戌未 삼형살, 관살이 왕하게 되고, 丙辛합, 亥未합. 酉丑합으로 오행의 흐름이 깨어지고 재성이 과왕하게 되고, 식상 火가 매우 약하게 된 운이다.

생왕하여 복이된 격

납음오행이 생, 왕하면 왕 중에 복덕과 지혜가 있다.

만약 년의 납음오행이 크게 왕하면 도리어 귀鬼가 극하면 좋다.

년의 납음오행이 과왕한데, 鬼가 극하면 복이 있고, 수명도 길다.

鬼가 하나만 있을 때 경사롭고 길한 징조가 된다.

論命 65 YouTube 123강

乾

庚	壬	癸	甲
子	戌	酉	寅
土	水	金	水

庚 己 戊 丁 丙 乙 甲
辰 卯 寅 丑 子 亥 戌

酉[육액, 구교, 대모] 戌[화개] 子[백호, 상조, 공망] 壬戌[괴강]

그 부친은 태평재상이다.

시에 귀살鬼煞이 하나만 있다.[시의 납음오행 土가 귀살]

태胎는 甲子金이 된다. 그래서 년의 납음오행水의 제왕이 되어 身이 생왕하게 되어 도리어 귀鬼를 제어 할 수 있다.

자평법으로 보면 재성은 戌寅이 있어서 강하고, 金 인성도 강하고, 일간도 子왕지가 시지에 있어 강하고, 관살도 강하고, 식상도 년에 甲寅이 있어 강하다.

오행이 두루 건강하고 기세가 흐르는 구조도 좋아, 좋은 사주에 속한다.

관인의 기세를 이루었다.

년의 납음오행의 뿌리가 일시에 있어 복이 된 격

身(년의 납음오행)의 생지와 왕지, 건록지가 일시에 있으면 상서롭다.

만약 身이 왕하면 鬼가 도리어 제어하면 상호 좋게 된다.

도화가 곧바로 투출하면 그 역량이 3층의 물결이 되어 높은 벼슬에 오르게 된다.

論命 66

乾

庚	壬	乙	乙								
子	辰	酉	酉	戊	己	庚	辛	壬	癸	甲
土	水	水	水	寅	卯	辰	巳	午	未	申

酉[장성, 자형] 辰[천살] 子[육액, 구교, 천을귀인] 壬辰[정인, 음양차착, 괴강]

辰酉[육합] 乙庚[合]

- 庚子土 귀鬼가 子 왕지를 좌하여 곧 자왕自旺하게 되어 身을 극한다.

크게 생왕 한 身을 鬼가 제어하여 복이 되어 일찍 등제登第하였다.

乙의 천을귀인 子가 시에 있어 복된 조짐이 작용하였다.

▶ 삼명법에서는 水土 동궁同宮을 사용한다.

- 사주에 인성이 강한데, 운이 재관으로 흘러 유용되었다.

생왕하여 화禍가 된 격格

각각 주柱의 납음오행이 생왕록지를 좌하여 왕하게 되면 氣가 나누어져 좋지 않다.

2, 3개 겹쳐 지나치게 되면 반드시 화禍가 발생한다.

만약 왕성한 곳을 제어하지 못하면 질병이 생긴다.

論命 67

乾

甲	己	辛	丁
子	亥	亥	亥
金	木	金	土

甲	乙	丙	丁	戊	己	庚
辰	巳	午	未	申	酉	戌

亥[지살, 천을귀인] 子[도화]

• 亥가 동궁同宮인데 납음오행이 金木土이 되어 전투하고 있다.

그래서 빈천하지 않았지만 폐병에 걸려 16세 癸卯년에 사망하였다.

납음오행 金이 약해 납음 木을 극하지 못하여, 木이 身 土를 극하여 질병이 발생하게 된다.

水 재성이 크게 왕하여 식상에 속하고, 폐에 속하는 金이 침浸되어 곧 폐병으로 발생하여 사망하였다.

己酉운 癸卯년에 사망했는데, 卯酉 충하고, 앞선 세운이 亥子丑寅으로 흘러 역시 金이 사절된 유년이 되었다.

사절이 복이 된 격.

사死 중에 모母를 얻고, 절絶한 곳에서 생을 만나면 부귀영화를 누리고, 청렴하고, 곧고, 바르고, 난폭하지 않고, 젊어서 벼슬에 오른다.

金이 戊寅土을 보면 절絶한 곳에서 생을 만난 것(金은 寅은 絶, 납음 土는 생) 金이 庚子土를 보면 사死중에 모母를 얻은 것(金은 子에서 死, 납음 土는 生) 金이 庚午土를 보면 패敗(도화) 중에 구원을 얻은 것(金은 午가 敗, 납음 土는 생)

사절死絶이 가장 흉한데, 사死 중에 생을 만나면 복이 일어나 심략침기深略沉機하여 사람이 근중謹重하고, 복과 재물, 수명이 풍부하게 된다.

사절이 되고, 많은 귀鬼를 다시 만나고, 록궁祿宮과 명택命宅이 아울러 형충되고, 사정四正이 길요吉曜하지 않으면 조상과 헤어져 의지할 곳이 없게 된다.

乾

癸	癸	壬	戊
亥	亥	戌	午
水	水	水	火

己	戊	丁	丙	乙	甲	癸
巳	辰	卯	寅	丑	子	亥

戌[화개] 亥[겁살, 택묘]

- 火가 亥에서 절絶할 뿐 아니라 명택*(亥), 록궁이 깨어졌다.

조상과 헤어져 삶을 살은 사람의 사주이다.

명택 : 년의 파택살.(年地 午의 파택은 亥)

녹택 : 건록(巳)의 파택살.(年干 戊 건록(巳)의 파택살은 戌)

3. 삼명법三命法 구결口訣 비전祕傳

이편의 비전祕傳된 구결은 특히 중급 이상자들에 해당하는 것이 많다. 앞의 이론들을 습득한 분들이 더 깊은 공부를 원하고자 하는 분에 해당한다고 하겠고, 임상 연구할 부분도 많음을 공지하는 바다.

(1) 간명看命 비전祕傳

명命(사주)의 천간이 합하여 화化하여 생긴 오행이 납음오행과 같은 것이 되면.
壬子木, 壬午木은 진목眞木. [丁壬 합화合化 木]
己酉土, 己卯土는 진토眞土. [甲己 합화 土]
丙子水, 丙午水는 진수眞水. [丙辛 합화 水]
戊子火, 戊午火는 진화眞火. [戊癸 합화 火]
乙丑金, 乙未金, 庚辰金, 庚戌金은 진금眞金이 된다.

乙酉水 일에 庚辰金 시는 정금精金,
丁巳土 일에 丙午火 시는 정화精火,
癸亥水 일에 壬子木 시는 정수精水,
己丑火 일에 戊辰木 시는 정토精土,
甲寅水 일에 丁卯火 시는 정목精木,
이상을 만나는 주主는 모두 부귀하다.

火년이 丙일 辛시,　辛일이 丙시
木년이 甲일 己시,　己일이 甲시
土년이 戊일 癸시,　癸일이 戊시
水년이 壬일 丁시,　丁일이 壬시
金년이 庚일 乙시,　乙일이 庚시
오행이 진귀眞貴하다고 하더라도 합화合化한 오행이 년의 오행을 극하면 감복된다.

命에 오행의 진기眞氣가 서로 교류함을 취한다.
辛亥金 년이 丁巳土를 얻으면 丁壬 합의 진목眞木이 왕래하고, 丙辛 합은 진수眞水가 왕래한다.

▶ 亥中의 壬과 丁이 합, 巳중의 丙이 辛과 合한다.

丁巳土 년이 癸亥水를 얻으면 戊癸 합이 있게 되어 진화眞火가 왕래하고 丁壬 합이 있어 진목眞木이 왕래한다.

論命 69

乾

辛	丁	癸	戊
亥	巳	亥	戌
金	土	水	木

庚	己	戊	丁	丙	乙	甲
午	巳	辰	卯	寅	丑	子

亥[겁살, 고진] 巳[망신] 巳亥[충, 록]

일간 丁은 월지 亥중의 壬과 합하여 진목眞木이 되고, 월간 癸는 巳중의 戊와 합하여 진화眞火가 되니 곧 진기眞氣가 상호 교류한다. 그래서 재상이 된 사주다.

戊午火가 壬子木를 만나면 午중의 丁과 壬이 간지 암합하게 되는데 곧 진목眞木이 되고, 戊가 子중의 癸와 암합하는데 곧 진화眞火가 된다.

丙申火가 乙酉水를 만나면 丙이 酉중의 辛과 암합은 진수眞水가 되고, 乙이 申중의 庚과의 암합은 진금眞金이 된다.

庚寅木이 己卯土를 만나면 己가 寅중의 甲과의 암합은 진토眞土가 되고, 庚이 卯중의 乙과의 암합은 진금眞金이 된다.
온전히 교류 하여 큰 벼슬의 사주가 된다.

• 사주는 동류가 형파刑破하는 것을 두려워한다.
己未火가 甲辰火을 보고, 甲辰火가 己丑火을 보고,
己丑火가 甲戌火을 보고, 甲戌火이 己未火를 본 것

• 년의 납음오행이 유년,운의 납음오행에 극을 만나는 것은 불가하다.
丙寅火는 乙卯水를 두려워하고,
辛巳金은 丁酉火를 두려워하고,
甲申水는 己卯土를 두려워하고,
戊申土는 壬午木을 두려워하고,
己亥木은 甲子金을 두려워한다.
사람이 죽는 것과 같은 것이다.

命이 가장 두려워하는 것은 鬼가 剋하는 것이다.

① **과귀**窠鬼

지지가 같고 납음에 剋당한다.

丙子水 년이 庚子土를 보고, 丁丑水 년이 辛丑土를 보는 종류이다.

과중窠中은 상극相剋의 위치로 가장 독毒하다.

② **묘중귀**墓中鬼

水土의 묘墓는 辰이 되고, 납음이 타 납음에 剋당한다.

壬辰水가 丙辰土를 보고,

丙辰土가 戊辰木을 보는 종류이다.

③ **격벽귀**隔壁鬼

子丑합하고 土가 剋받는다.

庚子土가 癸丑木을 보는 종류가 된다.

④ **공망귀**空亡鬼

공망의 납음오행이 剋받는다.

甲戌火가 甲申水, 乙酉水를 보는 종류다.(甲戌은 申酉가 공망)

모두 主에 해害가 된다.

내묘귀內墓鬼는 과귀窠鬼보다 흉이 적고, 벽귀壁鬼는 묘귀墓鬼보다 흉이 적고, 공귀空鬼는 벽귀壁鬼보다 흉이 적다.

⑤ **어귀**禦鬼

木년이 火월을 얻었고, 金일시가 되면 火가 金을 剋하여 金은 木을 傷하게 하지 못하게 하여 해롭지 않다.

⑥ **조귀**助鬼

水년이 火土를 만나면 土가 水를 剋하고 火는 다시 土를 생하니 더욱 흉하다.

년의 납음 木이 월, 일, 시에서 寅卯 두 개를 만나고, 납음 金이 申酉를 만나고, 납음 水가 亥子를 만나고, 납음 火가 巳午를 만나고, 납음 土가 辰戌丑未를 만나면 모두 貴하다고 논한다.

命은 오행의 생, 왕, 사, 절로 나누어 추리한다.

① **자장생**自長生 : 납음오행 좌가 장생지長生地

甲申水, 丙寅火, 己亥木, 辛巳金, 戊申土는 모두 납음오행이 자장생自長生이 되어 뛰어나 사시四時를 논하지 않아도 된다.
품성이 민쾌 고명하다. 귀자貴者가 얻으면 점점 자라서 부귀을 이루고 또 장래에 영화롭게 살아가게 된다.

② **자왕**自旺 : 납음오행 좌가 왕지旺地

丙子水, 戊午火, 辛卯木, 癸酉金, 庚子土는 모두 납음오행이 자왕自旺한 것이 된다. 사시四時에 기대지 않고 스스로 왕하게 이르게 된 것으로 복력이 분발하게 되어 비교할 바가 없다.

③ **자묘**自墓 : 납음오행 좌가 묘지墓地

癸未木, 壬辰水, 丙辰土, 甲戌火, 乙丑金은 모두 오행의 자묘自墓로 귀근하여 복명復命하는 때가 된다. 고庫가 있는 곳에는 반드시 물건이 모이고자 하니, 가령 壬辰水는 水의 무리를 얻어 교귀交歸하고자 하여 연후에 왕하게 된다. 다시 金을 생하는 곳이 왕래하면 마땅히 중한 권력을 얻는다.

④ **자사**自死 : 납음오행 좌가 사지死地

乙卯水, 丁酉火, 壬午木, 甲子金, 己卯土은 오행의 자사自死가 된다.

생은 노勞(노동)하고, 사死는 식息(휴식)하는 것이 자연의 이치로, 죽는 것이 아니고, 그 물질의 몸체는 없어지고 혼은 되돌아 가는 것으로, 곧 자사自死라 하며, 진귀眞歸*의 이치를 얻는 것이다!

진귀眞歸 : 본질 본성으로 되돌아가는 것.

⑤ **자절**自絶 : 납음오행 좌가 절지絶地

癸巳水, 乙亥火, 庚申木, 壬寅金, 丁巳土는 오행이 자절自絕이 된다.(水, 土는 巳, 火는 亥, 木은 申, 金은 寅에서 절한다.) 천도天道는 끊겨 없어지지 않는 것으로 간지에서 새로이 만나게 되면 이미 절絕한 것이 되지만, 다시 또 살아나게 된다. 이것을 만난 자는 근심과 기쁨이 정해지지는 않는다.
癸巳水는 水가 絕하지만 癸酉金의 왕금旺金의 도움을 받게 되면 일컬어 끊긴絕 水가 생을 만난 것이 되어 더욱 길하여 경사가 있게 된다.

命에 사, 절, 생, 왕, 고, 묘 등을 찬 것만 취하는 것은 옳지 않다. 월령의 청탁도 같이 분별하여 한다.

청한 자는 제복制伏이 있는 것을 일컫는 것이다.
水는 土를 보면 탁해져 병이 되기도 하지만 도리어 土의 제방이 없으면 멈추어 쉬지 못하게 되고, 이미 멈추어 쉬고 있다면 점차 번져 흐름이 있어야 청하게 된다.

탁하게 된 것은 제복이 없는 것을 일컫는 것이다.
水가 많은데 土가 없으면 범람하여 머물 곳이 없어지게 되고, 水가 극極하게 되면 木을 생하는 것인데, 이는 극極하면 변하는 것으로 변하면 곧 통하게 된다.
한 개의 水가 3개의 火를 剋하면 이는 약이 강을 이기는 것이다.

납음오행의 음양 전쟁

陰이 陽에 이기는 것, 陽이 陰을 이기는 것은 위태롭고 재해가 심하지는 않다. 두 개 陽과 두 개 陰이 서로 곧추세우면 흉화凶禍가 심하여 불안한 곳이 된다.

乙巳(巳는 陰)火가 壬申金(申은 陽)을 剋하면 이는 陰이 陽에 이기는 것이고, 壬申金이 己巳木을 剋하면 이는 陽이 陰에이기는 것인데, 음양이 유정하게 된 것이 되어 큰 해는 없다.

丁卯火가 癸酉金를 보면 2개의 陰이 서로 적대시하고, 戊午火가 甲子金를 보면 이는 두 陽이 서로 겨누게 된다.

陽은 강하고, 陰은 유약하다. 반드시 이겨 승부가 있어야 되니 재앙이 발생하게 된다.

납음오행의 장생, 왕, 고, 사, 절

水가 戊申土를 보는 이러한 것은 申은 水의 생지가 되지만 土에 극을 받아 생이 아닌 것이 된다. 庚子土도 마찬가지로 子는 水의 왕지가 되지만 土에 극을 받아서 왕하게 되지만 결국 왕한 것이 아니다. 그래서 이를 만나면 성공이 뒤집혀 실패가 되고 기쁨이 되었다가 도리어 근심이 방생하게 된다. 이하 이 예에 준한다.

水가 癸卯金을 보면 死가 불사不死가 되고, 辛巳金을 보면 절絕이 불절不絕하게 된다.

火가 絕하였는데 土를 얻으면 왈 예(睿:슬기)라 한다.

火는 土가 자식이 되고, 火는 亥에서 絕하는데 丁亥土를보는 것이 이것이다.

土가 絕하였는데 金얻으면 죽어 없어지지 않아서 왈 수壽이라 한다.

土가 絕하였는데 巳를 만난 것으로, 곧 辛巳金을 얻은 것이 이것이다.

金이 絕하였는데 水을 얻으면 면밀함이 복구되어 몸體를 잇게 된다.
金은 寅에서 絕하는데 甲寅水를 얻는 것이 이것이다.

水가 絕하였는데 木을 얻으면 혼이 복구되어 하늘을 유영한다.
水는 巳에서 絕하는데 己巳木을 얻은 것이 이것이다.

木이 絕하였는데 火를 얻으면 火는 木을 태워서 나타나니 재가 날리고 멸하여 오직 흉하게 된다. 뱀과 말은 담이 없는데 이에서 충분한 증명이 된다.
木은 申에서 絕하는데 丙申火를 얻은 것이 이것이다.

납음오행의 생극 억제

身土가 火의 생을 만나면 점점 유익하게 되고,
水가 金를 얻으면 수명이 길고,
金이 많으면 모름지기 火가 종혁從革하여 이름을 이루고,
木이 왕한데 金을 얻으면 벼슬을 하고,
水가 흘러 그치지 않으면 土로 막아야 하고,
火가 성盛하여 의지할 곳이 없으면 오로지 水로서 구제하여야 한다.
납음오행의 사용을 마땅하게 얻게 되면 비록 상극하더라도 복이 되고,
만약 그 마땅함을 잃게 되면 비록 상생하더라도 재앙이 발생한다.

오행이 태과하면 서로 거스르게 되어 두렵다.

록이 많으면 빈貧하고 ,
財가 많으면 병이 되고,
印이 많으면 고독하고,
고庫가 많으면 허虛하고,
생왕이 많으면 귀착점이 없고,

사절이 많으면 격장激揚이 없다.
오행이 크게 상호 傷하게 하는 것은 불가하고, 크게 순수한 것도 불가하다.

귀인, 역마가 뛰어나면 승요(升擢:발탁되어 오른다)하고 보통격에 역마가 많으면 분치奔馳한다.
합이 많으면 미(媚:아첨, 아양, 요염)하여 불발不發하고,
학당이 많으면 이루지 못하고, 貴人이 많으면 부드럽고 나약하여 뜻을 세우지 못한다.
록마가 태현太顯하면 貴人으로 논하지 못하고, 貴人은 표리가 족하여 낮은 사주로 논하지 않는다.
사주에 陽에 갖추어져 있으면 입은 악하고 마음은 착하다.
사주에 陰으로 갖추어져 있으면 한려침독狠戾沉毒하다.
역마와 합하고, 록과 합하고, 貴와 합하고, 복신과 합하기를 요한다.
刑과 손잡고, 화禍와 손잡고, 년과 손잡고, 시와 손잡기는 요하지 않는다.
음양은 균협均協하여야 貴하고, 병상病傷은 극제剋制되기를 요한다.
戊寅土가 甲寅水를 보면 甲이 戊를 극하고, 戊寅土의 납음이 甲寅水의 납음을 극하여 간지와 납음 상하가 불화하여 흉한다
그러나 만약 복신이 있는 곳이 되면 복력이 있다.

癸酉金이 戊寅土를 보면 戊土가 癸水를 剋하고, 또 金氣가 절絕한 곳이 되고, 겁살, 대모가 되니 얻은 월령의 빼어난 氣를 버리고 옳은 법을 사용하지만 오래도록 좋게 되지 않는다.

庚午土와 丁酉火는 서로 왕하고 서로 파破하는데 왕중旺中에 파破가 되어 온전한 복력이 되는 것은 불가하다.

己未火 辛酉木는 비록 食을 얻었지만 도리어 사지死地가 되어 오랫동안 아

름답지 못하다.
乙丑金, 乙未金, 庚辰金, 庚戌金이 戊寅土을 보면 크게 좋고 운도 그러하다. 곧 金이 戊寅土로써 구제를 얻게 되는 것으로 절絕하고자 하나 絕되지 않아 복력이 있게 된다.
乙卯水가 戊寅土를 보고, 戊寅土가 乙卯水를 보는 것은 크게 좋은 命이다.

삼합, 삼기는 월과 합하지 않으면 貴하지 않다. 가령 甲, 戊, 庚(양삼기陽三奇)이 子, 午 時는 貴하고 乙, 丙, 丁(陰三奇)는 寅, 卯, 時가 길하다.
乙, 丙, 丁은 酉亥를 좋아하고, 다시 납음이 교섭하는 유무를 보아야 한다.
삼기, 삼합은 월령에서 수기秀氣가 들어와야 귀격이 되고, 다만 서출, 양아들, 데릴사위는 면하기 어렵다.

태. 월. 일에서 간합 혹은 육합이 호환하고, 년과는 합하지 않으면 모두 각 도태세掉太歲라 한다.
조상과 이별하여 고립되고, 사람들에게 도움을 받지 못하거나 도움이 적다.

택사宅舍
년지 앞의 5번째 지지는 택사宅舍가 된다.
유기有氣 및 길신이 임하면 主의 택宅이 좋아 문벌이 숭준하고, 자손이 화현華顯하다. 가령 甲申人의 택사는 丑이 되니 12월생은 천을에 택宅이 임하여 길하다.
무기한데 흉신이 임하면 택宅이 허모虛耗하고, 파괴破壞되어 완료하지 못하여 조업을 지키지 못한다.
가령 庚午 년의 택사宅舍는 亥가 되는데, 甲子 순旬은 亥가 공망이 되고, 또 겁살이 임한 것이니 흉하게 된다.

택납음宅納音

命 앞의 5번째 地支는 파택살인데, 만약 파택살이 있으면 조부의 산업이 없고 혹은 타향에서 객사한다.

본명本命과 납음이 상생하면 길하고, 택宅이 身을 극하면 택宅이 좋고, 身이 택宅을 극하면 반드시 파산한다.

甲子金 년에 己巳木은 택宅이 되는데, 卯월생은 택의 납음오행 木이 왕하게 된다. 그런데 身이 택을 剋하여 후에 몰락한다. 만약 합이 된다면 좋다.

戊午火는 癸亥水가 택이 되는데, 9(戌)월생은 택의 납음오행 水의 관대에 속하고, 亥월생은 택의 건록, 子월생은 왕이 된다.

택이 생을 받아서 身을 극하면 좋은 택이 되고, 만약 택이 귀鬼가 왕한 중에 생한 자는 官이 있으면 길하고, 官이 없으면 흉하다.

록명祿命은 비록 휴왕休旺이 있다고 하더라도 다시 택을 논하여 길흉을 분별하여야 한다.

택은 파破(충)를 두려워 한다.

甲子金년에 己巳木은 택이 된다. 亥가 범하면 택은 파破를 받게 된다. 명원命元이 척박한데, 태세가 년을 충하면 깨어질 뿐이다.

丙子水년이 辛巳金을 보면 택이 되며, 다시 乙亥火 유년을 만난 것이 이것이 된다.

命의 뒤의 5번째 지지는 파묘가 된다.

氣가 있고, 복신福神이 임하면 전원이 많아지고 창고가 충실하다. 가령 甲子金년의 파묘살은 未가 되며, 未월생은 土가 승왕乘旺한 氣가 되고 또 천을귀인이 되니 길하다. 氣가 없고 또 흉신이 임하면 전원(파묘살)은 척박하게 되고, 창고도 공허하게 된다. 가령 戊子 년의 癸未는 파묘살이 되는데 戊子 년은 甲申 순에 있으니 未가 공망이 되어 흉하다.

역마에는 해害〈형파刑破〉가 없어야 한다.
록에는 귀鬼〈귀극鬼剋〉가 剋하지 말아야 한다.
食은 공망이 되지 않아야 한다.
지지의 합에는 대모가 없어야 한다.
천간 합에는 육액이 없어야 한다.
왕에는 상문이 없어야 한다.
쇠衰는 조객이 없어야 한다.
처妻에는 양인이 없어야 한다.
財에는 비인이 없어야 한다.
寅申巳亥는 고진이 없어야 한다.
辰戌丑未에는 과숙이 없어야 한다.
체體가 중重하면 귀鬼가 필요하다.
록은 重합을 필요로 한다.

삼원三元이 왕하다면 어찌 신살이 命中에서 煞로 사용되게 되겠는가?
납음은 천지의 북돋는 수數가 된다. 오행이 왕하면 비록 충하더라도 氣가 완전하고, 오행이 상극하면 비록 氣가 모였다 하여도 흩어져 버린다. 운이 오는 것을 기다렸다 살신煞神을 제복하여 권력으로 변화시켜야 공명이 현달하게 출현하여 상서롭게 되는데, 제신制神의 힘이 왕하여야 발복이 크다.
煞神이 병합하면 흉망하니 두렵고 양인도 같이 논한다.

(2) 무함巫咸촬요撮要 비전祕傳

- 刑이 많은 자는 사람이 불의不義하고 합이 많은 자는 성기지 않고 누구든지 모두 친밀하다.
- 합이 많은 자는 어둡고 충이 많은 자는 흉하다.
- 辰이 많으면 싸움을 좋아하고 戌이 많으면 소송을 좋아한다.
- 辰戌 괴강은 흉은 많고 길은 적다.
- 일시가 공망이 되면 처자에 재해가 많다
- 역마는 등에 짐을 싣고 향토와 이별한다.
- 印에 천을이 임하면 성세盛世의 봉함을 받는다.
- 貴人이 록마가 와서 만나면 금장金章은 아니지만 풍족하게 된다.
- 흉은 양인에 의한 흉보다 더한 것은 없고, 화禍는 상관에 의해서 발생한 禍보다 더한 禍는 없다.
- 고란이 다시 煞, 삼형, 육해, 충격을 만난 자는 쟁영崢嶸을 얻기 어렵다.
- 고진, 격각을 거듭 본 자는 가난하고 요절하는 경우가 많다.
- 록마가 시를 剋하고 일을 파破하면 직위가 끝나서 모름지기 퇴박退剝한다.
- 괴강이 충극沖剋을 만나면 형옥을 만난다.
- 건록이 財를 다스리지 못하면 노비가 된다.
- 해害가 있으면 인친姻親이 산실散失되고, 전戰을 만나면 질병이 있다.
- 도화가 합을 띠면 풍류유아風流儒雅한 사람이 된다.
- 두 개의 鬼가 도식을 만나면 반드시 노비가 된다.
- 귀록歸祿이 식상을 만나면 복이 한계가 없이 뛰어나고, 년일에 함께 음인, 양인 둘이 있으면 형법을 크게 범한다.

(3) 옥정오결玉井奧訣 비전祕傳

지지에 꼭 필요한 것은 왕성한 곳이 되어 강하여야 한다. 지지에는 사위四位의 지신支神이 있는데, 꼭 필요한 자가 천간에 나타나 있는 것이 더욱 절실하다. 어떤 자가 주간主干의 택사宅舍인지 찾아야 하고, 어떤 자가 용신의 기업이 되는지 살펴야 하고, 어떤 자가 힘이 경輕한지 어떤 자가 힘이 重한지 헤아려야 한다. 택사宅舍가 득지한 地가 되면 기업이 貴하게 되는 곳이 된다.

① [충기衝起]

충衝하여 일어나는 힘의 세기가 어떤 지지에 있는지 관찰하고,

② [공기拱起]

서로 손잡아 일어나는 힘의 세기가 어떤 지지에 있는지 관찰하고,

③ [형기刑起]

刑하여 일어나는 힘의 세기가 어떤 지지에 있는지 살피고,

④ [합기合起]

합하여 일어나는 힘의 세기가 어떤 지지에 있는지 관찰하고,

⑤ [통섭統攝]

지지의 통섭을 관찰하여야 한다.

귀기貴氣는 번잡을 원하지 않고, 구교, 대모, 망신은 가닥이 많이 있다.
귀신貴神과 록마는 모두 길신인데, 다시 천월 이덕을 만나면 매우 길하다.
구교, 대모, 망신은 모두 흉살인데 만약 공망에 들면 반감된다.
길신이 공망이 되면 좋지 않고, 흉살도 또한 이덕을 필요로 한다.

공망은 세개의 신神이 있다.

① 순내旬內의 후에 소장된 간신干神, 가령 甲辰 순은 甲乙 두 干이 공망.

▸ 甲辰 순에선 甲寅, 乙卯의 寅卯가 공망이니 寅卯의 天干이 甲乙이니 甲乙도 공망

② 순후旬後에 숨어(遁)있는 간신干神, 가령 甲辰 순에서 丙午는 곧 庚辛이 공망이다.

▸ 甲辰 순은 寅卯가 공망인데, 甲辰, 乙巳 후는 丙午로, 丙午가 일이 될 때, 시는 戊子, 己丑, 庚寅, 辛卯 ~ 己亥 까지가 이에 속하는데, 이 중 庚寅, 辛卯가 甲辰 순의 공망은 寅卯이니 곧 天干의 庚辛이 공망이 된다.

③ 절로공망—截路空亡이 더해지면 유긴愈緊하게 된다. 가령 甲己日 申酉 시의 무리이다.

貴氣가 충분히 완비하면 시종 깨어지지 않는다.
중간에 무사하지 않은 것은 한 건의 화신禍神이 은장隱藏되어 있기 때문이다. 흉살이 번잡하게 왕래하는데, 그중에 한 건의 복신이 은은 심오하고 혹은 허협虛夾, 요합遙合, 혹은 형출刑出하고 충귀衝歸하거나 하면 뜻하는 것이 이루어진다.

가득 찬 흉살이 있는 것은 불가하다.
다만 어떤 운이 와서 돕게 되면 국중局中의 복기가 일어나 길하게 되고, 흉성을 돕게 되면 貴가 깨어지고 용신이 파괴되어 흉하게 된다.
잡기재관雜氣財官에서 길은 고庫가 되고, 흉은 묘墓가 된다.
지지에 貴氣가 충하여 들어온다고 길하다고 할 수 없고 악신惡神이 충하여 들어온다고 흉하다고 할 수 없다. 반드시 간지가 같이 剋되어야 바야흐로 길흉이 극입剋入되고, 혹 하나는 生하고, 하나는 극하고, 하나는 화和하고, 하나는 制하는 이러한 것에서 변화가 있게 된다.

공협수진拱夾雖眞

乙년이 癸未, 乙酉 를 만난 것이다. 申이 공협된 것이다.

확실한 공협拱夾은 **未申酉**가 되는 **甲申**이 참된 官으로 **貴氣**를 의심하지 않아도 된다. 未에 남아 매장된 **火神**이 있어 혹시 유년, 운에서 전실되어도 庚을 剋하여 재해를 막을 수 있다.

합은 지지 역량의 오름을 관찰한다.

천간 합은 지신支神의 길흉이 중요하다. 지지가 유력하면 자연히 비상하게 된다. 지지가 합하여 화목하며 승乘한 곳의 천간의 힘을 보아야 하는데 역량이 강하면 뛰어나다.

상하가 합으로 구비되면 합한 신살에 참됨이 있다.

가령 己亥木이 甲寅水를 본 것에서 寅亥 합의 종류가 이에 속한다.

▸ 甲寅의 천간 甲은 관성이 되고, 지지 寅은 망신, 구교가 된다.

또 신살과 합하는 가령 甲子金이 己丑火을 보는 종류가 이에 속한다.

▸ 己丑의 천간은 재성에 속하고, 丑은 甲의 천을귀인에 속한다.

甲은 寅이 祿, 己는 丑이 土이니 힘이 있어 복이 있는 사주가 된다.

흉살은 합을 꺼리고, 충, 형, 파, 해는 좋다.

간신干神 지신支神이 한만閑慢한데 만약 세, 운에서 합하면 정신이 백배百倍가 된다.

록마는 육합이 마땅하고, 형, 파는 꺼리는데, 만약 사주에 합을 보면 그 힘이 나타나게 되니 등한시하지 말아야 한다.

정신을 벗어버리게 되기 때문이다.

즉 나를 생하고 나를 극하는, 이것은 정신의 근본인 나의 기가 흩어지게 되는 것이다..

만약 시상의 용신을 흉하게 하는 것이면 제어하여야 하고, 주본主本을 생조하면 흉을 만회 시키니 그 생의生意가 참된 것이 된다.

日에서 구하는 신살

길신吉神

재성, 관성, 인성, 식신, 일덕日德, 월덕月德, 일귀日祿, 귀인貴人, 덕신德神, 천월합덕天月德合, 천사天赦, 월공月空, 시록時祿, 학당.

흉신凶神

금신, 양인, 칠살, 공망, 육해, 고과, 격각, 삼형, 충신, 사신, 사절, 구교.
일설一說은 年으로 판단한다고 한다. 망신亡神, 대모大耗도 상동上同하다.

年에서 구하는 신살

길신吉神

건록, 역마, 택신, 천의, 복덕, 궐문, 진신, 생왕위生旺位, 화개, 삼기.

흉살凶煞

파쇄살, 적살的煞, 함지, 망신, 겁살, 백호白虎, 양인, 비인, 파택, 대모, 구교, 상조, 관부官符, 병부病符, 사절.

• 공망은 소식되는 수數의 끝으로, 어찌 十干이 멈추어 이지러지는 곳이 되지 않겠는가?
이 煞은 가장 요긴한데 경중 진가眞假를 자세하고 상세하게 살펴야 한다.

① 순공망旬空亡은 10日이 맡아 관리하거나 관할하는 상하를 구분하여야 한다. 가령 甲子 순중旬中에서는 양간陽干은 戌이 공망이 되어 끊기고, 음간은 亥가 공망이 되어 끊기게 된다.
② 氣을 경중으로 나누어야 한다. 甲子가 壬戌을 보면 진공眞空이 되고 戊戌은 경輕하다.

③ 상의 비견 일위는 심하다. 가령 甲 년이 乙을 보고, 乙 년이 甲을 보는 종류가 된다. 또 십악대패가 있는데, 일순一旬 中에서 祿이 공망을 만나는 것으로 가령 甲子 순의 壬申, 甲戌 旬의 庚辰이 그 종류다.

④ 五氣의 낙공落空은 가령 甲子 旬의 水土, 甲戌 旬의 金, 甲申 旬의 火土가 이 종류가 된다.

휴수에 재차 공망이 들면 때가 이지러져 일이 물러나게 되고, 공망이 왕상하고 겸해서 생이 되면 권력이 집결한다.
만약 오행이 왕상하다면 공망이 오히려 좋고, 金에 왕한 火가 들어오면 火가 공망이 되는 것이 오히려 좋다.

氣가 이미 과한 자는 퇴장하고자 하여 도리어 묘墓, 절絕의 地가 마땅하고, 물질의 기운이 들어오는 자는 장차 진취한 것이니, 근원이 생왕한 궁이 되어야 기쁘다.
3(辰)월 甲木은 氣가 지나간 것으로 퇴장한 것이니 오직 묘, 절의 地가 되는 것이 자연의 도가 되어, 만약 생왕한 곳에 임하게 되면 도리어 이치에 어긋나게 된다.
방方이 생왕한 자는 가령 12(丑)월은 甲木의 진기가 되고 1(寅)월은 乙木의 진기가 되니 장차 나아가는 방향이 되어 생왕의 地가 마땅하니 화禍가 되고 복이 되는 것이 더욱 절박하게 된다.

휴수에 재차 공망이 들면 때가 이지러져 일이 물러나게 되고, 공망이 왕상하고 겸해서 생이 되면 권력이 집결한다.
만약 오행이 왕상하다면 공망이 오히려 좋고, 金에 왕한 火가 들어오면 火가 공망이 되는 것이 오히려 좋다.

휴수가 용用이 되면 발월發越이 더디고, 왕상하여 무정하면 그 나쁨이 매우 빠르게 나타난다.

용신이 비록 貴를 사용하는데, 나를 생하고 나를 돕고, 또 천월이덕, 천을귀인의 종류가 임하여도 천시天時의 왕상旺相을 얻지 못하면 설령 사용한다고 하더라도 발월發越이 느리다.

사주에서 비록 왕상한 神을 찬다고 하더라도 나와 더불어 아무른 뜻이 없으면, 반길半吉 반흉半凶하고 유년, 운에 이르러 흉살을 돕게 되면 재앙이 매우 빠르고 크다.

진신이 권력을 잡으면 지극히 뛰어나고 지극히 정당하다. 납음이 貴에 실리면 剋이 마땅하기도 하고 생이 마땅하기도 하다.

이지러진 곳은 납음이 사용되어 기운이 보완되어 완전하게 된다.

대요가 납음법을 만들어 8개의 구획을 사용하는 것으로 했다.

어떤 버리는 물物과 氣가 이지러진 곳을 납음을 빌려 도울 수 있다. 가령 土에 흠이 있다면 납음이 土가 되면 도와 부족하지 않게 되고, 휴수休囚도 많은 도움이 된다.

金이 세력을 얻으면 흉하게 된다. 공망이 충을 만나면 반드시 발한다.

양인, 원진, 망신이 金으로 만국滿局되었다면 오직 火가 힘을 입어야 하고, 火가 흉살로 왕상하면 모름지기 水에 기대야 한다.

천을귀인과 록이 호환하면 길하다.

時	日	月	年
○	辛	丙	丁
(亥.	酉)	午	○

丁丙의 천을귀인은 亥, 酉이고, 辛의 천을귀인은 午이 되고, 丁의 록은 午로 상호 호환하여 매우 좋다.

지지가 권력을 얻으면
가령 未가 천을귀인이 된 것은 권력을 얻은 것이다. 午가 들어와서 합하면 또한 권력을 얻은 것이 되어, 子가 未를 범하려 오면 午가 충하여 천해 되는 것을 막고, 또 丑이 들어오면 충하여 丑중에 있는 癸와 己를 꺼집어내 사용하게 된다.

천간들은 서로 간에 안존安存되어야 한다.
그 안존한 곳은 록의 향배에 의해서 나타나고, 지지에 충격이 왕래하면 어찌 말이 달릴 수 있겠는가?
예를 들면 甲 년이 록은 寅이 되는데, 壬寅월을 보면 壬에게 寅은 절로공망이 되어 비록 甲에게 寅은 록이 되지만 좋지 않아 승도의 길로 나아가야 복이 된다.
庚寅을 월, 일, 시에 본다면 甲의 록은 寅이 되지만 庚의 록 申과 충을 하기 때문에 반길半吉 반흉半凶하게 된다.
또 丁 년이 戊午를 본다면, 丁의 록은 午가 되어 좋지만 戊에겐 양인이 되어 貴하다고만 하지 못한다.
또 辛의 록은 酉가 되는데, 癸酉를 보면 辛은 丙과 합하여 水가 되고, 癸는 戊와 합하여 火가 되니 즉 火水가 서로 범하게 된다.
또 丁은 酉가 공망귀空亡貴, 丁은 壬과 합화合化한 木은 丙辛 합화한 水의 氣를 받고, 辛은 丙과 합화하여 水가 되고, 木의 목욕沐浴이 되어 간음奸淫하다.

또 丁년의 록은 午에 있다. 丁壬의 둔월遁月인 丙午월이 되면 丙의 천을귀인은 酉亥가 되고, 辛酉, 辛亥 만나면 丙이 천을귀인을 만나게 되고, 辛의 午가 천을귀인에 속하여 극품의 벼슬을 이루게 된다.

이허중의 천록호귀天祿互貴에 "한 개의 역마는 충하면 좋지 않다. 충하면 움직인다"하였다.
또 역마의 천간이 천을귀인을 만나면 吉하다. 또 역마의 천간이 둔월遁月에 속하고 정情이 있는 자는 길하다. 가령 丁丑년이 辛亥를 만나면 丁壬의 둔월이 되며 천을귀인이 유용하게 된다.
역마의 천간이 흉살 공망을 차게 되면 흉하고, 주체 및 용신을 극하면 흉하다. 혹 지지가 결렬激烈 형충刑衝 전전轉轉하면 그 마馬는 어찌 편안하겠는가?

甲이 두개의 壬을 보면 중탄重呑이 되고, 두개의 庚은 쌍극雙剋이 된다. 둘다 흉하다.
합한 곳에 刑이 있고, 해害가 있고, 剋이 있고, 파破가 있으면 모두 상서럽지 못한 조짐이 된다.

다양하게 록(녹빈祿賓)을 사용할 수 있고, 역마(역장馬將)도 근본이 된다.
가령 사주에 년간의 록이 없으면 모름지기 둔월遁月 혹 둔시遁時의 지지가 祿이 되고, 록의 천간의 官이 되면 사용하고, 일도 마찬가지로 년과 동등하게 사용하는데 더 적절하다.
또 역장馬將도 록의 방법과 같은데, 예를 들면 가령 **丁巳년의 丙일은 亥가 역마가 되고, 둔遁한 辛亥를 보면 丙일의 처가 되는데, 길 외에서 여자를 취하게 된다.**
貴, 祿, 財, 官, 흉살, 煞의 경중도 세세히 구분하여야 한다.
둔월遁月 : 가령 丁壬 둔월遁月은 壬寅~癸丑

甲이 두 개의 壬을 보면 중탄重呑이 되고, 두 개의 庚은 쌍극雙剋이 된다. 둘다 흉하다.
합한 곳에 刑이 있고, 해害가 있고, 剋이 있고, 파破가 있으면 모두 상서祥瑞럽지 못한 조짐이 된다.

덕수는 가령 申子辰월은 壬癸가 덕德이 되고 丙辛(水)은 수秀가 되는데 이것을 찬 자는 문업文業에 통달하고 총명하여 일에 밝은 사람이다. 남은 국은 이 예에 준한다.

▶ YouTube 161강

평두가 현침을 차면 어찌 상잔傷殘이 없겠는가! 구교와 망겁에 아울케 되면 어찌 교활하지 않겠는가!

평두는 甲, 丙, 丁, 壬인데, 현침, 양인을 끌여들여 일주日柱를 형해刑害하게 된다.

① 日 중에 이 煞이 있고 다시 화개를 차면 부인을 다른 사람에게 떠넘기거나 혹은 질병이 있거나 우둔하다. 잔질이 있고 우둔하다.

② 대개 어떤 사건에 의해서 결혼하게 되고, 혹 아름답지만 반드시 음란하다. 가령 己년의 未日.

③ 일시 양인은 첩신貼身한 刃으로 처와 생이별, 사별한다.

④ 현침과 호환되면 질병이 있고, 관청의 형벌을 당하고, 아울러 좋지 않게 사망하고, 자형도 마찬가지다.

⑤ 구교 두 신神은 교활, 파패破敗하고, 길하면 위엄이 있고, 만약 망겁에 임하면 필히 흉하다.

木이 학당을 만나고 火가 생지에 임하면 글이 정화精華*하고, 감정이 거만하고 교만하다.

木火는 문명文明의 상象으로 생왕의 위치에 거주하면 문학에 소통하고, 재능이 웅건한데 木火는 염상炎上의 氣로 사람이 작은 일을 고려하지 않고 밑으로 굽히지 않고 거만 교만하고 경솔하다.

정화精華 : 물건 속의 깨끗하고 아주 순수한 부분. 뛰어나게 우수함. 광채.

역마의 천간이 일간을 극하고, 혹은 역마의 위치에 있는 물질이 나를 생하는 자는 먼 곳에 있는 외재外財가 크게 발월發越하고, 혹은 변방으로 나가 재록財祿을 얻는다.

강과 호수가 범람하면 바람을 맞으면 점심을 먹고, 비 새는 것에서 잠을 자게 된다.

강과 호수는 亥子를 말하는 것이다.
만약 재관 계통이라면 용신은 록과 역마가 되고, 그 氣가 범람하여 넘치는 자는 생계의 길이 막막하여 밤중까지 일하게 된다.
水가 넘친 것은, 역마가 형충 되었을 때 일어난 것이 된다.

나망으로 홍몽하면 쇠사슬에 이利로와 속박되는 이름이다.
辰巳는 지망이 되고, 戌亥는 천라가 된다.
용신이 완전한 자가 地를 잃으면 五氣가 象을 이룰 수 없어 썰만한 이름이 되지 못하여 이루지 못하고, 그물에 먼지만 끼고 어두운 안갯속을 헤맨다.
유년, 운에서 같이 임하게 되어 일간을 剋하는 자는 사망한다.

두 개의 망신과 겁살은 좋지 않고, 논밭을 팔고 집도 부서지고, 子午卯酉가 만약 함지가 되면 재물을 탐하고 자태가 아름답다.

년지 앞의 5번째는 명택命宅이 되고, 뒤의 5번째는 녹택祿宅(파묘)이 되는데, 명택命宅은 사람이 사는 집과 같고, 녹택祿宅은 전답, 무덤이 된다.
만약 택묘가 망신과 겁재를 차면 평생 재물을 많이 쓴다. 집을 짓고 논밭을 사들이는데 결국 깨어지게 된다. 게다가 日과 형충, 해겁害劫, 파극되면 더 깨어지지 않겠는가?

子午卯酉가 완전하면 편야도화遍野桃花라 한다. 또 이름이 염정廉貞, 목욕, 폭패, 도화라 한다.
이것을 차면 사랑, 풍류, 예술, 약삭빠르고, 발끈하는 성격이 있다.
시비에 중립을 견지하고, 일과 형충 극절剋竊하면 특히 더 그렇다. 水는 꺼리고 음란하다 귀신과 煞에 따라 그 경중은 있고, 함지는 긴요하고 목욕은 느슨하다.

역마가 공망에 속하면 늘 다른 엉뚱한 곳에서 재물을 얻고, 록이 공망이 되면 명성이 가증스럽게 된다.
역마의 천간을 사용하는데, 역마의 천간이 나를 돕고,재물의 근원이 되고, 역마가 財의 생왕한 지지가 되었는데, 공망이 되었으면 다른 길에서 재물을 얻거나 혹은 외방外方에서 재물을 획득한다.
혹 항상 다른 곳에서 이득을 볼려는 마음이 없는데도 이득이 생겨 나타난다. 본업으로 재물을 취한 것이 아니란 말이다.

년간의 祿과 년지인 命이 부딪치면 북을 치고 춤을 춘다.
水火의 상象이 산뜻하면 문장이 특이하고, 충하면 도덕道德 선문禪門(불문)이 된다.
金土 근원의 氣가 노쇠하면 큰 재물 창고를 가지게 되고, 氣가 아직 여리면 수공예 혹은 기능공이 된다.
화개 묘신墓神이 천월덕과 합하면 천석泉石*의 가풍을 잇고,
화개, 묘신墓神, 천을덕합天月德合, 이 3개가 사주에서 순환하고 水가 반드시 있어야 도道를 선仙을 구하는 의지가 있게 된다.

천석泉石 : 샘과 돌, 산수山水의 경치.

십악대패가 참되어 귀격이 되면 장수가 되고, 천격은 도적이 된다. 수사囚死, 공망이 만약 갖추어지면 생자生者는 도가 되고, 쇠자는 스님이 된다.

괴강은 권력이 큰데 도리어 육친에 해롭다. 辰은 천강天罡, 戌은 천괴天魁로 권위의 역량이 가장 많다. 다만 고독하게 하는 기운이 매우 심하다. 그리고 육친을 방해하는 것은 면하기 어렵다.

겁살 과숙은 비록 고독하지만 3개의 귀貴가 온전하면 기쁘다.
겁살,과숙은 년간의 장생, 귀인, 록, 이 3건은 복기가 된다.
일과 더불어 화협和協하면 반드시 부귀하게 되고, 이 3건이 없으면 설령 발달했다 하더라도 오래가지 못하고 가난하게 된다.

卯酉는 문호를 옮기어 바꾸기를 좋아하고, 巳午는 마땅히 태몽을 꾸게 된다.
태胎, 시에 巳午가 임하고, 년간의 록을 차고 일과 화해한 자는 자식을 얻어 부모가 된다.

편인의 세력이 번성하면 첩이 되거나 젖이 모자라고, 과숙과 같이 있으면 입양된다.
편인의 세력 역량이 왕하고 혹 생왕하면 크게 꺾인다. 고진, 과숙, 천해와 같이 있고, 인수, 식신, 한 개를 사용하는 자도 택묘와 충하여 깨어져도 그렇다.

▶ 첩은 현대에 없는 것이니 유부남을 좋아한다거나 또는 재가하는 경우에 해당한다고 볼 수 있다.

쌍둥이를 낳는 것은 巳亥를 차고, 간지가 동류가 되었을 경우다.
命에 巳, 巳 2개가 있거나 亥, 亥 두 개가 같이 있거나, 또 가령 간지가 별도로 甲이 甲을 보고, 子가 子를 본 것, 곧 같은 류가 2, 3개 있으면 반드시 쌍둥이를 낳는다.
또 간지가 같이 같으면 쌍둥이를 낳고 또 겁살과 고진이 있어도 그렇다.

선생, 의원, 무당, 잡술, 상인들은 경중고하가 있기는 있는데, 주로 망신, 함지 두 개가 있을 경우이다.

겸해서 양인, 파쇄, 묘귀墓鬼, 백호의 종류가 있으면 제멋대로 미친것 같이 날뛰고, 주색에 현혹되고,구류업에도 미치지 못한다. 만약 천을귀인, 덕신, 또 재관이 생왕한 자는 뛰어난 인재가 된다.

구류九流 : 중국 한나라 때의 아홉 학파. 유가, 도가, 음양가, 법가, 명가, 묵가, 종횡가, 잡가, 농가.

子午의 천간이 子午와 암합한 곧 壬子, 戊午의 종류를 보면 戊가 子중의 癸와 戊癸합하고, 壬은 午 중의 丁과 丁壬합하여 水火가 정이 있다.
늙도록 주색에 빠져 헤맨다. 청하면 풍류적이고, 탁하면 비천하다.

장생, 제왕, 사귀四貴 등의 곳이 덕수 두 신이 되면 문학 예술에 재능이 특별히 뛰어나다.

주색은

① 일간이 함지 상에서 왕한 것.
② 본本과 身이 자왕自旺하고, 함지에 극받는 자.
③ 본신이 크게 왕하고, 함지가 왕하고, 복기가 산만하고 모이지 않은 자.

왕한 비견을 만나면 처를 탈취당하고, 또 어진 사람이 되지 못한다.
재성은 지지에 숨어있거나 천간에 드러나있거나 간에, 비견을 만나면 비견이 얕거나 깊거나 간에, 절절하게 된다.
또 비견이 왕하면 그 처는 반드시 사통을 하거나 그렇지 않으면 비첩, 창기가 처가 되고 또는 추한 처를 만난다.

財는 목욕으로 인하여 쟁탈이 일어나는데 음탁淫濁하다고는 말하기 어렵다.
오행의 패처敗處는 목욕이 된다. 또는 도화 함지살이라고 한다. 그 神이 만약 왕성한 세력이 되면 財를 쟁탈한다.
혹은 財가 함지의 천간이 되면 다른 神에게 재물을 빼앗기게 된다.

음양차착살

음양차착이 일에 있으면 초상을 만나거나 소송을 당하고, 결혼에 대한 강한 핍박을 당한다.

혹은 결혼한 100일 내에 갑자기 소송을 당하거나 초상을 맞게 된다.

혹은 외가와 사이가 매우 나빠지고, 부모의 기세에 심하게 눌린다. 여명은 시부모의 기세에 핍박 당한다.

음양차착살이 도화살과 합하면 화촉을 밝히지 못하거나 혹은 부인이 어질지 못하다. 丙, 丁, 戊, 辛, 壬, 癸 6개의 干이 많은 자는 더욱 심하다.

음양차착이 도화를 차고 제왕에 속하면 부인이 송사를 만든다. 좋은 집안에서는 부인이 비첩들과 싸움을 한다.

음양차착살 : 丙子, 丁丑, 戊寅, 辛卯, 壬辰, 癸巳, 丙午, 丁未, 戊申, 辛酉, 壬戌, 癸亥.

양인 비인飛刃이 묘墓 刑 두 개를 차고, 화개가 있으면 길하다.

만약 화개가 공망, 사절이 되면 가난하고 천한 사람이다.

또 일과 불화한 사람도 천박하다.

일에 망신, 겁살, 대패, 파쇄, 임관, 제왕이 범한 자는 처를 剋한다.

그러나 간음干音이 일간을 생조生助하면 재가할 때 어린 처녀를 처로 맞거나 어린 첩을 처로 맞는다. 만약 祿貴와 공조拱助하면 미모의 처는 맞는다.

또 年의 祿 馬 貴 食이 일과 육합하면 처가 뛰어날 뿐 아니라 돈 많은 처를 얻게 된다.

시에 흉살, 공망을 차면 자식이 없고, 만약 식신의 생조生助를 만나고, 혹 일을 충극衝剋하는 자는 양자를 들일 뿐이다.

일시에 함지를 차면 세 살이 되는데, 부친이 나쁘게 사망한다. 다시 나쁜 살이 더해지면 의심할 여지가 없다.
가령 金은 도병刀兵, 火는 화액火厄, 水는 수액水厄, 土는 전염병, 木은 장형과 칼枷을 차는 액을 당한다.

함지를 차고 왕한데, 화개, 파쇄, 음착양차가 범하면 처로 인해서 치욕을 당하고 또는 이혼하게 된다. 만약 귀한 가문이 되면 처, 부모, 형제, 친속에 내란이 발생한다.

함지 양인은 셈에 뛰어나고, 능력도 좋으며, 술질宿疾이 있고, 일시와 호환되면 심하게 나타난다.
일의 택신宅神은 처의 기가 몰락한다. 또다시 십악대패 일이되고, 휴폐, 공망은 가령 甲寅 순에 癸의 록인 子는 공망으로 처가妻家가 한 조각의 기와도 없고, 뿌리 잡을 터도 없다.

백호살은 子午酉卯의 종류이다. 충하는 것이 백호살이 된다.
가령 申, 子, 辰 년은 水命으로 午는 태신胎神(백호)된다.
백호가 日과 용신을 극절剋竊하면 핏빛을 보고 갑자기 사망한다.
록 뒤의 첫 번째 지지가 만약 공망, 고과, 파쇄 등의 煞이 이어 매면 외지로 떠나게 된다. 왕상旺相은 구별하여 판단하여야 한다.

스스로 목맨다.
자액살은 戌 년이 巳를 본 것이고, 또巳 년이 戌을 본 예가 된다.
금신, 백호, 망겁, 귀묘鬼墓, 공망, 관부, 대모, 인살刃煞을 차고 사절이 되고, 身(년의 납음)을 剋하고, 용신이 폐廢가 되고, 태세를 범하고, 대운에서 刑하면 자살한다.

丙子는 왕旺水, 癸未는 동정東井, 癸丑은 삼하三河이며, 함지, 금신, 양인, 망신을 차면 물에 빠져 사망하게 된다.
또 망신을 차면 주색으로 인하여 발단이 된다.

망신, 겁살이 만약 협공夾拱에 임하면 사막까지 그 위세를 떨친다.
학당사관 중에 역마를 만나면 학문이 우수하다.
壬癸가 천을귀인인 巳卯를 만나면 辰이 공협拱夾, 丙丁이 酉亥를 만나면 戌이 공협되는데, 이 괴강은 貴氣가 겹쳐서 모인 것으로 이름을 크게 떨친다.
망신 겁살이 다시 타신他神을 이끌면 술을 잘 마신다.
금옥金玉에서 거니는 것은 貴人 두상頭上에 관성을 찬 것이고, 책 상자를 짊어지고 삿갓을 선택하게 되는 것은 학당사관 중에 역마를 만난 것이다.
벼슬을 하는 것은 子午 단문端門이 응공應拱한 것이다.
子午가 정공正拱이 되거나, 혹은 삼합의 외공外拱이 있으면, 가령 귀한 기운이 되어 큰 업적을 이룬다. 丑亥에 子가 공拱하고, 未巳에 午가 공拱하면 정공正拱이 되는 것이고, 申辰에 子가 공拱하고 寅戌에 午가 공拱하는 것은 외공外拱이 된다.

백호가 양인을 겸하면 늘 욕하고 싸움을 많이 하고, 화개와 자묘自墓는 청복清福을 누린다. 백호가 양인이 되거나 이에 백호와 비인飛刃, 양인이 동궁同宮하고, 더불어 일이 형, 충, 극, 절竊한 자는 이와 같다.
상上이 년을 剋하는 자는 처첩이 흐리멍텅하고, 그렇지 않으면 처와의 증명이 어긋나고, 친척과 다투고, 처 또한 욕된 사람이다.

화개가 해당 납음오행의 자묘自墓가 되어 만약 身이 생왕하고 또 유년, 운과 일이 화합하여 국을 이루면 청고清高한 복을 받고 그렇지 않으면 승도 잡다한 직업에 종사한다. 가령 庚辰金은 자묘自墓라 할 수 없는데 다만 무당이 되고, 혹 손재주가 많은 사람이 된다.

화개가 묘墓를 차고 氣가 있으면 복과 수명이 긴데 다만 큰 벼슬은 하지 못하고 혹 승도로 명성이 있게 된다.
만약 귀鬼, 함지를 차면 예술을 하지 않으면 무당이 된다.

金土의 근원의 氣가 노老하면 재물이 창고에서 누각까지 쌓이고, 연약하여 완전하지 않으면 상업과 수예手藝가 된다.
金土의 의미는 얕게 태어나야 貴한 공덕이 있고, 氣가 노老하면 그 물物을 성취하게 된다. 혹 氣가 쇠약하여 끊어져 없어지고, 혹 초初로 새롭고, 氣가 연약하면 상업을 하지 않으면 기능공이 된다.

寅巳가 유력하면 亥申과 합할 수 있다. 또 삼합으로 공拱한 자, 곧 子辰은 申이 공拱하고, 卯未는 亥가 공拱하는데, 만약 혼잡하지 않고, 申亥가 貴氣를 승乘하면 반드시 무리 중에서 뛰어나다. 子午가 혹 정공正拱이 되거나, 혹은 삼합의 외공外拱이 있으면, 가령 貴氣가 모인 곳이 되어 큰 업적을 이룬 이름 있는 가문이 되어 여느 사람도 미치지 못한다.

辰戌이 협귀夾貴를 만나면 법과 벌을 관장하는 자로 권위가 진작振作한다.
가령 壬癸가 천을귀인인 巳卯를 만나면 辰이 공협拱夾된다. 丙丁이 酉亥를 만나면 戌이 공협되는데 이러한 것을 말한다.
또 명확하게 괴강을 보면 貴氣가 겹쳐서 모인 것으로 앞과 같이 단정한다.
辰寅이 만약 정공正拱, 외공外拱을 만나고 그 상에 貴氣, 길신이 모인 자는 더욱 뛰어나 이 격에 합당하다. 혹 寅辰이 氣를 얻으면 貴가 모이고, 왕상 부지扶持하고 충, 형, 극, 해가 없고 卯를 얻으면 길하고, 앞과 같이 단정한다.
卯酉는 일월이 출입하는 문호로 貴氣가 공협拱夾하여 득용得用 된 자는 이것과 합당하다.

(4) 기상편氣象篇 비전祕傳

貴人이 과하면 재앙을 만나도 스스로 낫고, 악살이 과하면 복을 만나도 누리기 어렵다.

학당이 역마를 만나면 문장의 대가가 된다.
신좌身坐 장생이 학당이 되고 다시 역마가 교류하여 달리고, 일충一衝, 일합一合을 하면 통 큰 기개가 있고, 財, 煞, 貴人을 차면 가장 貴하고 문장이 맑고 깨끗하여 속세에서 따른 자가 없을 정도가 된다.

일에 함지가 좌했으면 강호의 꽃과 술이 된다.
함지는 또 다른 이름은 도화살이다. 남녀가 만나면 필연 음란하고, 꽃과 술을 좋아하고, 강호를 유락流落*한다.
財, 官, 貴, 덕德과 동궁하면 도리어 인격이 청기하고, 부귀하여 편안하게 누리고, 刑, 합은 크게 꺼리는데 공망은 좋다.
유락流落 : 고향을 떠나 타향에 삶

도화가 煞을 차면 창기, 광대, 종, 병졸의 무리가 된다.
일시상에서 도화를 보았다면 刑하고, 합하여 유정한 것을 꺼릴 뿐만 아니라 오살五煞과 같은 위치가 되는 것을 더욱 꺼린다.
예의와 염치의 가르침을 받지 아니한 무례한 무리가 된다.

역마가 일,시 하에 있고, 합되어 있으면 고삐를 맨 것이 되어 재물과 복이 있고 재능이 넘친다.

역마 앞에 형충이 있으면 화살을 찬 것이 되어 고삐가 끊긴 象이 된다. 충한 자가 金에 속하고, 剋하는 자가 木에 속하면 더욱 화禍가 심하여 그 사람은 타향에서 사망하게 된다.

무릇 역마를 취하여 사용하면, 순順은 년에서 일, 시를 취하고, 역逆은 시가 일를 사용한다.
역마에 제란堤欄이 없으면 방자하게 날뛰는 것을 저지할 수 없다.
뒤에서 다시 역마를 형충 하게 되면 필히 질병이 있게 되고, 종내 안돈安頓의 地가 없으면 일생 피곤하게 살아가고, 사방으로 빨리 달리려고 경쟁을 하게 된다.

형충의 神이 삼합, 육합을 만나면 채찍질하여 걸음을 더 재촉하지 않는다.
역마가 합하지 않으면 동서남북 떠돌아다닌다.

생왕한 궁宮 중에 망신, 겁살이 숨어 있으면 위용을 삼군三軍에 떨친다.
팔자 중에 만약 망신, 겁살을 차고, 진정한 장생을 만나고, 년지 납음도 장생, 임관, 제왕을 얻은 자는 무략武略이 출중하고 솥을 들고 산을 뽑는 날램이 있다.

(5) 증애부憎愛賦 비전祕傳

괴강에는 민첩하고 변화무쌍한 징조가 있다.
삼합, 육합을 만나면 길은 중하고 흉은 가볍하다.

본本은 중하고 일은 경하면 종신 표탕漂蕩하게 된다.
장거리에서 장사하여 돈을 버는 것은 반드시 왕한 것에서 財를 만난 것이다.

천라지망은 비명횡사한다.
의심이 나서 마음이 불안한 것은 자형自刑을 범한 것이다.

대모 소모小耗는 노름으로 집안이 망한다.
관부, 사부死符는 반드시 형사상의 송사가 있을 때이다.

포부가 큰 자는 괴강으로 재앙이 많다.
화개, 고진, 과숙을 만나면 시샘이 많고 사납다.

성性이 순한 자는 육합으로 상서롭고 인품이 그윽하고 한가하고,
맑고 깨끗함이 보이는 사람이다.

(6) 소식부消息賦 비전祕傳

무합無合 유합有合을 후학은 알기 어려워 3개 중에 하나만 얻을 수 있는데 전현前賢이 싣지 않았다.

유합無合 무합有合은

① 가령 甲己 합에서 사주에 己를 보지 못하고 午를 얻으면 午 중에는 己 록이 있어 인연이 된다.

② 가령 寅과 亥의 합에서 사주에서 亥를 보지 못했는데, 壬을 얻으면 亥 상에 壬 록이 있어 인연이 된다.

③ 가령 寅午戌 합에서 주柱에 寅을 보지 못했는데, 甲을 보면 寅 中에 甲 록이 있어 인연을 얻는다.

이허중은 간지합은 격이 갖추어진 것으로 논하였다.

① 년, 월, 일, 시, 태가 간지합이 갖추어질 수 있다고 하여 子에 곧 丑이 존재하는 견해.
寅에 곧 亥가 존재하는 견해.

② 甲에 곧 己가 존재하는 견해.

③ 乙에 곧 庚이 존재한 견해를 밝혔다.

④ 록간祿干의 5개는 가령 甲, 乙, 丙, 丁, 戊를 차면 자연히 己, 庚, 辛, 壬, 癸와 합이 되고,

⑤ 12支가 가령 寅, 卯, 辰, 巳, 午를 차면 자연히 未, 申, 酉, 戌, 亥과 합이 되고,
또는 子, 丑에 대해 록마가 있어 가해지면 10干 12支 모두 합이 갖추어진다 하였다.

대체로 천원天元이 여려 약하면 궁이 길하여도 영화롭지 않고, 중하中下가 흥륭하면 괘卦가 흉하여도 허물이 일어나지 않는다.

天元은 十干이다 干이 생왕하게 되면 영화롭게 되고, 만약 쇠, 병, 사, 묘,절이 되면 천간은 약하다.
그래서 비록 임한 궁宮이 길한 곳이라 하여도, 가령 財, 官, 장성, 천을의 종류를 얻어도 영화를 얻지 못한다.

중中은 지지이고 하下는 납음이다.
중中, 하下에 임한 오행이 흥왕한 地가 되면 비록 정해진 팔괘가 흉으로 분류되어도 재해에 이르지 않는다.

존尊이 흉하면 비卑가 길하여도 구원의 공功이 없고, 존尊이 길하면 卑가 흉하여도 재앙이 자연히 치유된다.
록은 삼회三會가 있고, 재災에는 오기五期가 있다.
년은 존尊이 되고, 태. 월. 일. 시는 다음 차례로 자본이 된다.
대운은 존尊이 되고, 유년, 소운은 다음 차례로 자본이 된다.

만약 본명이 대운을 만나서 건왕한 곳이 되고, 합당한 곳이 되면 유년, 소운, 일, 시의 흉이 허물이 되지 않는다.

대운이 사주 년간의 사수死囚의 地가 되고, 전쟁을 하면 유년, 소운, 일, 시가 길한 곳이 되었다 하더라도 완전하게 구원하지 못한다.
록의 삼회三會는 곧 장생, 제왕, 고庫로 길한 地가 된다.
재災의 오기五期는 곧 쇠, 사, 패, 절로 흉한 地가 된다.

오직 財, 命이 유기有氣하면 배록背祿을 만나도 가난하지 않고, 만약 財가 절絕하고 命이 쇠약하면 설령 건록이 있다고 하더라도 부유하지 않다.

干의 祿으로 빈부의 향배를 정하는데, 무릇 財, 命 두 궁이, 각 地가 왕하게 되어야 한다. 팔자뿐만 아니라 운도 모두 그러하다.

월	년
丙	庚
戌	寅
土	木

戌土는 납음 木의 재성으로 납음도 土이니 재성이 왕한 것이 되고, 寅은 木이고 납음도 木으로 이것은 즉 命이 왕한 것이 되어서 즉 財와 命이 왕하여 비록 월지 戌이 年干 庚의 록이 되지 않아도 부귀하게 되었다.

월	년
丙	甲
寅	辰
火	火

甲의 건록인 寅이 월지에 있지만 甲辰의 공망이 되니 즉 년간 甲의 록이 공망이 된다. 또 寅은 辰의 煞이 되어 命을 극한다.
납음 火의 재성은 金인데, 金은 寅에서 절絕되니 재성에 氣가 없다.
그래서 비록 건록 寅이 월지에 있다고 하더라도 命과 財에 氣가 없는 것으로 부유하지 않지만 만약 좀 약한 官에 있다고 하면 또 부귀하게 된다.

만약 身(납음오행)이 왕하고, 귀鬼(년의 납음오행을 극하는 납음오행)는 절絕하면 비록 파명破命되었다 하더라도 수명은 길고, 鬼가 왕한데 身은 쇠약하면 건강한 命을 만나도 수명은 짧다.

깨진 命이 수명이 길다는 것은 본명本命(年柱)이 왕(납음)한 궁인데 鬼는 絕된 자를 말한다.
가령 납음 火가 巳 궁에 존재하는데, 水의 값이 되고, 木이 寅에 거주하는데, 金을 만나고, 土가 申의 장소를 향하는데, 木을 만나고, 金이 亥에 귀歸했는데 火를 만난 것이다.

건강한 命인데, 요절한다는 것은 本命이 쇠약한데 왕한 鬼를 만난 것이다.
土가 寅과 木을 보고, 火가 亥와 水를 만나고, 金이 巳와 火를 보고, 火가 申과 金을 만나는 이 모두 납음을 두고 말한 것이다.
오행의 이치가 制을 받아 요절한다. 制하는 물物이 곧 수명이 된다.

예전에 이르기를 건강한 命은 장수하고, 파년破年은 일찍 죽는다 하였다.
그러나 죽륜경竹輪經에 이르기를 건강한 命이 반드시 수명이 긴 것은 아니고 파명破命이 반드시 수명이 짧은 것은 아니다 하였는데, 이것이 낙록자의 소이 소식消息이다.

천원을 貴로 논하고, 인원은 부富로 논하고, 財와 命으로 빈부를 논하고, 身과 鬼를 수명으로 논하여 각 그 중요한 자를 칭하여 설명한 것이다.
배록背祿, 축마逐馬는 곤궁 적막하여 힘들고, 록마가 동향同鄕되면 삼공에 오르지 않으면 팔좌八座에 오른다.
록마는 모두 부귀에 이르는 것으로 만약 록이 배背하여 가고, 역마가 달아나 흩어져 버려, 이 둘을 함께 잃게 되면 가난하다.

배背는 음양이 서로 등背진 것을 말한 것으로 향向에 대한 배背를 말한 것이 아니다. 축逐은 도망가 흩어진 축逐으로 쫓아가는 추追를 말한 것이 아니다.

❖ 배록축마背祿逐馬 ▶ YouTube 71강

시	일	월	년
○	○	甲	癸
○	○	寅	亥

癸의 록은 子로 寅에서 절絶하니 寅과 배背하고, 역마는 巳가 되며, 寅과 刑한다. 앞에 형刑이 있어 역마가 도망가 흩어지고, 배背로 인하여 록이 미치지 못한다. 즉 록이 절되어 배록이 되고, 역마가 형되어 축마가 된다.

日干 둔록遁祿, 시간 둔마遁馬를 사용하여 子에서 원래 구하는 것을 알아야 한다.

시	일	월	년
丁	壬	○	庚
未	辰	○	午

丁壬의 둔시遁時 庚子에서(丁壬 合木의 둔시 庚子, 辛丑, 壬寅, 癸卯, 甲辰, 乙巳, 丙午, 丁未, 戊申)戊申에 이르러, 戊申의 申은 庚의 록이 되고 午(寅午戌)의 역마가 되어 이 申은 록에 속하고, 역마에도 속한다.
本과 命이 서로 같은 곳에서 록마를 얻게 되어 더욱 아름답다.

論命 70 YouTube 71강

乾

丙	己	丁	甲
寅	亥	丑	申
火	木	水	水

甲	癸	壬	辛	庚	己	戊
申	未	午	巳	辰	卯	寅

❖ 록마동향祿馬同鄕

命의 시時인 제좌帝座 上에 寅 록과 역마가 있고, 겸해서 甲申水, 己亥木, 丙寅火, 모두 납음오행이 청왕淸旺 생기하여 만년에 기묘한 인연을 만나 소이 삼공三公에 올랐고 수명이 70을 넘겼다.

벼슬이 높은 위치에 도달하는 것은 협록夾祿의 장소가 주관하고, 적게 채워지고 크게 이지러지는 것은 겁살이 지지에 있는 것이다.

협록夾祿은 곧 공록拱祿으로 가령 癸丑木이 癸亥水를 얻은 례例가 된다.

[子가 공협]

가령 丙寅火 년이 丁丑水를 보면 납음 水가 년의 납음 火를 剋한다. 이 火는 水의 財인데, 丙寅火는 寅 생지를 좌하니 곧 자생自生의 火가 된다.

丑(丁丑水) 년은 납음 水의 사절이 寅이며, 丑土가 寅木(丙寅火)에 制를 받게 되어 財가 鬼로 화化하여 흉하다.

생월에 록을 차면 높은 벼슬을 한다.

戊일이 乙巳월을 만나고, 壬일이 己亥월을 만나고, 癸일이 戊子월을 만나면, 월간은 관성, 지지는 록이 되어 官, 祿을 얻는다.

혹 壬寅일이 甲辰월, 辛酉일이 辛巳월로 월지가 관성이 되어 관직이 높게 되는 것이 위의 설명이다.

엄掩 자는 복음이고, 충자는 반음이다.
癸亥水 년이 乙巳火 유년을 얻고, 사주에 록이 있으면, 水가 비록 巳에서 절絕하지만 水 년은 火를 剋하니 財가 된다.
火는 巳에서 왕하고 겸해서 巳는 역마가 되어 비록 巳亥가 상충相衝으로 반음(衝) 상에 임하지만 년의 납음도 왕하고, 財도 왕하여 재해의 허물은 없다.

유년, 운이 서로 충하지 않고 삼합, 육합 하고 오행이 생왕한 地가 되고, 또 財를 만나고 역마를 만나면 그 시기에 풍등豐登하다고 할 수 있어 복을 얻는다.

丙寅火 丁卯火는 가을에도 보존이 되고, 己巳木, 戊辰木은 건궁乾宮의 법度이고, 액厄을 벗어버린다.
丙寅, 丁卯는 노중화爐中火로 火가 왕하여 가을이 되어도 보존이 된다. 火가 가을에 이르면 일반적으로 사死하게 되지만 정황이 다른 火에 속한다.
己巳, 戊辰은 대림大林 木으로 木이 왕성하다. 건궁乾宮의 법도에서 액厄을 벗게 된다. 일반적으로 木은 亥에 이르면 생하는데, 정황이 이와는 구별되는 木이다.
丙寅火, 丁卯火을 火의 무리로 들어 火는 이미 金을 剋하는데 가을에 보지保持한다는 것은 무엇인가? 요컨대 水는 가을에서 생하기 때문이다.

병病의 값은 病이 근심이 되고, 생을 만나 생을 얻고, 왕상旺相하면 한껏 높아지고, 휴수休囚가 되면 끊겨 없어진다.
권속을 논하면 사절은 근심이 된다.

치병우병値病憂病

치병우병은 휴수 멸절滅絕이다.

木이 辛巳金을 만나고, 火가 甲申水를 만나고 , 土가 庚寅木을 만나고, 金이 乙亥火 만나는 이 같은 종류가 휴수休囚, 멸절滅絕이 된다.

▶ 木이 辛巳金에 대한 예를 들면 木은 巳에서 絶하고 또 납음 金에 극당하니 멸절이 된다.

봉생득생逢生得生

봉생득생은 왕상하여 쟁영崢嶸하는 의미다.

오행이 생처生處에서 생을 만난 것으로, 木이 癸亥水에 임하고, 火가 庚寅木을 얻고, 水가 壬申金의 값이 되고, 金이 丁巳土를 만나는 이와 같은 종류는 왕상旺相하여 한껏 높아진다.

유년, 운에서 만나도 통한다.

▶ 木이 癸亥水에 대한 예를 들면 木은 亥가 생지가 되고 납음水는 木을 생하여 생처에서 생을 만난 것이 된다.

묘墓가 귀중鬼中에 존재하면 마음이 불안하고 의심스러움이 심하고, 족하足下에 상문은 면전에서 초상을 본다.

묘재귀중墓在鬼中

오행이 묘墓에서 귀鬼를 만난 것이다.

가령 金이 己丑火를 두려워하고, 木은 乙未金을 방비하여야 하고, 水는 丙辰土가 근심이 되고, 土는 戊辰木을 꺼리고, 火는 壬戌水를 꺼리고, 이와 같은 격이 유년. 운을 행하게 되면 위태로움이 심하다.

족하림상足下臨喪

命 앞의 두 번째 지지는 상문이 되는데, 가령 辛亥金 년이 己丑火을 만나면, 원래 입묘入墓가 되고, 또 상문이 되어 가족도 마찬가지로 화禍가 있다.

면전가견面前可見

흉이 빨리 있게 된다는 것이다.

만약 태세의 모든 煞이 대. 소운에 임하면 우환을 측정하기가 어려워 외복外服의 상象을 방비하여야 한다.

삼궁三宮은 록祿, 명命, 신身이다.

삼원三元이 장생의 궁에 임하고, 사주도 이 궁에 함께 기거하고, 록, 역마, 貴人을 만나고, 납음오행이 생왕하면 三宮의 근원이 길한 것으로 유년, 운에서 흉신, 악살을 만나 화禍가 있으려고 하지만 지연되고, 요절하지 않는다.

삼원과 오행이 무기한데 유년, 운에서 흉신, 악살이 임하여 와 더해지면 시말始末 모두 흉하여 화禍가 신속하게 발생되어 구원되지 못하게 된다.

삼원의 내외에 비록 록마, 貴氣가 있다고 하더라도, 팔자 中에 충, 형, 파, 해가 있으면 비록 貴가 있어도 貴하지 않아 종내 흉인凶人의 命이 된다.

길운을 만나면, 복으로 인하여 禍가 나타나는 것을 방비하게 되고, 흉운을 만나면 재앙이 갑자기 신속하게 오게 된다.

陰에 의거하여 陽의 화禍를 살피는데, 태세에서 고진이 범하지 말아야 하고, 陽이 세력을 믿고 자부하면 陰에게는 재해가 있는 것을 살펴야 하고, 소운에 과숙을 만나는 것을 꺼린다.

寅卯辰 人은 巳가 고진살, 丑은 과숙살이다.

寅辰은 陽의 위치가 되고, 丑巳은 陰의 위치다.

그래서 말하기를 陰을 전거로 陽의 禍를 살펴야 한다는 것이다.

곧 유년에서 고진孤辰을 범하지 말아야 한다.

巳午未 년은 申이 고진이 되고, 辰은 과숙인데, 未巳는 陰의 위치고, 申辰는 陽의 위치다.
그래서 陽에 의거하여 陰의 재해를 살펴, 곧 이것이 소운에 과숙이 되니 만나는 것은 꺼린다.

陽은 고진이 중重하고, 陰은 과숙이 중重하다.[陽:남자, 陰:여자]
유년에 고진을 만나는 것은 불가하다. 가령 寅卯辰 년이 유년에서 巳를 만나면 寅人은 구교, 卯人은 상조, 辰人은 공신살控神煞이라고 하고, 또 요신살邀神煞이라고 한다. 일의 진행이 막히고 풀리지 않고 억눌린다.

소운 또 유년에 과숙이 있는 것은 불가한데, 가령 寅卯辰 년이 유년에서 丑을 만났다면 辰人은 구교, 卯人은 상조, 寅人은 일컬어 규신살窺神煞 또 박신살迫神煞이라고 하여 도둑질했다고 핍박 모함당하고, 혹 삼원三元이 형전刑戰하고 유년, 운이 불화하고 오행록마를 해롭게 하는 년이면 더욱 심하다.

택살, 묘살이 응하면 신음하여 대들보의 먼지가 떨어지고, 상조가 사람에 임하면 아름다운 음악이 변하여 장송가가 된다.

예전에 아름다운 음악은 소리가 대들보를 휘감고, 아름다운 노래는 궁상宮商의 곡曲이 모여야 한다 하였다.
요즘은 신음 한탄으로 바뀌고 장송가로 변한 것은 곧 상조가 문門에 임하고, 택묘살이 응하여 그러하다.

命 전의 5辰은 택宅이 되고, 命 후의 5辰은 묘墓가 된다.
煞은 겁살, 재살, 세 살을 말한다.
命 앞의 2辰은 상문이고, 命 뒤의 2辰은 조객이다.
人은 인원이다.

태세에 흉살이 아울러 임하고 대. 소운에서 형충하게 되면 반드시 재앙이 있게 되니 마땅히 방비하여야 한다.

택묘살 이위二位를 축년逐年 태세에서 만나고, 상문, 조객, 황번黃旛, 표미豹尾, 태음太陰, 대모, 장군 등 모든 악살이 입택하게 되어, 하나가 있으면 신음을 하게 되고, 둘이 있으면 고통이 있고, 셋이 있으면 분리하고, 넷은 곡읍哭泣하게 되는데, 이것이 사성四聲이 입택한 것이다.
이르기를 집을 옮기고 집을 떠난다고 하는데, 이 말은 유년에서 흉살을 만난 것이다. 사주에 있으면 더욱 중重하다.

- 干이 두 개로 겹치면 원수지간元首之間의 재앙을 막아야 하고, 支에 경輕한 3개가 꺾어지면(지절삼경) 몸내의 재앙을 근심하여야 한다.

干이 두 개 겹친 것

干은 천원으로 원수元首의 象이 되어 덕德과 貴를 만나면 길하고, 煞과 鬼를 만나면 흉하다.
천원의 두 개가 극을 받으면, 가령 甲子 년이 庚午월을 얻고 庚午일이 되면 겹친 자라 하고, 庚 두 개가 甲을 극하니 甲이 배겨나지 못하여 두頭, 목目, 흉胸, 배背에 생기는 재앙을 막아야 한다.

지절삼경支折三輕

支는 마치 사람의 사지와 같은 것으로 사주에서 삼합, 육합을 찬 자는 길하고, 사충四衝, 삼형을 만난 자는 흉하다.
지지가 삼형을 만나 손상된 것이 이것이다.

論命 71

乾

戊 丁 庚 辛
申 巳 寅 酉
土 土 木 木

癸 甲 乙 丙 丁 戊 己
未 申 酉 戌 亥 子 丑

이러한 명조를 경輕한 자라 하고, 刑이 本命(=年支)에 이르지 않았기 때문이다.

취就한 것 중에 특히 나형裸形 협살夾煞은 혼백이 지옥에 떨어지고, 범犯한 곳은 손상되어 혼이 대령岱嶺에 의탁된다.
년 납음오행의 목욕을 대운에서 만난 자는 재앙이 있다.
水土 년은 酉 운이 되고, 木 년은 子운이 되고, 火 년은 卯 운이 되고, 金 년은 午 운이 이에 속한다.

협살은 대모와 七煞이라 하였다. 사람의 운이 목욕이 되고, 더불어 태세와 아울케 된 자는 재앙이 있게 된다. 당생, 세, 시에 범하는 神이 있으면 혼이 대령岱嶺에 되돌아가고, 백魄이 지옥으로 가게 되는데, 이렇게 흉하게 이르게 되는 것을 말한다.
협살은 七煞과 손잡은 것으로, 나형이 煞을 보면 더욱 불길하게 된다. 午는 辛의 煞, 酉는 乙의 煞, 子는 丁의 煞, 卯는 己의 煞이 되는 것을 말한다.

시	일
乙	辛
未	巳
金	金

이것이 나형 협살이 된다. (巳午未), 午는 金의 함지살.

유년		년
戊	戊	甲
午	午	子
火	火	金

甲子金 년에 戊午火에 다시 戊午火 유년이 더해지면 午午 자형, 또 반음, 재살이 되어 甲子의 命 子를 또 깬다. 이와 같은 것이 손상이 일어나는 것이다.

광횡狂橫은 구교에서 일어나고, 화패禍敗는 대모, 망신에서 일어나고, 택묘가 같은 위치가 되면 즐거움 적고 근심은 많고, 만리회환萬里回還은 삼귀三歸(辰戌丑未)의 땅이 된다.

신살은 천지오행의 정기精氣로 각 길흉의 주主가 되는 바, 담명談命 자는 먼저 오행의 휴왕休旺과 격국을 추리하고, 그러한 연후에 신살을 참고하여 그 일들의 종류를 관찰하여야 한다.

남자 사주는 앞의 세 번째 지지가 구勾가 되고, 뒤의 세 번째 지지는 교絞가 되고, 여자 사주는 앞의 세 번째 지지는 교絞가 되고, 뒤의 세 번째 지지는 구勾가 된다.
운에서 들어오게 되면 광횡狂橫의 재앙이 초래된다.
대모와 망신 二煞의 이름이 다시 당생의 흉살 값이 되고, 운에서 刑하게 되면 관사官事에 많이 엮어지고, 까닭 없이 행하는 일들이 얽매이고, 택묘가 구교, 대모, 망신과 동처가 되면 더욱 흉하다.

택묘동처宅墓同處

癸亥水 생이 앞의 다섯 번째 지지인 戊辰을 보면 水의 택묘가 되고, 유년流年, 運이 이 煞을 차고 들어오면 즉 동처가 된다.

삼귀三歸

삼귀三歸는 辰, 戌, 丑, 未로 만물이 귀근歸根하여 복명復命하여 반본환원反本還元한다. 이 네 개 辰은 되돌아 선회하는 象으로 응한다.

또 삼원三元 五行이 귀숙歸宿하는 地가 삼귀三歸가 된다.

甲子金 년이

亥년을 얻으면 목록木祿이 일귀一歸하고 [亥는 木의 생지]

申월을 얻으면 水命이 이귀二歸하고, [申은 水의 생지]

巳운은 身 金이 삼귀三歸한다. [巳는 납음 金의 생지]

즉 삼원三元인 본本, 命, 납음의 장생의 위치가 되는 것이다.

비록 몸이 만리장도萬里長途에 오른 객이 된다 하여도 장차 되돌아온다.

사살四煞*은 부친에, 오귀五鬼는 남자에 일어나고, 육해의 무리, 모두칠상七傷의 일이 있게 된다. 이것은 오직 골육을 논한 것이다

사살四煞 : 겁살, 재살, 천살, 지살, 혹 辰, 戌, 丑, 未도 四陰煞이 된다.

오귀五鬼

子人이 辰을 본 것.	辰人이 子를 본 것.
丑人이 卯를 본 것.	卯人이 丑을 본 것.
寅人이 寅을 본 것.	申人이 申을 본 것.
巳人이 亥를 본 것.	亥人이 巳를 본 것.
午人이 戌을 본 것.	戌人이 午를 본 것.
未人이 酉를 본 것.	酉人이 未를 본 것.

권속의 정은 水火와 같다. 목욕의 장소에서 서로 만나면 골육이 중도에서 분리되고, 과숙은 격각에서 더욱 싫다. 고진, 과숙이 격각의 위치에 임한 것으로, 卯일 丑시(과숙), 丑일 卯시(격각)가 그 례가 된다. 丑은 북방의 氣가 되고 卯는 동방의 神이 되어 뜻이 같지 않다. 권속의 정은 水火와 같다는 것은 곧 서로 화합되지 않는다는 말로 분리가 심하게 된다는 것이다. 命에 육해가 한 개, 혹은 두 개로 겹쳐있고, 흉살이 아울러 또다시 충하는 이와 같은 사람은 命에 칠상七傷이 있는 일이 발생한다.

유년	운	년
丁	甲	庚
亥	申	申
土	水	木

甲申水에서 申은 水의 자생지自生支가 되고, 申은 木人의 겁살이고, 申중의 庚은 木을 극하니 木이 부친이 된다.
甲 부친이 申에 이르면 絕이 되고, 庚은 鬼가 된다.
丁亥 유년이 되면 甲申과는 申亥 육해가 되어 命에 七傷의 일이 있게 된다.
곧 剋되고, 絶되고, 육해가 되어 칠상이 일어난다.

반안이 祿을 만나서 印을 차면 헌軒에 오르고, 역마가 열등하고 財가 미미한 것을 만나면 흘러가 되돌리지 못한다.

論命 72 ▶ YouTube 136강

乾

庚	丁	壬	癸
子	亥	戌	酉
土	土	水	金

乙 丙 丁 戊 己 庚 辛
卯 辰 巳 午 未 申 酉

子록이 있고, 월, 일, 시에 납음은 水土가 있고, 삼양三陽이 생왕한 성수成數를 얻었고, 命의 3개의 즉 록祿(子), 마馬(亥), 반안攀戌으로 되어 있어 이 命은 반드시 貴하다. [子: 건록, 亥: 역마, 戌: 반안]

論命 73 ▶ YouTube 136강

乾

丁	己	丁	乙
亥	卯	亥	酉
土	土	土	水

庚 辛 壬 癸 甲 乙 丙
辰 巳 午 未 申 酉 戌

亥월로 비록 水 역마(亥)를 탔지만, 丁亥土가 身 水를 극하니 鬼가 되었다. 卯일이 비록 록이 되었지만 水土가 卯에서 같이 사死하고, 身(水)이 귀鬼(土)를 만났다.
본명本命과 충파(卯酉)를 만나 이른바 록, 역마(卯, 亥)가 도리어 鬼가 되어 재앙이 된다. 그래서 록마는 이미 잃어버린 것이 된다.
身의 재성은 깔개로 자본이 된다.
水는 火가 재성인데, 火는 亥에서 절絕되니 년, 월, 시 셋 다 재성이 사절한 地가 되었다. 이것이 납음오행의 궁수窮數가 되는 것이다.

비록 록과 역마가 있고 身財가 있다고 하더라도 귀물鬼物이 빼앗아 가면 힘이 없는 것으로 여긴다.
설사 운을 얻는다고 하더라도 수數로 인하여 종내 빈한하게 되고 떠돌아다니고 돌아오지 못하게 된다.

역마 뒤의 첫 번째 지지는 반안이 되고, 역마 앞의 첫 번째 지지는 편책이 된다. 반안이 위치에 있고, 더불어 천원과 합한 앞자를 사람이 얻게 되면 貴하게 된다.

길장吉將이 가림하기를 요하고, 유년, 운에서 身의 자본이 들어오고, 왕상의 궁에 다시 임하면 복으로 설명할 수 있다.

역마가 작아 열등하고 命의 재성이 휴수가 되면 고된 일로 도탄에 빠지게 되고, 종내 아무것도 이루지 못한다.
또 이것이 사주에 임하면 떠돌아다니게 된다.

선악은 서로 얽매여 요동하여 옮겨 다니고, 협살지구夾煞持丘가 되면 친인親姻에 울음을 보내게 된다.
辰, 戌, 丑, 未를 四煞, 또 삼구三坵의 地가 되고, 오행의 오묘五墓가 된다.
己巳木 本命이 乙未일생이 되면 본가本家 삼구三坵가 된다. 양인으로 더 해지면 협살지구夾煞持丘라하여 위의危疑 자는 심하고, 가고 오는 출입이 있다.

소운 간명 ▶ YouTube 137강

甲午金 년생, 48세의 세운은 辛巳金, 소운은 癸丑木 이면

身 金이 세운의 巳 생지, 소운의 丑 묘墓가 있어 왕하다.

소운의 丑은 년간 甲의 천을귀인이 되고, 丑은 역마 申이 입택하는 지지가 된다. 그래서 하고자 하는 일이 잘 이루어지는 한 해가 된다.

己亥木 년생 32세 세운은 庚午土, 소운은 丁酉火이면

身 木은 세운 午에서 死하고, 육액에 해당한다. 또 년지 亥에게 酉는 조객이 된다. 그래서 삼원이 剋을 받아 구설, 문서에 근심이 있게 되는 것이다.

TIP 삼명통회 60갑자 납금 취상 의의 중에서

"내(육오선생) 견해는 납음오행 혹은 홍범오행의 의미를 하나는 취하고 하나는 버리는 것은 마땅하지 않다. 간명하는 자는 근본은 오행으로 하여 경經으로 삼고, 참고는 납음오행으로 하여 위緯로 삼아야 할 것이다. 그렇게 하며는 명수命數의 이치를 확실하게 찾을 수 있을 것이다. 조화는 속내를 드러내지 않는 것이 아니겠는가!"

(7) 명통부明通賦 비전祕傳

덕德이 七煞을 덮으면 반드시 안선安禪*의 선비가 되고, 화花는 육합六合에서 영접되니 어찌 음탕한 사람이 아니겠는가?

덕德은 천월덕으로 자선의 神이고, 七煞은 고진살이다.
덕德을 七煞이 덮으면 주인에 도덕이 있는 것이다. 도덕으로 부귀를 生한다.

화花는 도화살을 말하는 것으로 음탕한 煞이다.
육합은 다정살多情煞로 도화살이 육합이 되면 색色을 좋아하고 유흥을 즐기는 사람으로 큰 선비는 되지 못한다.

안선安禪 : 좌선(坐禪)하면 마음과 몸이 아울러 편함.

戊子년이 癸丑을 보면 간지가 교합하는데, 곤랑도화滾浪桃花가 되고, 사주에 子, 午, 卯, 酉는 편야도화遍野桃花로 남명은 중매 없이 장가가고 여명은 중매 없이 시집가게 된다.

고과가 같이 있고, 관인을 차면, 스님이 되고, 없으면 도를 행하게 된다.
고진, 과숙, 二煞을 쌍으로 만나 중첩된 것은 두려워하고, 오직 한 개만 있는 것은 논하지 않는다.
고과살, 격각이 생왕하면 반드시 양아들이 되고, 절絕되면 종내 홀아비, 홀어미로 살아간다. 다시 유년, 운에서 만나면 불화하고 삼원三元과 형전刑戰하면 더욱 흉하다.
고진 과숙이 관인을 차서 그 상에 존재하면 비록 승도지만 貴하게 되고, 만약 관인이 없다면 승도일 뿐이다.
편인이 완전히 배치되면 집안 사람들이 흩어지고, 공망을 치우쳐보면 친속親屬과 헤어지거나 상傷하게 된다.

탄담(효신, 편인), 공망, 二煞은 극해剋害하고 고과한 辰이다.
완전하게 배열되고 치우쳐 있게 되면 상황이 같게 되는 것으로 단정한다.

食이 편인을 만나고, 財, 食, 貴, 祿 등의 격이 공망을 보면 더욱 불길하다.

순수한 대모와 순수한 양인이 교류하면 어긋나고, 丑未는 끊는 무리이고, 순음純陰, 순양純陽은 밀어내어 剋하고, 亥와 戌은 같은 무리로 본다.

대모, 양인은 신살 중에서 가장 악한 자이다. 고음孤陰, 고양孤陽은 곧 간지에 조화가 되어 있지 않은 자이다.

대모와 양인이 모여 사주 상에 이르게 되어 교류하면 빈천하게 된다.

소丑와 양未은 끊는 무리이다.
천간이 모두 하나로 치우치고 지지에 충, 형, 파, 해가 되면 반드시 성격이 올바르지 않은 사람이다.

개戌와 돼지亥는 끊지 못하는 무리이다.
만약 역마, 육해, 화개, 겁살, 망신 년월 등 煞이 편음偏陰 편양偏陽을 보면 더욱 흉하다.

목욕이 煞을 만나면 백魄이 풍도酆都에 가고, 사주에 범하고 다시 손상되면 혼魂이 악부岳府로 되돌아간다.

煞이 두려운데 煞을 만나면 요절하고, 우관憂關, 락관落關은 곧 사망하게 된다.

사주의 관살關煞은 두려워하는데, 가령 甲에 庚申은 煞로 유년, 운에서 다시 보고, 주柱에서 구조하여 해결하지 못하면 요절하게 된다.
년의 煞은 더욱 重한데 印이 있으면 화化하고, 식신이 있으면 制하고, 양인이 있으면 합하여 신왕하게 되어 대적하게 되지만 만약 煞이 왕한 운이 되면 요절한다.
가령 甲일이 辰을 보면 양수陽數의 극極이 되어 또한 철사관鐵蛇關된다.
壬이 丑을 보고, 庚이 戌을 보고, 丙이 未를 보면 나타나는데 모두 양관陽關으로 중重하다.
乙이 辰을 보고 癸가 丑을 보고, 辛이 戌를 보고, 丁이 未를 보면 나타나는데 음관陰關으로 이는 다소 약하다.
사주에서 범하고 유년에 다시 범하고, 운이 휴수가 되면 사망하게 되고, 혹 신살귀적神煞鬼賊을 입으면 관살關煞의 이름으로 더욱 심하게 되고, 七煞이 양관陽關이라는 말은 옳지 않다.

관살關煞과 합하면 身이 손상되고, 중하中下가 멸절滅絕하면 비명횡사한다.
관살關煞이 끌어 합하면, 가령 丙火가 이미 약한데 또 辛未를 보면 丙辛 이미 합이고, 丙은 辛의 官이 되고, 未는 丙에 양관陽關이 범한 것 된다.
다시 壬이 와서 剋하게 되면 사망한다. 혹 辛亥는 煞地가 되어 더욱 긴박하여 뜻밖의 재앙을 당하는 허물이 있게 된다.

삼형이 충을 대하면 횡화橫禍가 발생하고, 양인이 합을 대하면 재앙이 발생하고, 목욕에 생이 따르면 가객이 없고, 휴수가 煞을 보면 묻히지 못하는 사람이 된다.

論命 74

乾

乙	辛	丁	丙
未	酉	酉	戌
金	木	火	土

甲 癸 壬 辛 庚 己 戊
辰 卯 寅 丑 子 亥 戌

壬申 年에 사망하였다.

중하中下 멸절滅絕은 가령 壬戌 일이라면 좌에 財가 되고, 또 좌가 煞이 된다. 이는 곧 수명이 된다.
만약 壬辰 운이 되면 壬癸 水는 辰에 모인다. 戌 중의 火土가 辰중의 水木에 파극剋破되어 다른 곳에서 구원이 없게 되면 요절하게 된다.
명원命元을 도충倒衝하는 것으로 토왕土旺하고 수왕水旺하여 土 身이 자연히 붕괴하니 어찌 구할 겨를이 있게 되겠는가! 水旺하면 火가 멸滅한다. 그래서 말하여 중하中下의 절멸絕滅이라 한다.
중하中下 자는 곧 지원地元, 인원人元으로 中下를 나누어야 하고, 이에 준하여 추리하면 된다.

내(육오 만민영 선생) 命이 丁巳 운의 癸亥 유년일 때 癸가 丁을 傷하게 하고, 亥巳 충이 되었다. 유년이 운을 충하여 그 년에 파직되었고, 모친이 사망하였다. 가장 참혹한 재해를 당하였다.

論命 75 ▶ YouTube 63강 [육오 만민영 선생님의 명조]

乾

丙	庚	癸	壬
戌	寅	丑	午
土	木	木	木

辛	庚	己	戊	丁	丙	乙	甲
酉	申	未	午	巳	辰	卯	寅

상관견관傷官見官한 때였다.

陰氣가 끝나고, 그리고 陽氣가 끊어지면 죽지 아니하면 탄식하고, 양수陽數가 극極이 되어 陰이 命을 뒤쫓게 되면 사망하지 않으면 세월을 기다리게 된다.
甲이 辰을 보고, 丙이 未를 보고, 戊가 丑을 보고, 庚이 戌을 보고, 壬이 丑을 보면 陽氣가 극極 된 것이다.
乙이 戌을 보고, 丁이 丑巳을 보고, 癸가 未를 보고, 辛이 辰을 보면 음수陰數가 끝이 된 것이다.
유년, 운에서 보게 되면 더욱 흉하다.

乙辰, 丁未, 己丑, 辛戌은 음간의 지지가 양수의 극極을 만난 것이다.
乙辰을 예로 들면 乙은 음간인데 辰은 양수의 극처가 된다.
그래서 양수는 끊기게 되고 음수가 왕하게 된 것이 된다.
당생當生에 그치면 사주가 무해無害하나, 사주에 있는데 유년, 운에서 또 보게 되면 사망하게 된다.

음간이 양극陽極을 만나면 陰이 양관陽關을 만나는 것이고, 陽干이 음종陰終을 만나면 陽이 음관陰關을 만나는 것인데, 신약하고, 힘이 편중되면 모두 요절하고, 비견의 도움을 얻어 신왕 하게 되면 무해하다.

오행이 구원되면 마땅히 근심이 근심되지 않고, 사계절이 공망을 만나면 기쁨이 기쁘지 않게 된다.

이것은 인명에 세운에서 흉을 만난 것을 설명한 것이고 또 충극과 기가 끝나고, 또 수가 종극에 이른 것을 말한다.
그렇지만 오행이 구원되면 근심할 필요가 없다.
사계절이 공망을 만난 것은 유년에서 길신을 만났는데, 도리어 공망이 되어 기쁘지 않게 된 것을 말한 것이다.
혹 이르기를 甲은 庚이 근심인데, 乙을 얻으면 구원이 되는 것을 말한 것이라고도 한다
봄에 土가 공망이 되면 土가 흉이 되는 것이 두렵지 않고, 土가 복이 되는 것도 기쁘지 않다 하였다.
경에 이르기를 庚辛이 甲乙을 손상시킨다면 丙丁을 먼저 보게 되면 위태롭지 않다 하였다.
또 봄에 土가 없고, 여름에 金이 없고, 가을에 木이 없고, 겨울에 火가 없다고 한 것은 공망이 되었는는 것을 논한 것이다.

(8) 원리부元理賦 비전祕傳

- 辰, 戌이 극제剋制되고, 아울러 충하면 반드시 형벌 당하고, 子卯는 문호가 刑되는 것으로, 예덕禮德이 전혀 없다.
- 辰戌은 괴강으로 아울러 충하면 반드시 흉하다.
- 子卯는 어미와 자식이 모자母子가 刑하여 반드시 혼란스럽다.
- 辰戌 충, 子卯 刑이 가장 심하고, 남은 것은 자못 가볍다.
- 寅, 申, 巳, 亥는 생지로 설령 극, 제, 형, 충하더라도 큰 해가 없다.
- 세 개의 戌이 辰과 충하면 재앙이 얕지 않다.
- 괴강은 충을 가장 두려워 하는데 불길하다.
- 만약 상정相停한 재관의 고庫이면 꺼리지 않는다.
- 가령 세 개의 戌과 한 개의 辰이 되는 甲辰일은 財를 탐하면 화禍가 있게 된다.
- 지망地網이 천라天羅를 충하는 것을 소이 꺼린다.

- 丙子, 辛卯는 상형相刑으로 황음곤랑荒淫滾浪하다.
- 丙辛 합되고, 子卯 刑이 되어 간합지형干合支刑이 된다.
- 丙辛 합은 수상水象이고, 子卯는 무례이니 主는 황음곤랑荒淫滾浪하여 극히 음란하다는 말로 여자 사주에서는 더욱 꺼린다.

- 팔자 간지가 같은 종류가 되고, 유년, 운에서 煞을 만나면 크게 흉하다. 간지가 같은 류는 곧 甲寅, 乙卯, 丙午, 丁未, 庚申, 辛酉, 壬子, 癸丑, 戊午, 己未, 戊戌, 己丑이다.

- 유년, 운에 煞이 모여 있으면 반드시 사망한다. 그 까닭은 강을 믿어 煞과 서로 싸워 煞이 마침내 身을 극하기 때문이다.

丁巳 고란을 만나면 총명한 시녀가 되고, 나형 목욕이 일을 범하면 탁람황음濁濫荒淫하다. 고란은 甲寅, 戊申,丁巳, 辛亥 등 일로 사생四生의 地를 좌한 것으로 가장 총명하다.

나형 목욕은 子, 午, 卯, 酉 사패의 地로 월시에 범하면 해롭지 않다. 다만 日干 자좌自坐에 있는 것이 두렵다. 가령 甲子, 庚午, 丁卯, 癸酉 등 日로 신좌身坐가 도화살로 다시 합을 만나면 탁람황음濁濫荒淫하다.
丁卯일이 己土를 만나면 食을 탐하는 사람이 되고, 亥는 곧 장신漿神(즙)으로 酉金을 만나면 술을 즐기는 사람이다.
丁의 좌에 卯木은 효梟로 만약 己 食을 만나면 먹는 것을 탐하는 사람이 된다. 혹 食으로 인하여 재앙을 당한다.
亥는 등명登明이 된다. 酉에 水가 더해지면 술이 된다.
酉일이 亥를 만나면 반드시 술을 탐하고, 다시 형을 차면 혼이 떨어지고, 혹 술로 인하여 사망한다.

태세가 전투를 만나는 것은 꺼리고, 양인이 충되는 것은 좋지 않다. 두려운 것은 천충지격天衝地擊이고, 마땅히 성정, 음양 물원物元의 진리를 살펴야 한다.

乙일이 己를 유년, 운에서 만나면, 활목活木으로 활토活土를 剋하는데, 도리어 생의가 있어 재원이 배가 된다.
甲일이 戊를 유년, 운에서 만나면 사목死木이 사토死土를 剋하여 불길하다. 중자重者는 몸이 상喪한다.
양인격은 유년, 운에서 형충하면 나쁜데, 소인에 범한 것은 불가하다.
가령 팔자에 이미 양인이 있는데, 煞이 크게 제복制伏된다면 양인 유년, 운이 흉하다. 사주에 재성이 있고 다시 겹치고 傷을 차서 형충 전투하면 발생한 화禍를 측정할 수 없게 된다.
양인이 유년과 충, 합하면 돌연 재앙에 이르게 된다 한 것이 이것이다.

(9) 정미론精微論 비전祕傳

일덕日德이 괴강을 보면 설령 길하더라도 빈한한 선비에 불과하다.
괴강이 財官의 값이고 득지得地되면 의록衣祿이 있는 사람이 된다.
겁살이 왕지旺地로 나아가는 것은 마땅하지 않고, 식신은 편재가 있으면 가장 뛰어나다.
도화곤랑桃花滾浪은 창비娼婢로 흐른다.
망신이 煞과 손잡으면 도적의 무리가 된다.
인왕印旺, 신강하면 술을 좋아한다.
남명은 종從, 화化, 조照, 반返, 귀鬼, 복伏을 상세히 살피는 것이 마땅하고, 여명은 순純, 화和, 청清, 귀貴, 탁濁, 람濫, 창娼, 음淫을 마땅히 깊이 연구하여야 한다.

(10) 금성옥진부金聲玉振賦 비전祕傳

삼기가 다시 戌, 辰을 범하면 착삭하고, 재봉하는 장인이다.
지삼기는 甲戊庚, 천삼기는 乙丙丁, 인삼기는 辛壬癸이다.
干에 삼기를 얻고, 지지에 辰戌이 상충하면 貴가 도리어 천하게 된다. 이 자를 만나면 목장木匠 및 재의장裁衣匠이 되고, 寅辰을 만나면 그렇지 않다.

사주 위치가 귀록歸祿하면 가장 좋아 수명이 길고, 큰 복이 있는 사람이다.

論命 76

乾

己	乙	甲	丙
卯	巳	午	寅
土	火	金	火

辛 庚 己 戊 丁 丙 乙
丑 子 亥 戌 酉 申 未

丙의 록은 巳에 있고, 甲의 祿은 寅에 있고, 乙의 록은 卯에 있고, 己의 록은 午에 있어 천간이 각 귀歸하는 바가 있다. 이 사람은 일생 부유하고 수명이 길다.

論命 77

乾

丙	己	辛	壬
寅	巳	亥	申
火	木	金	金

戊 丁 丙 乙 甲 癸 壬
午 巳 辰 卯 寅 丑 子

이 사주는 년, 월, 일, 시 천간의 지지에 네개의 천을귀인을 본 사주다.
壬의 貴는 巳가 되고, 辛의 貴는 寅이 되고, 己는 申이 貴가 되고,
丙은 亥가 貴가 되어 복이 터진 사주에 해당한다.
일순一旬의 氣가 화和하면 즐거워 근심을 잊는다.
년, 월, 일, 시가 일순一旬이 되는 것인데, 이 사주가 그렇다.

癸 己 壬 甲
酉 巳 申 子
甲子 순중旬中에 있는 네 개의 주柱를 갖춘 사주가 된다.
천복이 미어터진 사주에 해당한다.

(11) 금정신비부金鼎神祕賦 비전祕傳

육오育吾 저著

붉은 빛이 집에 가득한 것은 오행 무리의 貴한 것들이 모였기 때문이다. 아름다운 氣가 농막집에 충만한 것은 사주에 복지가 모두 모여 있기 때문이다. 먼저 가난하고 후에 부유한 것은 생시에 만난 록이 동향이기 때문이다. 처음은 길하고 끝에 흉한 것은 일시에 공파空破를 범했기 때문이다.

평생 감가坎坷*한 것은 터가 엷고, 운이 교잡하여 흉하기 때문이다.
일생 영화로운 것은 命이 높고 좋은 운이 겹쳐있기 때문이다.
화개가 시에 임하고 고과의 값이면 승도로 정해진다.
궁전에 절하는 것은 염염화炎炎火가 이궁離宮에 빼어나게 존재하기 때문이다.
水를 많이 만나면 운수雲水*의 신선이 되는 것으로 단정한다.

감가坎坷 : 때를 만나지 못하여 뜻을 이루지 못해서 괴로움이 큼.

운수雲水 : 구름과 물. 수운. 떠가는 구름이나 흐르는 물같이 정처 없음. 운수승. 탁발승. 운수납자雲水衲子

포개진 순양純陽을 범하면 공문(空門=불도)을 일으켜 스승이 된다.
사패死敗를 만나면 몽준蒙蠢, 우둔愚頑하다. 卯, 酉 생이 극전剋戰을 만나면 문화가 패敗되고 재앙이 많다.
子午가 사묘死墓에 전거全居하면 타향으로 떠다니는 객이 된다.
子午는 巳亥를 가장 싫어하고, 卯酉는 寅申을 절대 꺼린다. 택묘宅墓에 煞이 응하면 문호가 깨어진다.
월에 공망을 만나면 문호가 소삭消索*되어 세워지지 못한다.

소삭消索 : 힘, 에너지, 시간, 물질 따위가 모두 쓰여 사라짐.

합한 지지가 빼어난 자는 貴하고, 천시天時를 얻은 자는 영화가 있다.
음양이 수순하게 하나로 된 자는 고독하다.
용신이 휴수인 자는 부귀를 구하기 어렵다.
빼어난 氣가 천박한 자는 예술에 종사하는 자가 많다.
刑剋을 서로 보면 신왕한 자는 군인이 된다.
辰, 戌이 서로 있으면 손상되어 옥리獄吏가 된다.

金水가 한만하면 세력과 살림살이가 없는 청빈한 사람이다.
역마가 충격되면 세상을 떠돌아다니는 사람이다.
괴강을 중범하면 백정의 집안에 태어난다.
酉戌을 중봉하면 노복이 된다.
사주에 자오쌍포子午雙包가 되면 존尊이 원성垣省에 거처한다.
命 내의 간지가 一氣가 되면 貴가 후왕侯王에 이른다.

일편一片의 순수한 陽은 오직 命을 剋하여 사망하지 않으면 상傷하게 된다.
만반滿盤한 인성이 身을 생하면 貴하지 않으면 부유하게 된다.
甲, 戊, 庚이 丑, 未를 인지引至하면, 貴神이 유기有氣하고, 乙, 丙, 丁이 酉, 亥에서 나타나면 천을귀인이 가림加臨한 것이다.
己가 감위坎位(子), 乙이 곤방坤方(申), 辛은 寅, 午, 壬, 癸는 巳, 卯가 마땅한데 이것은 암중暗中에 천일귀인를 얻은 것이다.
다시 官, 印의 강약을 살펴야 한다.

4甲이 酉를 보고, 乙이 申에 이르고, 丙이 子를 얻으면 반드시 벼슬한다.
壬이 午 상에 임하면 기제旣濟되고, 癸가 巳를 향하면 내에 재관 있는데 이것은 정관, 정인이 된다.
다음 財, 부富를 논해보면 命을 기르는 원천으로 먼저 財, 命이 유기有氣한가를 관찰하고, 다음 록과 역마를 보면 가난하지 않다.

(12) 금옥부金玉賦 비전祕傳

신궁身宮이 충파衝破하여 의지하지 못하면 부모와 이별하지 않으면 타향으로 나아간다. 건곤간손乾坤艮巽이 호환하면 방자하여 마음을 정하지 못하고, 주중柱中 화개를 만나고 이덕二德을 만나면 청귀淸貴한 사람이 된다.
관성, 칠살이 공망에 떨어지면 구류에 속하고 허한虛閒한 직업에 속한다. 전실塡實되면 흉하고, 홀연 운에서 官이 들어오면 벼슬을 잃게 된다.
팔자에 財가 없으면 본분本分을 요하고, 탐심이 심하면 반드시 흉한 일이 일어난다.

(13) 락역부絡繹賦 비전祕傳

함지, 財가 노출되면 음란하고 사치스럽다.
흉살이 년에 모이면 刃으로부터 방어하여야 한다.
도화가 합신合神과 겹쳐 차면 유흥가를 찾아다니고, 역마가 충물衝物을 만나면 초楚에서 저물어 주秦에서 아침을 맞는다.
金火가 교쟁하면 예의가 없고, 印財 둘 다 잃으면 젊어서 부모를 잃는다.
도화가 록과 만나면 주색으로 망신되고, 財旺, 효梟가 쇠약하면 財로 인하여 사망한다.
身이 목욕에 임하면 수액水厄을 만나는 두려움이 있다.
모든 煞이 刑을 만나면 흉한兇狠한 무리가 된다. 酉, 寅은 刑害로 혼인이 손상되고, 巳, 卯는 풍뢰風雷로 성질이 급하다. **煞, 官이 혼잡하면 기예技藝로 흐른다.** 祿이 충파衝破를 만나면 고향을 떠나 떠돌아다닌다. 陰이 많으면 여인에 이롭고, 陽이 왕성하면 남자에 마땅하다. 陰에 陽이 왕성하면 여자는 집안이 흥興하고, 陽에 陰이 왕성하면 男이 부府를 세운다.
순양純陽의 男은 반드시 고과孤寡하고, 순음純陰의 여자는 반드시 곤궁하다.

(14) 조미론造微論 비전祕傳

인수가 화개를 만나면 한원이 된다. 록이 비록 뛰어나지만 해害가 있으면 복이 상祥스럽지 못하다. 삼기三奇를 만나지 마라 재주가 높지만 명예를 이루기는 난해하다. 육해을 올바르게 만나면 집안이 부유하고 또 업이 늘어난다. 도화가 제왕에 임하면 색정으로 몸이 망가진다. 함지가 일궁日宮에 임하면 처로 인해서 부유하게 된다.

양인이 오귀五鬼에 임하면 범법하여 도망 다닌다. **구교가 삼형과 겹치면 빈번하게 범죄를 저지른다.** 벼슬에 오른 자가 편인을 만나면 작록爵祿이 휴정虧停하고, 병권 자가 갑자기 공망을 만나면 권력에서 물러난다. 학문의 근원은 본시의 水 壬癸에 거주하는 것이다. 자상하고 개제愷悌한 것은 木 甲乙이 승乘한 것이다.

개제愷悌 : 용모와 기상이 화평하고 단아함.

초조 폭악은 火가 丙丁의 地에서 왕성한 것이다. 이름이 높고 록이 重한 것은 건금乾金이 일찍 庚, 辛을 만난 것이다. 돈이 썩고 오곡이 늘어선 것은 진토鎮土 戊, 己가 왕성한 것이다. 수명이 긴 것은 모두 록이 제왕에 임한 것이다.

직업이 높은 것은 역마와 관성을 만난 것이다. 화개가 공망을 만나면 승도로 기운다. 오행이 쓸쓸하고 삼명이 저약低弱하고, 일이 공망, 과숙을 만나면 처와 생이별한다. 시가 공허空虛의 값이 되면 자식이 있다 하더라도 못나고 어리석다. 운에서 길한 성星을 만나도 本, 主에 없으면 기쁘고 즐거움이 족하지 않다.

(15) 경신론驚神論 비전祕傳

현침이 역극逆剋하면 독수리 얼굴을 무리배가 된다.
괴강, 煞, 刃은 역신군오役身軍伍로 흐른다. 官이 망신, 겁살 겸해서 칠살을 만나면 무장武將이 된다.
貴에 財印이 따르고 이덕二德을 만나면 충신이 된다. 고진이 화개의 값이면 도사 혹은 승니가 된다.

겁살이 괴강을 만나면 무의巫醫 혹은 술사術士가 된다.
함지가 좌왕坐旺하고 刃을 차면 색色으로 인하여 죽는다. 역마가 刑이 되고, 록을 차면 관직에 들고, 부富에 이르고 수명이 길고 부귀하다.
무릇 천덕天德이 장생長生을 만난 인연이면 의식이 풍부하다. 공록拱祿, 공귀拱貴는 세歲에서 전실塡實하여 오면 재앙이 있다.

조년早年에 아들이 없는 것은 시일에서 身을 刑하기 때문이다.
늦어 아이가 있는 것은 일귀日貴가 시에 있기 때문이다.
일이 刃, 煞을 만나면 처는 반드시 자식을 낳다가 사망한다.
시가 고허孤虛의 값이면 아들이 닮지 않는다.
子나 卯가 한 개의 癸를 만나면 부유하고 가난하지 않다.

간지가 형합刑合하고 함지를 차면 사창가에서 손님을 돕는다.
함지, 화개가 월시에 같이 범하면 의지할 곳 없어 외롭게 된다.
조객, 상문이 유년, 운에 병림하면 초상을 맞게 된다.
水가 많으면 범람한 무리로 하는 일을 이루지 못한다.
土가 많으면 우탁愚濁한 무리로 화생化生하면 복이 된다.
역마가 많으면 1年 내내 분주하다.
록이 많으면 살아나갈 방도가 정해지기 어렵다.

刑이 많으면 끝에 잔질殘疾이 있고, 파破가 많으면 일생 고한苦恨하다.
함지가 귀鬼를 만나 合하면 집안이 망하고 사람이 떠난다.
겁살 망신, 煞刃이 상관을 만나면 흉완하고 재앙이 일어난다.
六合이 財를 만나면 장사꾼이 된다.

문무 겸비는 천덕天德, 貴人, 印이 있는 것이고, 풍류, 파탕은 印이 많고 干이 약하고 함지를 좌한 것이다.
스님은 고진, 과숙, 두 성星에 화개가 임한 것이다.
양인이 만반하면 시체가 분리된다.
시, 일이 공망이면 처와 자식이 무력하다.

간지에 官이 중범重犯되어 남으면 고질병이 몸을 얽맨다.
천을귀인 1개가 장생을 만나면 이름을 떨치고 겸해서 누린다.
다리를 절고, 곱추는 煞神이 곡각曲脚을 만나 것이다.
난쟁이 잔질은 鬼는 왕하고 일은 쇠약하기 때문이다.
사주가 연주連珠되고 官印이 도우면 일품의 존이 된다.
오행이 련여連茹하면 財祿이 천종千鍾이 되는 부자가 된다.

TIP YouTube 141강

◆ 집실執實이 과하면 일이 현활顯豁하지 못하고 청냉淸冷이 과하면 의지가 처량하게 된다.

해석 : 집실執實은 한 개를 사용하면 통하지 못하게 된다. 가령 官을 사용하는데 財가 없고 印을 사용하는데 煞이 없는 것이다.

합이 많으면 이름이 적은 자로 일을 완성하는데 활달하지 못하다.

만약 金水가 과하게 청한淸寒한데 화난和暖의 운을 만나지 못하면, 가령 庚辛이 10월에 생했고, 사주 중에 순수한데 운에서 또 서북으로 나아가면 평생 혼자 먹고 혼자 잠을 자게 되니 생애가 적막하고, 괴로워 견디기 어렵게 된다

◆ 귀인貴人이 과하면 재災를 만나도 스스로 낫고, 악살이 과하면 복을 만나도 누리기 어렵다.

해석 : 팔자 중에 천을귀인, 천월덕귀인이있고, 財官이 돕고, 형파刑破가 없으면 비록 엎어지고 자빠져도 위태롭지 않게 된다.

사주 중에 악살, 삼형三刑, 육충六衝이 많고 財官도 마찬가지로 등지게 되면 설령 財官의 地를 만난다 하더라도 어찌 복의 터를 누리게 되겠는가?

제10장 육친 간명

제10장 육친 간명

1. 육친의 관계 형성도

YouTube 110강

一陰과 一陽이 짝하여 부부를 이루고, 부부가 있는 연후에 부자父子가 있고, 형제가 있다.
육친은 부모, 형제, 처자가 된다.

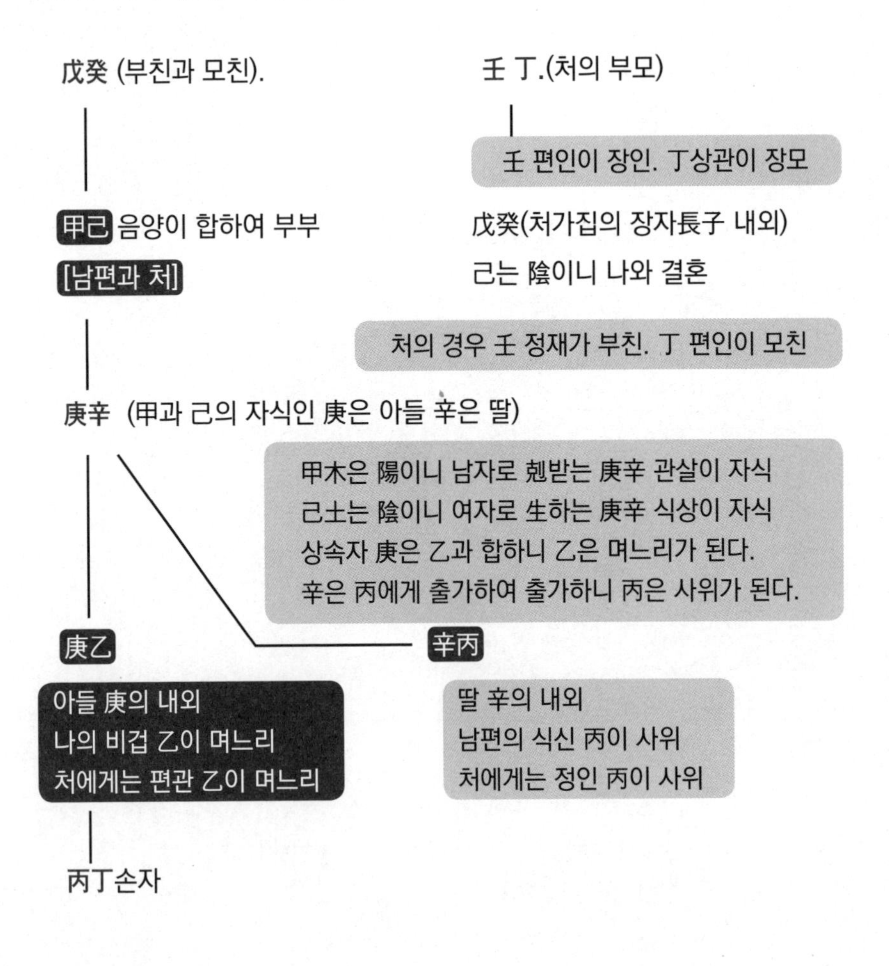

이러한 관계도에서 육친이 성립된다. 계속 연관 관계를 그려 도표화 시키면 육친 친족이 나와 십성관계가 어떻게 되는 가를 알게 될 것이다.
甲은 己에게 장가들어 己가 처妻가 되어, 甲己 합으로 庚辛을 생하여 庚辛이 자식이 된다.
甲과 乙 둘 다 처는 己가 되고 戊는 처가 되지 않는다.
이유는 己는 陰이니 곧 여자로 처가 될수 있지만, 戊는 陽이니 즉 남자가 되어 부인이 될 수 없기 때문이다.

남자는 극받는 관살인 庚辛을 취하여 사(嗣:상속자, 자식)가 되고, 여자는 생하는 식신, 상관인 庚辛을 취하여 식(息:자식)이 된다.
즉 己 처는 식신, 상관인 庚辛의 모친이 되고, 곧 庚辛은 己의 자식이 된다.
또 庚辛은 甲의 관살로 甲이 부친이 된다.
甲은 陽이고 庚도 陽이니 庚이 아들이 되고, 辛은 陰이니 딸이 된다. 己는 陰이니까 庚은 陽으로 아들이 되고, 辛은 같은 陰이니까 딸이 된다.

아들 庚은 乙에게 장가가니 乙이 처妻가 되고 乙庚 합하여 丙丁을 生한다.
즉 乙庚은 丙丁의 부모가 되고, 庚은 부父, 乙은 모母가 된다. 그러하니 陰干은 나를 生하는 자로 모친이 되고, 내가 극하는 陽干은 부친이 된다.

나를 극하는 것은 官으로 자식이 되고, 내가 극하는 것은 財로 처가 되고, 견주는 자는 형제, 자매가 된다.

내가 生하는 陰干인 丁은 장모가 되고,丁과 합하는 陽干 壬 편인은 장인이 된다. 즉 처 己가 극하는 陽干 정재 壬은 장인이 된다.
내가 극하는 女는 여서女婿가 되고 食神은 손자가 된다.
기타 육친은 이렇게 十干 변화를 사용하고, 음양으로 구분한다.

2. 육친 일람표

❖ 남자 사주의 경우

일간	甲	乙	丙	丁	戊	己	庚	辛	壬	癸
오행	木		火		土		金		水	
처	己	己	辛	辛	癸	癸	乙	乙	丁	丁
	정재	편재	정재	편재	정재	편재	정재	편재	정재	편재
부친	戊	戊	庚	庚	壬	壬	甲	甲	丙	丙
	편재	정재	편재	정재	편재	정재	편재	정재	편재	정재
모친	癸	癸	乙	乙	丁	丁	己	己	辛	辛
	정인	편인	정인	편인	정인	편인	정인	편인	정인	편인
아들	庚	庚	壬	壬	甲	甲	丙	丙	戊	戊
	편관	정관	편관	정관	편관	정관	편관	정관	편관	정관
딸	辛	辛	癸	癸	乙	乙	丁	丁	己	己
	정관	편관	정관	편관	정관	편관	정관	편관	정관	편관
장인	壬	壬	甲	甲	丙	丙	戊	戊	庚	庚
	편인	정인	편인	정인	편인	정인	편인	정인	편인	정인
장모	丁	丁	己	己	辛	辛	癸	癸	乙	乙
	상관	식신	상관	식신	상관	식신	상관	식신	상관	식신
형제	甲	甲	丙	丙	戊	戊	庚	庚	壬	壬
	비견	겁재	비견	겁재	비견	겁재	비견	겁재	비견	겁재
자매	乙	乙	丁	丁	己	己	辛	辛	癸	癸
	겁재	비견	겁재	비견	겁재	비견	겁재	비견	겁재	비견

❖ 여자 사주의 경우

일간	甲	乙	丙	丁	戊	己	庚	辛	壬	癸
오행	木		火		土		金		水	
남편	庚	庚	壬	壬	甲	甲	丙	丙	戊	戊
	편관	정관	편 관	정관	편관	정관	편관	정관	편관	정관
부친	戊	戊	庚	庚	壬	壬	甲	甲	丙	丙
	편재	정재	편재	정재	편재	정재	편재	정재	편재	정재
모친	癸	癸	乙	乙	辛	辛	己	己	辛	辛
	정인	편인	정인	편인	정인	편인	정인	편인	정인	편인
아들	丙	丙	戊	戊	庚	庚	壬	壬	甲	甲
	식신	상관	식신	상관	식신	상관	식신	상관	식신	상관
딸	丁	丁	己	己	辛	辛	癸	癸	乙	乙
	상관	식신	상관	식신	상관	식신	상관	식신	상관	식신
시부	甲	甲	丙	丙	戊	戊	庚	庚	壬	壬
	비견	겁재	비견	겁재	비견	겁재	비견	겁재	비견	겁재
시모	己	己	辛	辛	癸	癸	乙	乙	丁	丁
	징재	편재	정재	편재	정재	편재	정재	편재	정새	편재
형제	甲	甲	丙	丙	戊	戊	庚	庚	壬	壬
	비견	겁재	비견	겁재	비견	겁재	비견	겁재	비견	겁재
자매	乙	乙	丁	丁	己	己	辛	辛	癸	癸
	겁재	비견	겁재	비견	겁재	비견	겁재	비견	겁재	비견

일람표로 구분하되, 실제 간명에서는 이렇게 세밀하게 구분할 필요가 없다.

예를 들면 모친을 볼 때 편인偏印 정인正印으로 세밀히 구분하지 말고 둘 다 모친으로 보는데 다만 팔자 상에 많으면 偏印으로 추리하는 것이 마땅하다.
그래서 甲乙을 甲은 陽, 乙은 陰으로 구분하지 않고 둘 다 木으로 본다.
아들, 부친도 이에 준하여 간명한다.

陰이 陰을 보면 배합을 이루지 못한다.
그리고 陰木은 극하여 陽土를 얻지 못한다.
부인은 陰에 속하는 것이 분명하니 정正이 될 수밖에 없어 甲乙은 모두 己陰土가 처妻가 되고 戊 陽土는 첩(애인)이 된다.

여인 命에 甲 일간이면 庚은 칠살七煞이 되고 乙 일간이면 庚은 정관이 되지만 庚이 甲, 乙의 올바른 남편이 되고, 辛은 甲乙 모두의 애인 등이 된다.
庚은 陽이니 남자로 올바른 지아비가 되고, 辛은 陰에 속하니 음양의 조화가 되지 않아서 불가한 지아비가 되는데, 다만 陽이 陽을 보면 무정하고 陰이 陽을 보면 부부가 조화가 잘되어 화목하다.

甲乙 일주에 월주, 년주에 乙木, 시주에 甲木이 있으면 乙이 먼저 있고 甲이 뒤에 있는 것이 되는데, 어떤 것이 형이 되고 아우가 되는가! 답은 선후를 논하지 않고 다만 강強이 형이 되고 약弱이 아우가 된다.

년간을 극하면 부친에 불리하고, 월간을 극하면 모친에 불리하고, 칠살은 부친에 불리하고, 도식은 모친에 불리하고, 태胎가 사주에 같은 주柱가 있으면 부모가 어긋난다. 또한 통한다.

춘추春秋를 둘로 나누어 전후에 卯酉가 범한 일시 자는 골육骨肉과 조업祖業이 흩어지고 끊긴다.

辛酉 일시는 이름이 백호가 가정에 임한 것이라 하여 일에 있으면 처가 극되고 시에 있으면 자식이 극하여 골육에 불리하다.

戊申, 戊寅은 이름이 육도소허六道消虛*로 친족親族에 불리하다.
壬戌 일시는 이름이 천후실행天后失行*이라 하여 처와 자식에 불리하다.
육도소허六道消虛 : 6개의 길이 소멸하여 비게 된다.
천후실행天后失行 : 천후가 길을 잃는다.

命의 생시에 辰戌丑未가 있으면, 부모에 해롭고 겁살, 망신, 원진, 양인을 많이 찬 자도 해롭다.
일시 망신이 겹쳐있는 자는 모친이 극되고, 만약 시에 辰戌丑未가 범했지만 악살이 범하지 않은 자는 극되지도 않는다.
생한 命에 부모의 氣가 절絶되어 약한 위치의 자는 반드시 형극刑剋된다.
煞을 많이 찬 자는 辰戌丑未가 아니더라도 등져서 헤어지게 된다.

시에 겁살, 양인이 범하면 비록 辰戌丑未는 아니더라도 극되는데, 辰戌丑未는 모친, 子午卯酉는 부친이 극된다.
辰戌丑未에 생한 사람은 태양을 등져서 주主가 태어나기 전에 부친이 먼저 사망한다.
월좌月坐에 고허孤虛는 산앵두나무 같이 조췌凋悴하게 된다.

巳酉丑이 온전하고 辛을 찬 자는 주主의 골육이 타향에 존재하여 되돌아오지 못한다.
辰, 戌, 丑, 未는 덮어 감추는 地가 되어 천을귀인이 되더라도 해롭고, 寅, 申, 巳, 亥은 고절孤絶의 지지로 흉살에 속하면 반드시 극된다.

권속은 水火와 같은데, 목욕의 장소에서 상봉하면 골육이 중도에서 분리되고, 과숙孤宿은 격각隔角으로써 더욱 좋지 않다.

격각隔角은 亥子의 초初가 분명하여, 일시에 나타나 있으면 고독하게 되는데, 조년에 부모와 서로 동떨어져 연락連絡이 끊어지게 되거나 주主는 첩이 되어서 외각에 기거하게 되고, 겹쳐져서 있으면 고립孤立되어 생활하는 것이 마땅하여 길하게 된다.

또 격각이 일에 있으면 처가의 사람이 사망하는 일은 없는데 자신의 성姓은 두개가 되게 되니 즉 양자로 들어가게 되고, 시에 있으면 자손이 적고 또는 늦게 보게 되고, 또 부모가 일찍 사망하게 된다. 월에 있으면 형제가 적고, 일에 있으면 처가 몇 번이나 바뀌는 것을 막아야 할 것이다.

3. 육친 비전祕傳

(1) 처첩

일간이 건왕健旺하고 사주에 정재(처)가 있고, 시령時令을 얻어 왕하면 처는 현명하고, 재주가 있고, 처복이 많다.

정재가 쇠약하고 편재가 왕하게 나타나있으면 편처偏妻에게 인연을 나누게 된다. 처성의 좌에 사절이 되거나 봄에 생하고, 일주日主가 건왕한 甲寅등의 종류는 처가 剋되어 해로 하지 못한다.
처가 왕한 일간을 만나고, 지지에 쇠약한 국이 되었거나, 사묘死墓의 지지가 되면 자연히 일생 일의 진전이 없고, 처첩에 속고 혹은 다른 여인에 재가한다.

日 月	日 月
甲 甲	乙 甲
寅 申	卯 戌

이러한 상象은 일주가 크게 왕하다.
비록 처가 있다고 하더라도 비견이 분탈하는 까닭에 처가 극되어 타인이 나타나서 차지해 버리거나 처가 별정別情이 있게 된다.
이혼하는 경우도 허다하다.
마침내 재물도 깨어져 없어지는 징조가 강한 사주가 된다.

論命 78

乾

壬	庚	戊	甲
午	申	辰	子
木	木	木	金

丙乙甲癸壬辛庚己
子亥戌酉申未午巳

적천수에서 "게다가 운運도 남서로 흘러 甲木의 地가 휴수가 되어 비록 조업이 있었지만 한 번에 다 잃었고, 처妻를 형刑하고 자식을 극하여 고독하고 고통을 감당하기 어려웠다."하였다.

처에 대한 추리는 먼저 해당 십성의 왕쇠와 궁위 그리고 신살의 동향으로 추리 간명한다.

처궁인 일지에 있는 申은 일간의 비견이 되고, 申은 지살이 된다. 일지에 비견이 있으면 기본적으로 강왕한 주柱가 되어 처와 재물에 흉한 징조가 된다. 물론 운의 정향에 따라 고저가 있게 되어 도리어 길하기도 하다.

처에 해당하는 십성은 재성인데, 그 왕쇠를 살펴보면 辰월의 午시로 辰은 木의 고에 해당한 퇴기로 木의 뿌리 밖에 되지 못하고, 시의 午는 木의 사지死地가 되고, 타 地支의 子辰도 木의 휴수로 木이 허약하다.

그래서 이 사주는 처궁도 처성도 흉하여 처덕이 없는 사주로 비견겁이 들어온는 申酉 운에 필히 흉하게 된다.

(2) 자식 YouTube 78강

대를 이을 아들은 官이 된다.
官이 득령得令하고, 충극이 없어 상해를 받지 않고, 일주日主의 자좌가 왕한 곳이 되면 아들의 효도로 편안한 여생을 보내고 후대가 영창하게 된다.

甲乙일은 金이 상속자가 되는데 金이 왕하면 모두 4, 9명의 자식이 있게 된다.

일주가 유약하고, 좌에 煞을 차거나, 관성이 왕한데 다시 삼형, 육해, 격각이 있어 합되고, 살국殺局을 이루면 자식은 불효하고, 먼 타향에 거주하고 집안이 망하게 된다.

일주日主가 크게 왕하고 관성의 좌가 공망이 되었고 다시 상관, 패재敗財를 차게 되면 관성이 무기無氣하여 일생 고독하게 되고, 아들이 없고, 첩을 얻어 서출을 보기도 어렵다.

만약 시의 칠살이 크게 왕하거나 칠살을 태과하게 제복制伏하면 모두 아들을 보기 어렵다.

煞만 투출한 자는 반드시 먼저 딸을 보거나, 혹은 煞은 양자가 되거나 딸이 된다.

자식의 여하

命에 官이 뛰어나면 정출이 되고, 煞이 많으면 서출이 되고, 煞이 겹쳐있으면 딸이 많고, 官이 겹쳐있으면 아들이 많다.

간지로서 자녀로 나누게 되는데 간지가 겹치면 자녀가 많다.
시가 공망이 되어도 원原에 관살이 있으면 자녀가 2, 3명이 된다.

상관이 없고 재인을 차고 있으면 다르게 논한다. 印은 딸이 있고, 財는 아들이 있다.

만약 상관이 격을 이루고, 서귀 형합등의 격들도 사주에 관살이 있으면 아들이 있고 공망에 떨어지면 없다.

상관의 좌에 煞이 있는, 가령 丙일이 己亥 시를 보는 종류는 아들이 있는데 다만 화순하지 못하다.

관살이 왕하면 상관, 식신이 있는 유년, 운에 아들을 낳는다.
관살이 약하면 財 년이나 관살년에 아들을 낳는다.

관살이 약하고 식상이 왕하면 모름지기 편인, 정인년에 아들을 얻게 된다.

관살이 왕하고 財 또한 많으면 모름지기 비겁, 양인을 얻는 유년, 운에 아들을 낳는다.

천지합, 삼합, 육합년이 되면 자식을 낳는다.

(3) 부모

庚일은 甲이 부친이 되는데 사주에 다시 庚을 보게 되거나, 巳酉丑 합하여 金 국이 되면 부친이 손상된다.

甲에 亥, 卯, 未, 寅이 있거나 동령冬令이 되면 일간이 왕하여 좋지 않은데 칠살이 있으면 부모는 화순和順하다.

사주에 정재가 크게 왕하면 정인은 꺼린다. 인수가 전극되어 좋지 않다.

원국의 천지에 財가 있고 운에서 財가 들어오면 모친이 일찍 尅하고, 地에만 財가 있고 운도 財로 나아가지 않으면 尅은 더디게 된다.

사주에 정관 한 개는 무방하다.
戊일생이 사주의 원국에 두 개의 壬이 있고 모두 득지得地했다면 모친에게 남편이 2명 있는 것이다.

사주에 부모를 온전하게 차면 일생동안 조업祖業을 얻고, 분명한 인연이 되어 극박尅剝한 근심은 없다.

(4) 형제

庚일의 좌에 寅午戌이 있거나, 사묘死墓의 곳에 임하여 있는데 반해 아우가 되는 辛酉는 자왕自旺한 地가 되고, 시에서 財를 얻게 되었다면 아우가 자연히 명현하게 되고, 형은 동생의 복에 미치지 못한다.

형제가 서로 화합하려면 강약이 서로 분별되어야 화합하게 되는 것이 이치이다.
사주에 庚, 丁, 辛, 丙의 종류를 차면 형의 관성 丁이 동생의 본신本身 辛을 剋하고, 丙은 庚을 剋하여 오행은 자연히 불화하다. 또 불인不仁 불의不義는 庚辛과 甲乙이 교차交差한 것을 말한다.

년에 煞, 월에 상관이면 형제에 어려움이 있다.
월령의 상관은 장자를 잃게 되고, 시에 煞神이 행하면 형제가 없다.
유년, 월에 煞이 겹치면 형제에 형해刑害가 있고, 시어머니가 손상된다.

비견이 삼합하면 가족에 해害가 있다.
비견은 아무도 모르게 규방을 손상시킨다.
형제가 무정하면 사기에 연루되어 피해를 입는다.
비견이 다른 象을 이루면 형제가 화목하지 않고 배우자가 간통한다.
비견이 왕하면 형제가 무정하고, 양인이 많으면 처궁이 손상된다.
비겁이 왕하면 결혼은 필히 더디고, 관성은 아이를 빨리 낳는다.
비견은 비록 형제라고 하지만 왕하면, 부친의 수명이 오래가지 못한다.

(5) 육친비전祕傳

육친성의 地에 어떤 것이 있는 가 보아 그 地의 왕旺, 상相, 휴수休囚를 보아 길흉을 설명하여야 한다.
좌에 장생, 왕고旺庫, 록, 역마, 귀인貴人이 있으면 부귀하고, 복이 많고, 수명도 길고, 영요榮耀하다.
좌에 공망, 형, 극, 살, 사, 망신, 쇠, 패가 있으면, 빈박貧薄하고, 깨지고, 상하고, 형하고, 요절하고, 밖에서 사망하고, 끝내 좋지 않다.

각 육천성이 득시, 득령 했는데 刑, 파破, 해害을 차면. 수명은 있으나 빈천貧賤하다.
록마. 귀인, 재고財庫의 地에 형, 충, 극, 煞을 차면, 부귀하지만 요절한다.
여명의 자식 궁에 생왕한 자식성이 있으면 자식이 많다.
첩의 위치 좌에 자식성이 생왕하면 뜻밖의 자식을 낳게 된다.
辛酉 일시는 이름이 백호가 가정에 임한 것이라 하여 일에 있으면 처가 극되고 시에 있으면 자식이 극하여 골육에 불리하다.

사주의 생시에 辰, 戌, 丑, 未가 있으면 부모에 해롭고, 겁살, 망신, 원진, 양인을 많이 찬 자도 그렇다.
일시에 망신이 겹쳐있는 자는 모母가 극된다.
시에 辰, 戌, 丑, 未가 범했지만 악살이 범하지 않으면 극되지 않는다.

시에 겁살, 양인이 범하면 비록 辰, 戌, 丑, 未는 아니지만 극은 있게 된다.
巳酉丑이 온전하고, 辛을 찬 자는 골육이 타향에 존재하여 되돌아오지 못한다.

양아들을 집에 들이는 것은 년월의 충으로 구분한다.
제강提綱이 충파沖破를 만나면 본가를 떠나고, 다시 공망을 보면 세 번 번성하게 되고 네 번 쇠퇴하게 된다.
년이 월을 충하는 자는 조업祖業을 지키지 못한다.

일이 시를 충하면 처자가 어렵게 된다.
庚金이 화化하였는데 火와 대립하면 부친이 사망할 때 피를 보고 죽는다.
壬子, 乙酉 시는 편생(偏生:서출)이 되고, 丙, 戊, 丁, 壬은 처가 신령神靈을 얻고, 甲이 乙卯월에 태어나면 부친을 등진다.
사주 년, 월에 財官이 왕상하면 부친에 영화가 나타난다.
일시에 록과 역마가 상생하면 처와 자식이 현준賢俊하다.

辛酉일 생은 극처剋妻, 癸巳일 생의 부처夫妻는 병이 있고, 혹은 주색황음酒色荒淫하다. 년과 일의 간지가 같으면 처가 극되고, 동년同年의 처에 장가가면 방면된다.

일시가 충, 파, 형, 육해가 되면 이혼하고 아들과 헤어진다.
처궁을 충하고, 처성을 충하는 사람은 그 해에 장가들어 아내를 얻는다.
일이 년을 업신여기면 노부老婦를 공경하지 않는데, 즉 乙丑 년이 辛 일을 보면 년간이 손상되고, 癸일은 년의 乙木 干을 안중에 두지 않고, 午일은 乙의 장생이 되어 남편에 복종하지 않는다.

년에 정관이 있고 월에 상관이 있으면 조상은 강強하고 부모는 약하고 官이 사절을 만나면 후사를 얻기 어렵다.
일간이 지지와 같으면 재물이 적어지고, 처가 손상되고, 身의 支가 년과 같으면 조상의 터가 깨어진다.

시일이 공망이 되면 처와 자식이 존재하기 어렵고, 시가 쇠패衰敗한 곳이면 사망하지 않으면 재앙이 있다.
시와 일이 충되면 처가 상傷하고 자식이 극되고, 일이 월령에 통하면 조상의 은덕으로 신분이 안정된다.

년이 일을 충하면 부모는 풍성한데 처첩은 어려움이 있게 되고, 시가 년을 충하면 아녀兒女는 풍성한데 부모는 손상되기 쉽다.
년이 시일과 戊癸 합이 되면 3명의 처를 맞게 되고, 甲이 2개의 己와 만나고 巳午가 이르게 되면 두 부인에 멈추지 않는다.

년이 일주日主를 상傷하게 하면 아버지와 자식이 친하지 않고, 시가 일을 극하면 자식이 아버지를 존중하지 않는다.
辛이 酉子에 거주하면 첩을 많이 두게 되고, 庚이 乙과 합하는데 卯午에 생했다면 애인이 있게 된다.

자식 성星이 현로顯露하면 자식이 반드시 많고, 자식궁이 형해刑害되면 자식이 드물다.
시에 생왕한 관성이 있으면 자손이 무리를 이룬다.
日이 공망과 과숙을 만나면 처와 생이별하고, 시에 공망이 있으면 자식이 있어도 품성이 좋지 않다.

처의 자리에 煞과 상관을 만나면 난새와 같이 고독하고, 고니와 같이 짝이 드물고, 처궁에 극이 있으면 늦게 장가가게 된다.
日이 쇠, 묘, 사, 패에 임하면 남편과 처가 손상되고, 시가 공망이 되고 극되면 자식이 반드시 적다.
일지에 상관이 양인을 가지면 남편은 반드시 나쁘게 사망한다.

관살혼잡官煞混雜이 삼형을 차고, 다시 財가 없으면 구차한 삶이 된다.
재성이 많이 투출되어 있으면 부인에 해롭다.
처가 絶한 곳이 되면 아이를 생하지 못한다.
신왕하고 食이 강하여도 남편을 잃고, 남편과의 예의를 속여 어긋난 행동을 한다.

편인이 전일한 위치가 되면 편생偏生이 되어 어미가 재가하여 어미를 따라 의부를 맞는다. 어미를 따라 의부를 모시는 것은 재성이 공망된 것이고, 또 印이 왕하기 때문이다.

조년早年에 아비가 상喪하게 되는 것은 편재가 사절 궁에 임했기 때문이다.
어린나이에 모母와 헤어지는 것은 인수가 많은 財를 만나고, 인수가 사지死地에 임했기 때문이다.
官이 사절의 地를 만나면 자식을 얻기 어렵다.
상관이 크게 왕하면 아이가 오래 유지되기 어렵다.
인수가 생을 만나면 모母는 현귀賢貴하고, 편재가 귀록歸祿하면 아비가 반드시 한껏 높게 된다. [귀록歸祿 : 지지에 건록이 있는 것]
관성이 록과 왕의 장소에 임하면 자식은 영현榮顯하다.
칠살의 장생이 지지에 있으면 여자는 귀한 남편을 얻는다.

처성妻星이 실령失令하면 도중에 남편을 떠난다.
인수가 왕하면 자식이 적고 생존이 드물고, 칠살이 강하면 딸이 많고 아들은 적다.
편재가 패敗(子午卯酉)를 만나면 아비가 풍류를 즐긴다.

왕한 재성은 官을 생할 수 있고, 재성이 많으면 모母의 수명이 굳건하지 못하다.

식신이 비견를 번번히 보면 상속인(아들)을 얻기 어렵다.
양인이 왕하면 재혼한다.
관귀官鬼가 왕성하면 맏과 둘째가 사라져 성기게 되고, 칠살이 흥興하면 자기 身에 불리하다.

부부의 해로는 모두 재성이 왕하고 身이 강한데 기인한다.
시어머니는 편재인데, 상관이 대하게 되면 수명도 길다.
시아버지는 비겁이 되고, 칠살을 만나면 命이 연장되기 어렵다.
재관이 흥성하면 반드시 부귀한 남편을 만난다.

여명에서 인수는 자식을 傷하게 하는데, 財를 만나면 도리어 평안하게 된다.
비견이 록을 만나면 형제의 이름이 높고, 인수가 피극被剋되면 모친이 일찍 사망한다.
칠살이 정인을 생하게 되면 자당慈堂의 정신은 늙어도 맑다.
상관은 편재 돕기를 좋아하니 부친이 백 년을 안일하게 보낸다.
년에 양인과 칠살을 만나면 유년에 부모를 잃는다.
시에 양인과 상관을 만나면 말년에 도리어 자식이 손상된다.
년, 월에 官, 財, 印이 완전하면 조상의 삼대가 부귀했다.

일시에 칠살 양인이 효신을 만나면 도중에 처와 자식이 손상된다.
남명에 상관이 많으면 자식에 손상이 있고, 여명 상관이 많으면 지아비에 손상이 있다.
상관이 재성을 보면 자식이 있고, 칠살을 제制하면 아들이 많다.
재성이 중重하면 부모가 형상刑傷된다.

귀鬼가 왕하면 후대로 영화가 옮겨진다.
겁재가 중중重重하면 부친이 일찍 사망하고, 印이 깨어지거나 크게 왕하면 모母가 사망한다.
印이 복장伏藏하고 財가 령令을 잡으면 간음하여 낳은 서출이 된다.
정재가 왕하고 身이 실시失時했으면 모母가 일찍 상喪한다.
일에 양인을 만나고, 시에 효신을 만나면 처가 아이 낳다 사망한다.

印이 왕하면 아녀兒女에 해롭다.
재성이 왕성하면 시어머니와 투기한다.
정재, 편재가 거듭 합을 보면 비록 처첩이 많다고 하지만 음란하다.
지아비가 왕하면 자식이 손상되는데, 곧 食神이 손상되는 것이다.
여명에 인성이 왕하고, 관성은 가벼우면 남편의 권력을 장악한다.
남명에 재성이 많고, 신약하면 처의 말에 협심慊心*이 생기게 된다.
협심慊心 : 협심(두려운 마음)

양인이 건강하고, 煞이 강하면 조부의 사업이 미약하다.
관성이 강하고 재성이 왕하면 후대에 영화가 번창한다.
편관을 겹쳐서 만나면 딸은 많이 낳고 아들은 적게 낳는다.
칠살, 양인을 월에서 만나면 부친은 있고, 모친은 없다.

월에 관성, 인성, 년의 상관은 부친은 우수하고 조부는 열등하다.
일에 재성이 위치하고, 시에 겁재가 되면 부친은 흥하고, 자식은 패敗한다.
남명에 상관, 양인을 만나고, 관살을 만나면 상속자가 없다고 판단하지는 못한다.

여명에 식신을 왕하게 만나면 관성이 약하게 되어 남편은 쇠약하지만 자식은 왕하다.

남명에 칠살이 왕한데 비겁을 만나면 형은 있고, 아우는 없는데 태과하거나 불급하면 형제가 없다.

재관이 왕하고, 일간은 휴休하면 남편 집안은 흥하고, 본가本家는 어긋나게 된다.
여명에 비겁이 아주 많으면 남편에 처가 끊기는 뜻이 있다.
남명에 재성보다 비겁이 지나치게 겹쳐지면 처가 사욕의 마음을 품는다.

양인이 상관, 칠살을 만나면 골육, 친우와의 정情이 손상된다.
왕한 재성이 관성을 생하면 남편이 창부를 따르고, 재성이 약한데 비겁을 만나면 3번 결혼한다.
재성이 건록을 얻으면 부친의 수명이 길고, 인수가 피상被傷되면 모친의 수명이 짧다.
재성이 절絕되고 관성이 수囚되면 처와 자식을 늦게 보고, 여자 사주에 식신과 관성이 왕하면 자식이 빼어나고 남편에 영화가 있다.
상관 효신 둘 다 갖추어지면 자식은 나약하고 처는 우둔하다.

칠살이 중重하고 겁재가 많으면 부친이 바깥에서 사망하고, 상관 효신이 가지런하게 갖추어지면 자식이 타향에서 사망한다.
인수가 중첩되면 자식이 극되어 우환이 있고, 사주가 상관이 되면 자식이 불안하다.

인수가 피상被傷되면 모친이 조년早年에 상喪하고, 재원財源이 피겁되면 부친의 목숨이 일찍 기운다.
형제가 많아 신왕하면 부친의 命이 유실되고, 財가 많아서 印이 깨어지면 조년에 모친이 극된다.

신왕한데 돕는 것이 없으면 재물과 처에 손상이 있게 되고, 신왕에 인성도 왕하면 재성이 깨어지고 장가가지 못한다.
재성이 약하고 身은 왕하면 형제가 많고, 재성이 암회暗會하면 처첩이 많다.

인수가 과다하면 늙도록 자식이 없고, 상관이 과왕하면 남편이 상하기 쉽다.
재성이 입묘入墓하면 반드시 처가 형刑된다.
권속은 水火가 같이 있고, 목욕을 상봉하면 골육이 중도에서 분리되고, 과숙은 격각으로써 더욱 싫다.
격각이 일시에 나타나 있으면 고독하게 된다.
삼형은 몰락하고 처와도 이별한다.
도화가 칠살, 처궁에 좌하면 반드시 음탕하다.

전록專祿이 음착을 겸하면 외딴집에서 외롭게 보낸다.
축마가 양차을 보면 시어머니와 다툼이 많다.
년월에 인수가 상생하면 기업이 나타나 이루어진다.
년의 관성은 부친과 조부의 벼슬이 되고, 월의 관성은 형제가 반드시 貴하게 된다.

삼합, 육합은 서로 화해하여 좋은 친구와 사방팔방을 다닌다.
일의 좌에 명재命財*가 있고 다시 생왕 곳이 되면 처와 재물을 얻고 또 처가 현량하다.
명재命財 : 년지를 기준으로 한 재성

일이 刑 되고, 일이 년과 충하고, 양인이 년을 깨고, 겁살, 육액, 원진, 공망이 되면 3~4번 장가가거나 처가 없다.

일 좌에 양인을 차면 일살日煞이라하고, 시의 양인이 귀일歸日하면 둘 다 처를 극한다.
일이 파쇄살을 차면 색으로 인해서 혈질이 생기거나 재앙으로 어렵게 된다. 丑일은 더욱 긴요하고, 巳酉일은 丑만 큼은 아니다.
일에 년간의 묘墓가 있고, 일이 정인살이 되면 정실을 극하고 혹은 창녀인 처를 얻는다.

오행이 순順하면 길하고, 일이 형, 해, 충, 파를 차고 또 악살을 차고, 좌에 부침살浮沈殺이 있으면 처와 생이별하고 또 나쁘게 죽는다.
일에 있는 命財가 사, 묘, 절한 곳이 되면 처를 극한다.
년의 申은 木이 처가 되는데, 午未 궁은 사장死葬하는 시기가 되어 처가 絶하게 되어 어려운 처지가 되거나 또 먼저 기울어져 없는 것과 다름이 없게 된다.

일좌에 화개가 되면 처는 빈번히 극된다. 대개 처(日坐)가 辰戌丑未일이면 이와 같다.
시에 화개를 만나면 身은 고독하고, 子가 년에 임해 있으면 반드시 죽음이 정해지고, 일이 시에 있는 처를 누극屢剋하면 창녀와 노비에게도 장가가지 못한다.

일좌의 화개는 처가 청렴하지 않고, 불효하다.
일의 좌에 역마는 처에 병이 많고, 게으르고, 고독하다.
일이 자형되면 처는 질병이 많고, 일좌에 목욕살은 예쁜 처를 얻는데 청렴결백하지 못하다.
납음으로 논하여 처의 수목(數目:낱낱의 수)은 水1, 火2, 木3, 金4, 土5가 되고 초과한 자는 갑절이 된다.

일과 삼합, 육합을 할 때도 드물게 아내를 얻는다.
사주에 이미 천해가 있고, 유년, 대·소운에서 또 만나면 그 년은 반드시 부부는 불화가 일어난다.
寅 년이 丑을 만나면 곧 격각, 과숙으로 처에 불리하다.
寅이 丑 곁으로 향하면 부인을 극하고, 丑 년이 寅을 얻으면 격각, 고진으로 남편에 불리하다.

남명사주에서 년의 납음오행이 극하는 것은 財로, 곧 이 재성이 절絶하게 되는 곳이 있으면 딸이 태어날 때 처가 손상된다.
가령 甲子金년의 납음오행 金에게 木은 처가 되는데 7月(申) 생은 처가 절絶한 곳이 된다.
여자 사주에서 년의 납음오행의 관성 즉 남편성이 絶한 곳이 있으면, 아들을 생하는 것은 마땅하지 않은데, 남아를 낳으면 지아비가 상喪한다.
가령 甲子金 년인 여자는 남음오행 金 기준으로 火가 남편이 되는데, 10(亥)월생은 남편성이 絶한 곳이 되어 남편이 상하게 된다.

고분살鼓盆殺

癸亥일, 丙寅일, 己巳일, 乙巳일, 庚申일이 고분살이 된다.
일이 왕하게 되는 것을 두려워하고, 고란孤鸞과 같다.

일이 공망과 과숙를 만나면 처와 생이별을 하고, 시가 고진과 록이 되면 자식의 품성이 좋지 않다.
부모에 기대기 어려운 것은 년월이 같이 공망이 된 것이고 처와 자식이 어그러진 것은 일시가 고진과 과숙이 임하여서 그러한 것이다.

여명의 난혼難婚은 운에서 지아비를 등지는 위치가 들어와서 그렇고, 남자 아이가 일찍 장가가는 것은 운의 재성과 합하기 때문이다.

木 命人은 金이 자식, 성격은 청렴, 공정하고, 강열剛烈하다.
火 命人은 水가 자식, 성격은 겸손, 온화, 욕심이 없어 담백하고, 윗사람을 받들고 아랫사람을 잘 거느린다.
土 命人은 木이 자식, 성격은 자애롭고, 충효忠孝에 뛰어나고, 유순 겸화하고 젊은 때는 마땅한데 늙어서는 마땅하지 않다.
金 命人은 火가 자식, 성격은 탐심이 많고, 인색하고, 중심이 허망하고, 이익을 쫒고 재주가 뛰어나고, 시작은 있으나 끝은 없다.
水 命人은 土가 자식, 성격은 완만하고, 듬직하고, 바르고, 정직하고, 신용이 있고, 늙어서 복이 있다.
오행에는 각 氣의 소재가 있으니 그것으로 논하면 된다.
만약 휴묘休墓의 地가 되면 이와 반대가 된다.

가령 년의 납음 木은 金이 자식이 되고, 만약 국중局中에 자식이 없는데, 申, 酉, 巳 시를 얻은 자는 반드시 자식이 있고, 金은 子에서 死하고 寅에서 절絶하니 곧 이는 자식이 없다.

시의 납음으로 자식의 수數를 추리하는데 水1, 火2, 木3, 金4, 土5로 氣가 승왕하면 배수로 설명하고, 무기하여 시를 등지면 수는 감해진다. 수가 따르지 않는 자는 50후에 화복이 정해진다.
만약 남자 사주에 아들에 해당하는 납음오행이 없고, 또 시지가 생왕한 곳이 되지 않았는데 간지가 년과 합하면 딸은 있고 아들은 없다.

論命 79

乾

戊	丙	癸	癸								
子	辰	亥	未	丙	丁	戊	己	庚	辛	壬
火	土	水	木	辰	巳	午	未	申	酉	戌

국중局中에 아들이 없다.(년의 납음 木기준으로 金이 없다.)

납음 木의 관귀官鬼는 金으로 時 子는 사절지가 되었고, 癸戊합하여, 딸은 많이 낳았으나 아들은 없었다. 甲子金을 보았다면 아들이 있게 된다. 일간으로 논하면 丙辰은 癸가 자식이 되는데, 시에 건록, 임관의 地가 되어, 아들이 많아야 되는데, 그러나 도리어 아들이 없었다. 년의 납음을 취하여 논하면 역시 틀림없다. 고시에 이르기를 아들이 없는것은 지지가 사지死地로 이루어진 것이다. 만약 있다 하여도 소년에 사망하고, 간지가 합이 되면 딸 둘은 얻는다 하였다.

論命 80

乾

癸	辛	甲	癸							
巳	卯	子	未	丁	戊	己	庚	辛	壬	癸
水	木	金	木	巳	午	未	申	酉	戌	亥

국중局中에서 아들에 속하는 것은 년의 납음오행 木의 관살인 金이된다.

아들에 속하는 납음오행 金은 월에 있는데, 좌에 있는 子는 金의 사지가 된다. 그렇지만 시지에 巳 金의 생지가 있다.

그래서 많은 아들을 낳았고 딸은 적었다.

論命 81

乾

辛	戊	壬	庚
酉	寅	午	辰
木	土	木	金

己戊丁丙乙甲癸
丑子亥戌酉申未

백호(辛酉)가 뜰에 임하였고, 56세에 사망했고 자식이 없었다.
납음오행 기준으로 년이 金이니 자식은 관살에 속하는 火가 되는데 사주 납음오행 상에 자식성에 속하는 火가 없고 시지 酉는 火의 휴수가 되어 자식 인연이 박약하게 된 것이다.

命에 亥가 많이 범하면 아들을 얻고, 巳가 많으면 딸을 얻는다,
육액은 자식에 액이 많고, 부침살은 이질 설사로 사망한다.
시에 본음本音의 묘墓가 있으면 수명이 긴데 자식도 없이 노후를 보내고, 다만 손자는 있다. 일좌에 파, 공망, 형, 충, 식신, 양인은 모두 첫 자식이 극된다.

납음이 절기絶氣되고, 또 시도 絶되는 곳이 되면 즉 癸巳水, 壬寅金, 庚申木, 乙亥火, 丁巳土 등의 시, 가령 庚申木이 壬寅金을 얻으면 상속자가 끊긴다.

교해살(狡害殺=六害)

申日의 亥時. 巳日의 寅時.
호환을 본 자는 상속자가 끊기고 독수공방한다.

생시에 록과 역마가 있으면 관직에 임하고, 고과를 범하면 자손이 없다.
시간이 년간을 剋하고, 년간이 도식倒食되는 자는 아들을 낳으나 불순하다.

대, 소 두 운과 유년, 년지와 삼합, 육합하는 자는 잉태된다.
陽이 많으면 아들을 낳고, 陰이 많으면 딸을 낳는다.

순양純陽은 극極으로 도리어 陰이 生되니 딸을 낳고, 순음純陰은 극極으로 도리어 陽을 生하니 아들을 낳는다.
甲子 命은 陽에 속하니 대, 소운에서 辰, 혹 申이 들어와서 삼합되고, 辛巳 태세가 밖에서 끼어들게 되면 辛巳는 陰에 속하지만 이것은 陽이 많아서 아들을 낳는다.
생한 命에 부모의 氣가 絶되어 약한 위치의 자는 반드시 형극刑剋된다.
좌의 처와 투출한 처가 다른 象을 이루면 처와 헤어지고 다시 장가가 아내를 얻는다.
다른 象으로 변하여 이루어지면 남편을 잃고, 남편과의 예의를 속여 어긋난 행동을 한다.

처 성이 입묘하면 처와 재물을 얻지 못하고, 부친 성이 고庫에 임하면 부친이 먼저 사망한다.
고庫의 위치가 중화되면 형제, 자매가 있다.

申日 辰時.	未日 亥時
寅日 戌時.	丑日 巳時

모두 정란사충井欄斜衝하여 처에 재앙이 있다.

양간陽干 상하가 합되면 많은 처를 얻고, 합중에 다시 생기生氣를 만나면 처첩이 어질고 선량하다.
陽이 陰과 합하는데, 처가 왕성하면 쌍립하게 되고, 陽이 陰과 합하는데 처가 쇠약하면 재차 장가가게 된다.

부친성이 고庫에 임하면 부친이 먼저 사망하고, 비견이 록을 만나면 형제의 이름이 높다.

청용이 아들을 일으키려면 백호의 처를 맞지 말고, 火의 덕으로 아들을 이루려면 亥子의 여자에 장가가지 말고, 水가 자식을 생하려면 土의 모母를 꺼린다.
년이 일시와 합했는데 戊, 癸가 범하면 세 명의 처를 얻는다.
甲이 두 개의 己를 얻어 巳, 午에 도달하면 두 명의 부인에 그치지 않는다.
丙이 辛을 만나 酉, 子에 거주하면 많은 첩을 만든다.
乙, 庚 합하는데 卯, 午에 생하면 첩을 두고, 壬이 丁을 겹쳐 만났는데 巳, 酉가 존재하면 첩을 둔다.
陽이 왕성한 陰과 합하면 두 명의 처를 얻고, 陽이 쇠약한 陰과 합하면 두 번 장가간다.

년에 官이 있고 월에 상관이 있으면 조상은 강하고 부모는 약하고 官이 사절을 만나면 후사를 얻기 어렵다.
왕한 財가 官을 생하면 지아비가 창부唱婦를 따르고, 財가 약한데 비겁을 만나면 3번 결혼한다.
財는 부친이 되고 印은 모母가 되는데 財, 印이 온전하면 부모가 빼어나다.

재성이 祿을 얻으면 부친의 수명이 길고, 인수가 피상被傷되면 모친의 수명이 짧다.
음양이 위치를 잃으면 부모가 함께 사망하고, 재원財源이 피겁被劫되면 부친이 먼저 사망한다.

재성이 絕되고 관성이 수囚되면 처와 자식을 늦게 보고, 여명에 식신, 정관이 왕하면 자식이 빼어나고 남편에 영화가 있다.

상관과 효신 둘이 갖추어지면 자식은 나약하고 처는 우둔하다.
형은 초나라 아우는 진나라가 되는 것은 命이 공망에 떨어진 것이고, 身이 절지絶地에 있으면 부친은 남쪽 자식은 북쪽에 있게 된다.

칠살이 왕하고 비겁이 많으면 부친이 바깥에서 사망하고, 상관과 효신이 가지런하게 갖추어지면 자식이 타향에서 사망한다.
칠살이 장생을 만나면 여자는 가난한 남편을 만나고, 처성妻星이 실령失令하면 일생의 반은 처 없이 혼자 산다.
부성父星이 고庫에 임하면 부친이 먼저 사망하고, 비견이 록을 만나면 형제의 이름이 높다.

일이 공망과 과숙를 만나면 처와 생이별을 하고, 시가 고진과 록이 되면 자식의 품성이 좋지 않다.
일간이 支와 같으면 재물이 적어지고, 처가 손상되고 身의 支가 년과 같으면 조상의 터가 깨어진다.
시일이 공망이 되면 처와 자식이 존재하기 어렵고, 시가 쇠패衰敗한 곳이면 사망하지 않으면 재앙이 있다.

인수가 중첩되며 자식이 剋되어 우환이 있고, 사주가 상관이 되면 자식이 불안하다.
인수가 피상被傷되면 모친이 조년早年에 상喪하고, 재원財源이 피겁되면 부친의 목숨이 일찍 기운다.
형제가 많아 신왕하면 부친의 命이 유실有失되고, 재성이 많아서 인성을 깨어지면 조년早年에 모친이 剋된다.

시와 일이 충되면 처가 傷하고 子가 剋되고, 日이 월령에 통하면 조상의 은덕으로 신분이 안정된다.

신왕한데 돕는 것이 없으면 재물과 처에 손상이 있게 되고, 신왕에 인성이 왕하면 재성이 깨어지고 장가가지 못한다.
인수가 과다하면 늙도록 자식이 없고, 상관이 과왕하면 남편이 상하기 쉽다.
양간陽干 상하가 합되면 많은 처妻를 얻기 용이하고, 합중合中에 다시 생기生氣를 만나면 처첩이 어질고 선량하다.
부처夫妻의 혼인이 손상되는 것은 모두 비견이 역마를 항복시켰기 때문이다.

부모에 기대기 어려운 것은 년월이 같이 공망이 된 것이고 처와 자식이 어그러진 것은 일시가 고진과 과숙이 임하여서 그러한 것이다.
년이 일을 충하면 부모는 풍성한데 처첩은 어려움이 있게 되고, 시가 년을 충하면 아녀兒女는 풍성한데 부모는 손상되기 쉽다.

년이 시일와 戊癸 합이 되면 3명의 처와 맺게 되고, 甲이 2개의 己와 만나고 巳午가 이르게 되면 두 부인에 멈추지 않는다.
辛이 酉子에 거주하면 첩을 많이 두게 되고, 庚이 乙과 합하는데 卯午에 생했다면 편방(偏房:첩, 애인)이 있게 된다.

壬이 丁을 중복되게 만나고 巳酉가 있으면 중복된 혼인을 하고, 별실別室을 두게 되고, 陽이 陰과 합하는데 처가 왕성하면 쌍립雙立하게 되고, 陽이 陰과 합하는데 처가 쇠약하면 재차 장가가게 된다.
일이 쇠, 묘, 사, 패에 임하면 남편과 처가 상傷하게 되고, 시가 공망이 되고 극이 있으면 자식이 반드시 적다.

년이 일주를 상傷하게 하면 아버지와 자식이 친하지 않고, 시가 일을 극하면 자식이 아버지를 존중하지 않는다.
여명의 난혼難婚은 운에서 지아비를 등지는 위치가 들어와서 그렇고 남자아이가 일찍 장가가는 것은 운의 재성 합하기 때문이다.

재성은 약하고 身은 왕하면 형제가 많고, 재성이 암회暗會하면 처첩이 많다.
재성이 입묘入墓하면 반드시 처가 刑된다.
자식성이 현로顯露하면 자식이 반드시 많고, 자식궁이 형해刑害되면 자식이 드물다.
시에 생왕한 관성이 있으면 자손이 무리를 이룬다.

일이 공망과 과숙을 만나면 처妻와 생이별하고, 시에 공허空虛가 있으면 자식이 있어도 품성이 좋지 않다.
처의 자리에 煞과 상관을 만나면 난새와 같이 고독하고, 고니와 같이 짝이 드물고, 처궁에 극剋이 있으면 늦게 장가 가게 된다.

사주가 록과 합하고, 삼원三元이 순일純一하고, 일, 시에 합이 있으면 남편이 있는데, 사정私情에서 벗어나지 못한다.
도화, 겁살, 오행이 묘墓에 거주하고, 財祿, 목욕이 있으면 남편을 등져 암약暗約하게 된다.

木 일이 봄에 태어났으면 寅, 亥, 卯를 얻으면 형제가 많고 서남에 생하면 형제가 적다.
金 일이 가을에 생하여 巳, 申, 酉에 임하면 형제가 문중에 꽉 차고 동쪽 땅을 만나면 기대지 못한다.

여명이 많은 陽干의 합을 만나면 창녀 아니면 기녀가 된다.
비겁이 분쟁하는데 신약하면 첩 아니면 노비가 된다.
교전하고, 운이 무기無氣하고, 공망이 되고, 삼원三元이 목욕 중에 있고, 오행이 사묘死墓의 地에 있으면 생에 노비가 되니 누구를 원망하겠나!
命에 도식이 있거나, 식신이 없으면 다른 사람의 복을 만드는데 간여하게 된다.

편재가 비겁를 만나고, 신왕하면 부자가 되어 집에 종을 둔다.
남자가 집을 버리고, 이성異姓을 데릴사위로 맞는 것은 金이 金에 거주하여 卯, 寅를 만난 것이고, 木이 木의 곳에 있는데 丑, 未를 만난 것이다.
괴강이 命에 임하여 화개를 보면 일생 취한 처와 살아간다.

丑未가 과숙이 되어 중범重犯하게 만나면 반세半世는 부인을 따라 관사에 든다.
사주가 유정하게 왕래하면 서로 손을 맞잡아 혼인한다.
삼원三元이 陰과 合을 重하게 범하게 되면 중매 없이 시집가고, 陽은 쇠약하고 陰은 왕하면 다른 성姓의 자식을 불러 아들로 여긴다.
命이 짝하면 결혼한다.

휴패 극체剋滯한데 후에 상생을 보면 다른 사내를 초대하고, 支에 극체가 많으면 응당 경중을 알아 정하여야 한다.
상하에 생이 없으면 한 집을 어찌 견고하게 지키겠는가!
身이 무기無氣하여 화化하면 본성本姓이 완전히 이지러진다.

4. 여명女命

(1) 여명女命논명論命

여명에서 나를 극하는 자가 남편이 되고 내가 생한 자는 자식이 된다.

모두 득시得時하여 생왕의 氣를 타는 것이 중요하고 그렇지 않다면 旺氣가 오직 시에서 갖추어지게 되면 또한 가능하다.
관성이 남편이 된다면 煞을 보는 것을 꺼리고, 煞이 남편성이 되면 관성을 보는 것은 좋지 않다. 오직 일위一位만 있어야 좋다.

두 개의 관성은 있지만 煞로 인해 혼잡하지 않고, 사주에 煞이 순수하고 官이 섞여있지 않으면 모두 어진 부인이 된다.
다시 본신本身이 자왕自旺을 얻게 되면 더욱 아름답다.
다만 身이 왕한 것은 좋은데 태과한 것은 좋지 않다.

食은 자식이 된다. 시에서 왕함을 만나고, 다시 이덕二德을 얻어서 身을 도우면 지아비가 貴하고 자식에 영화가 있는 命이 된다.
지나치게 신왕身旺하면 좋지 않고, 암장暗藏한 관성 및 상관, 칠살, 괴강이 상형相刑하거나 양인이 태중하거나 합이 많아 정이 지나치면 모두 아름답지 않고, 유년, 운 또한 그렇다.

❖ 순純 YouTube 44강

순純은 하나만 있는 것이다.
가령 순일純一한 관성 혹은 순일한 煞에 財, 印이 있고, 형충은 없고, 서로 혼잡 되지 않은 것이다.

論命 82

坤

丙	辛	戊	癸							
申	酉	午	巳	乙	甲	癸	壬	辛	庚	己
火	木	火	水	丑	子	亥	戌	酉	申	未

일이 전록專祿으로 왕하여 丙辛 합하여 화化되지 않는다.
辛은 丙이 官으로 남편 성星이 되며, 5월은 火가 왕하니 남편성이 건강하다.
丙은 癸가 官이 되고 癸가 좌한 巳는 癸의 천을귀인이 된다.
丙에게 戊는 食이 되고, 丙과 함께 巳에 귀록歸祿한다.
辛金이 癸水를 생하니 자식이 되고, 水의 장생지인 申시에 인입引入한다.
천간의 癸戊, 辛丙은 수화기제水火既濟가 된다.
지지의 巳午, 酉申에 재고財庫 未土가 공협拱夾한다.
그래서 남편으로 벼슬하게 되었고, 食은 천록天祿이 되니 남편은 영화롭고 자식은 貴한 命이 된다.

論命 83

坤

甲	丙	甲	癸
午	戌	寅	亥
金	土	水	水

辛 庚 己 戊 丁 丙 乙
酉 申 未 午 巳 辰 卯

丙은 癸가 남편이 되며, 癸가 임관 亥를 좌하였다.
甲은 인성인데 좌에 寅으로 甲은 건록을 좌하였다.
身의 좌는 자신의 고庫가 된다.
己土는 자식으로 시지 午에 귀록歸祿하였다.
자식 궁으로 자기 궁에 거주한다.
甲木은 己土의 官이 되고, 사주가 순일하고 잡하지 않다.
그래서 자식은 貴한 음덕이 있게 된다.

재성을 제외한 각 오행이 왕하고 상하좌우가 화해한 구조를 하고 있다.
비견겁이 강하고 인성도 강하고, 관성도 강하다.
년지의 亥 관살성이 寅으로 흐르고 식상인 戌과 寅과 합하여 식상이 관살성을 깨지 않는다.
그리고 또 음습하지 않다. 음양의 균형이 비교적 양명한 쪽으로 기울어진 구조가 된다.
체상의 구조가 인성과 비견겁이 강한데, 이렇게 인성과 비견겁이 강한 명조의 성품이 가장 순수하고 착하고 순종적이다.

❖ 화和 ▶ YouTube 43강

화和는 편안하다. 고요한 것이다. 가령 身이 유약하고, 오직 하나의 남편성이 있고, 주柱에 공격, 충파衝破의 神이 없으면 품稟이 중화의 氣로 화和가 된다.

論命 84

坤

己	己	辛	壬
巳	卯	亥	辰
木	土	金	水

甲	乙	丙	丁	戊	己	庚
辰	巳	午	未	申	酉	戌

己는 甲이 남편성이 되며, 亥는 甲의 장생지가 되니 천시天時를 얻어 이로운 地가 되었다.

甲은 辛이 관성이 되며, 金은 巳가 장생長生이 되고, 金은 己의 자식으로 巳에서 생한다.

그러니까 亥 중에 甲木 남편성이 있고, 천간에 辛金 남편성의 관성이 있고, 이 남편의 관성이 시지 巳火 장생을 얻어 왕하여 좋다.

그래서 일간과 식신과 관성이 서로 호환하는 구조를 이루고 있다.

그래서 지아비는 풍부하여 좋고 자식도 왕성하여 좋다.

비록 자좌의 卯가 煞이 된다고 하더라도 巳中의 庚이 制하니 거살유관去煞留官*으로 논하니 貴한 命이 된다.

거살류관去煞留官 : 煞은 제거되고 官은 머무른다.

論命 85

坤

己	丁	壬	丁
酉	酉	寅	丑
土	火	金	水

己戊丁丙乙甲癸
酉申未午巳辰卯

丁은 壬이 지아비가 된다.
甲은 정인으로 지아비의 식록食祿이 된다.
酉는 년간 丁의 천을귀인이 되고, 己土 자식이 酉 천을귀인을 좌하여 좋다.
정관인 壬 남편성은 시간의 己土 官을 얻어 남편도 貴하다.
己土는 甲이 官이 되니 자식도 貴하게 된다.
酉는 재성이 되고 왕하다.
그래서 지아비가 영화롭고 자식은 음덕이 있다.

체상의 구조를 추리하면 재성이 크게 왕하다 이렇게 재성이 왕한 여자는 남편의 권력을 장악한다. 즉 성격이 남자같이 강건한 편이고 화통하고 터프하다.
이 사주를 자평법으로 봐서는 그다지 좋다고 할 수 없지만 酉가 년간과 일간의 천을귀인에 속하고 또 己酉는 진신으로 천을귀인에 속하고, 납음오행 土가 년의 납음오행 水를 극한다.
운의 흐름이 木火 인성에서 비겁으로 흘러 왕한 재성을 억제시켜 좋다.
酉가 공망되어 강한 재성의 역량을 감소시켜 더욱 좋다.

❖ 청淸 YouTube 42강

청淸은 정결淨潔로 칭한다. 여명에 오직 한 개의 官 혹은 한 개의 煞만 있어 혼잡하지 않으면 청淸하다 말한다.
남편성은 득시得時를 요하고, 주柱에 財가 官을 생하고 印이 身을 돕고 한 점의 혼탁한 氣가 없으면 청귀淸貴하게 된다.

論命 86

坤

甲	乙	壬	己
申	未	申	未
水	金	金	火

己 戊 丁 丙 乙 甲 癸
卯 寅 丑 子 亥 戌 酉

乙은 庚이 지아비가 되고, 庚의 祿은 申이 된다.
丁은 자식으로 未로 인해 왕하다.
壬은 인성이 되며, 申은 생지가 된다.
좌하坐下의 지지 未는 乙木의 재성이 되어 財가 왕하여 官을 생하는 것이 가능하다.
사주에 형刑, 충沖, 파破, 패敗가 없다.
경에 이르기를 財, 官, 印의 3개가 여명에 있으면 필히 지아비가 크게 이루게 된다 하였다.
그래서 양국에 봉해진 부인의 命이 된다.

이명조도 천을귀인이 두개 있고 겁살에 해당하며, 납음 水가 년의 납음 화를 극하여 천을귀인의 역량을 크게 받는다.
재에서 관으로 관에서 인으로 흐르는 기세가 청하다.

論命 87

坤

戊	丙	癸	甲
子	寅	酉	寅
火	火	金	水

丙丁戊己庚辛壬
寅卯辰巳午未申

丙은 癸가 남편이 되고, 좌에 酉가 있어 자생自生한다.
癸는 戊가 官이 되고, 癸는 자식 궁에서 자식을 얻었다.
남편이 祿을 얻은 곳이 자식의 좌가 되니 貴하다.
丙火은 戊土가 자식이 되고, 등용지봉각登龍池鳳의 각閣으로 자식은 貴하다.

財 官 寅의 기세가 잘 이루어졌고, 또 각 오행이 두루 왕성하다.
음양의 왕쇠도 중화를 이루었다.
酉 재성이 월령을 차지하여 왕한 인성을 제어한다.

비록 천덕귀인 寅은 있지만 천을귀인은 없다.
그렇다고 하더라도 십성의 구조가 조화를 너무 잘 이룬 사주가 되었다.

TIP

인성이 관살의 생을 받으면 반드시 균형鈞衡의 임무를 맡는다.
官이 있고 印도 있으면 벼슬이 청귀清貴하다.
칠살과 인성이 둘 다 온전하면 문무를 겸비한다.
칠살이 인성을 만나고 다시 인성을 만나면 영화榮華롭게 된다.

❖ 귀貴 ▶ YouTube 41강

귀貴는 존영尊榮한 이름이다.

命에 관성이 있고, 財를 얻어서 관성을 돕고, 삼기를 얻으면 종宗이 되고, 또 사주에 귀병鬼病이 없는 이러한 여명은 요순堯舜과 같다.

경에 이르기를 煞이 없는 여인의 命은 一貴가 어진 사람을 만든다 하였고, 또 이르기를 여명에 煞이 없고, 이덕二德을 만나면 양국에 봉해진다 하였다.

이덕二德은 천덕天德, 월덕月德의 이덕二德이 아니고, 財가 일덕一德, 官이 일덕一德으로 이에 印食이 더해지면 貴하게 된다.

論命 88

坤

壬	丁	丙	甲
寅	未	寅	午
金	水	火	金

己	庚	辛	壬	癸	甲	乙
未	申	酉	戌	亥	子	丑

丁은 壬이 官이 되고, 壬의 食은 甲이 되고, 甲은 印이 된다.

壬의 財는 丙이 되고, 壬의 祿은 亥가 된다.

2개 寅이未와 甲己 암합한다.

남편성이 실시失時했다고 하더라도 운이 서, 북으로 좋게 나아가니 남편성이 왕한 운이 되어 크게 貴하게 되었다.

寅월의 丙은 월덕귀인, 丁은 천덕귀인이 되어 좋다.

또 천을귀인 未도 있다.

論命 89

坤

癸	辛	丙	乙
巳	卯	戌	亥
水	木	土	火

癸 壬 辛 庚 己 戊 丁
巳 辰 卯 寅 丑 子 亥

辛은 乙이 재성이 되고, 亥 木의 생지를 좌하여 왕하다.
丙 남편성은 戌 고庫를 좌하였고, 자식궁 巳에 귀록歸祿하였다.
巳의 천간 癸는 남편 丙의 관성이 되고, 辛金이 생하니 癸는 자식이 된다.
癸가 좌한 巳는 남편의 록이 되니 남편의 록과 官이 같은 위치에 존재하게 되었다.
또 巳는 癸의 천을귀인이 되고, 또 財官이 쌍미雙美하다.
그래서 남편과 자식이 함께 貴하게 되고, 크게 봉해졌다.
戌의 천월덕귀인의 두 덕德은 丙이 되어 매우 좋다.

관성 丙은 巳 건록이 있어 강하고,
재성 木은 卯, 亥가 있어 왕하고,
인성 土는 戌과 巳가 있어 왕하고,
식상은 水인데 亥가 있어 강하고,
일간은 巳 생지가 있고 戌 고庫가 있어 약하지 않아 오행이 다 건강하다.
기세의 흐름도 식상이 財로 財가 官으로 잘 이루어져 유정하다.
체상의 음양도 치우치지 않아 중화를 이루었다.

❖ **탁濁** ▶ YouTube 40강

• 탁濁은 혼잡이다.

오행이 실위失位하고, 水土가 상호 상傷하게 하고, 身이 크게 왕하고, 정관이 나타나있지 않고, 편관만 혼잡하게 섞여있고, 주柱가 서로 구분되어 갈라져 있는 것이 많다.

財, 官, 印, 食이 없으면 하천한 촌탄이 되거나 혹 창기나 비첩등 음교한 사람이 된다.

論命 90

坤

己	癸	乙	己
未	丑	亥	亥
火	木	火	木

壬 辛 庚 己 戊 丁 丙
午 巳 辰 卯 寅 丑 子

癸水가 10월에 생하여 크게 범람하다.

癸는 戊가 남편성이며, 나타나 있지 않았다.

시에 己未 편부偏夫가 있다. 더 싫은 것은 丑未로 土가 혼잡하게 된 것이다.

사주에 財도 없고 乙木 식신이 왕한데, 己土가 편관이 식신 木에 극받고 있다.

먼저 청淸하고 후後에 탁하여 복을 누리는 것이 힘들다.

음양의 기세도 음으로 치우쳐 있다. 그래서 탁한 사주가 된다.

論命 91

坤

乙	辛	甲	癸
未	酉	寅	未
金	木	水	木

辛庚己戊丁丙乙
酉申未午巳辰卯

辛酉는 팔전八專*으로 자왕自旺하다.
丙火가 남편이 되며, 장생 寅을 월령에서 얻어 남편성이 왕하여 근본이 좋다.
다만 辛이 乙未 고중庫中의 財를 탐하여 未中의 丁火가 일어나 이끄는 암부暗夫가 된다.
두 개의 未 고庫에 암부가 있고, 명부明夫가 중과重過*하게 되니 명암이 교집交集하여 비록 정부正夫가 있다고 하더라도 암중暗中의 남편을 훔쳐 財를 얻으려는 것은 면하지 못하는 탁난濁亂한 상象이다.
관살이 지지에 암暗되어 혼잡하다. 그래서 탁한 사주가 된다.
음양은 중화를 이루었다.
중과重過 : 선량한 관리자로서의 주의를 현저히 결한 행위. 중대한 과실.

팔전八專

壬子에서 癸亥까지의 12일 중에 丑, 辰, 午, 戌의 나흘을 제한 나머지 8일 동안의 일컬음.

壬, 癸는 모두 물이라는 뜻으로, 이 동안에 비가 많이 온다고 하며 1년 중 여섯 차례가 있음.

〈壬子. 癸丑. 甲寅.乙卯. 丙辰. 丁巳. 戊午. 己未. 庚申. 辛酉. 壬戌. 癸亥〉

❖ 람濫 ▶ YouTube 38,39강

남濫은 탐욕이다.
사주의 뛰어난 명부明夫가 있지만 암자暗者에 財가 왕하게 되어 있는 것이다.
간지에 또 煞이 많으면 반드시 주색이 인연 되어 사사로이 암暗으로 財를 얻는다.
이와 같은 등급의 命은 간혹 노비도 되고, 혹은 극부剋夫하고 재가하게 된다.

論命 92

坤

丁	庚	丙	庚
亥	申	戌	寅
土	木	土	木

己	庚	辛	壬	癸	甲	乙
卯	辰	巳	午	未	申	酉

庚申은 팔전으로 자왕自旺하다.
丙火가 남편성이 되며, 寅戌이 국을 이루고, 시간에 또 丁이 있어 사랑이 중重하여 정情을 태우게 된다.
庚申 金은 寅亥 木인 財를 암극暗剋하고, 亥 중의 壬水는 식신으로 財를 생한다.
이 사람은 비록 미모에 복이 있지만 재물을 얻기 위해서 람濫하게 되었다.
음양은 비교적 중화를 이루었고, 관살이 혼잡한데 일간이 강하고 식상이 재로 흐르는 기세를 갖추었고, 노출보다 감추는 체상을 이루었다.

論命 93

坤

丁	己	甲	戊
卯	未	寅	子
火	火	水	火

丁戊己庚辛壬癸
未申酉戌亥子丑

1월의 甲木이 왕하다.

卯木은 회국會局하고, 편偏, 정正으로 지아비가 많다.

子는 또 왕한 財가 된다.

甲己 합으로 궁에 음양이 배필로 맺어졌다.

그래서 비록 총명 수려하지만 람濫하다.

게다가 도삽도화倒插桃花*(卯)도 있다. 土 제매娣妹를 좌하였고, 이는 관성이 되지 못하는데 어찌 어진 부인이 되겠는가?

음양은 중화를 이룬 편인데 관살혼잡되고, 합이 많은 사주 체상이 되어 람하였다.

도삽도화倒插

卯 년이 寅午戌, 酉人이 申子辰, 子人이 亥卯未, 午 人이 巳酉丑이 일월시에 있는 것.

TIP

칠살이 왕하고 혼잡하면 기예技藝를 따르게 된다.

관상이혼잡하고, 傷官, 혹 합이 많아 난립하면 남자는 침미주색(酒色沉迷)하고, 여자는 중매 없이 시집간다.

합이 많은 자는 모든 사람과 친하게 지낸다. 합이 많으면 우매하고, 마음을 쉽게 연다.

論命 94

坤

壬 癸 丁 己		
戊 丑 丑 酉		甲 癸 壬 辛 庚 己 戊
水 木 水 土		申 未 午 巳 辰 卯 寅

사주의 천간에 己 남편성이 있고, 두 개 丑과 한 개 戊로 세개의 남평성이 암장되어 있다. 丁은 財가 되어 戊에 귀고歸庫하고, 丑과 相刑이 된다. 丑이 득령得令하여 火는 또 진기進氣에 속하며, 사내가 많고 戊癸, 酉丑합이 있어 합이 많다. 관살혼잡된 사주로 음으로 치우친 체상을 하고 있다. 그래서 람하다.

論命 95

坤

辛 丙 癸 甲	
卯 子 酉 辰	丙 丁 戊 己 庚 辛 壬
木 水 金 火	寅 卯 辰 巳 午 未 申

丙子일은 음양살陰陽煞이 되어 남자를 유혹한다.

丙은 癸가 남편이 되며, 辰子 합하여 水국으로 사내가 많다.

일시에 丙辛 합, 子卯 刑이니 지형支刑 간합干合으로 황음곤량荒淫滾浪하고 주색혼미酒色混迷하다.

酉 정재가 월령으로 財가 왕하고, 癸 남평성의 좌에 있다.

2개의 명조는 모두 기생의 命으로 매춘하여 돈을 벌게 되었다.

음습하고, 합이 많고 관살혼잡된 체상을 이루었다.

❖ 창娼 YouTube 37강

창娼은 기妓다.

신왕(일간)하고 지아비는 절絕되어 있고, 官이 쇠약하고, 식신이 왕성하게 되어 있고, 사주에 관살이 없고, 상관이 상진傷盡되고, 혹 관살이 혼란하고, 또 식신이 왕성한 命은 창기娼妓의 命이 된다.

만약 그렇지 않으면 비구니 비첩이 된다.

지아비를 극하고 음분淫奔하다.

論命 96

坤

庚	戊	庚	丁
申	辰	戌	亥
木	木	金	土

丁丙乙甲癸壬辛
巳辰卯寅丑子亥

戊는 甲이 지아비가 된다.

9월에는 木 관살이 실시失時되니 무기無氣한데다 또 庚에 극절剋絕된다.

시의 申에 인입引入한 庚은 식신이 되고, 申은 건록이 된다.

戊辰은 괴강살이 되고, 申辰亥 중의 水 재성도 왕하다.

일컬어 일간이 왕하고, 재성도 왕하고, 식상도 왕하여 재물을 탐하여 지아비가 없는 수려한 창녀가 되었다.

사주 체상이 음습하고 식상과 재성이 크게 왕한 식상이 재로 흐르는 기세가 이루어져 재물을 탐하는 욕구가 특히 강한 사주다.

論命 97

坤

丙	甲	丙	乙
寅	子	戌	亥
火	金	土	火

癸	壬	辛	庚	己	戊	丁
巳	辰	卯	寅	丑	子	亥

甲은 庚辛이 지아비가 된다.

9월의 金은 氣가 약해져서 차츰 물러나게 된다.

시에 식신 丙의 장생 寅을 좌하였다.

木地가 국局(寅亥)을 이루었고 甲木이 祿을 시지에 얻어 신왕하다. 庚金이 寅地에 이끌려 이르게 되면 寅은 金의 절지絶地이니 무기無氣하게 된다.

丙 식신은 크게 왕하여 金 지아비는 傷하게 한다.

식신 丙이 寅을 좌하여 자왕自旺하다.

식신이 왕성하여 의식衣食이 비록 좋지만 창기의 풍진은 면하기 어렵게 되었다.

사주 체상이 약간 음으로 치우쳐있고, 식상이 왕하여 재성으로 흐르는 기세를 갖추었다.

일지의 子는 함지로 곧 음란의 신이 된다. 그래서 창기가 되었다.

TIP

나형裸形, 함지를 日에서 만나면 탁람황음濁濫荒淫하다.

함지는 주색의 성星으로 만나면 절제하지 못하여 갈길을 잃고 헤매 돈다.

도화가 合神을 겹쳐 차게 되면 거리의 여자가 된다.

論命 98

坤

庚	戊	庚	癸
申	辰	申	丑
木	木	木	木

丁丙乙甲癸壬辛
卯寅丑子亥戌酉

戊는 乙이 지아비가 되며, 월령에 申이 있으니 申은 木의 절지에 해당하여 약하다.
戊일에 庚申은 식신이 되고, 월, 시에 겹쳐서 있으니 식신 왕하여 지아비가 끊어져 없게 된 것이다.
그래서 창娼이 되었다.

무릇 양간의 여명은 식신이 많으면 창娼이 되고, 음간陰干의 여명은 식신이 많으면 기妓가 된다.

사주 체상이 한점의 火도 없이 음습하다. 합도 많다.
일간도 강하고, 식상과 재성이 크게 왕하고, 식상이 재로 흐르는 기세가 이루어졌다.
운 또한 金水로 흐른다.

TIP

상관이 과왕하면 남편을 상하게 한다.
식신이 겹쳐져 있으면 모름지기 官이 있는 곳은 꺼린다.

❖ 음淫 YouTube 36강

음淫은 옥(沃:물대다, 기름지다, 왕성하다)이다.

본신本身이 득지하고 남편성이 명암교집明暗交集*한 것이다.

일컬어 일간이 자왕自旺하고 사주에 모두 관살인 것을 말한다.

干에 있는 것은 명明이 되고 支에 있는 것은 암暗이 된다.

사주에 태과한 것은 가령 한 개의 일간 丁이 세 개의 壬을 보아 이에 지지에 辰子가 많으면 일컬어 교집交集한 것이 된다.

이렇게 되면 사내가 고여 들지 않을 수 없다.

명암교집明暗交集 : 천간과 지지에 정관과 편관이 뒤섞여 있는 사주.

論命 99

坤

癸	壬	壬	戊
亥	戌	辰	辰
水	水	水	木

乙 丙 丁 戊 己 庚 辛
酉 戌 亥 子 丑 寅 卯

壬辰, 癸亥는 천간이 자기 자리에서 득지得地한 것이 된다.

천간의 戊土가 정부正夫가 되고, 辰戌은 지지로 편부偏夫가 된다.

그래서 명암교집하여 많은 남정네가 고여들게 되어 음란하지 않을 수 없다. 또 사주 체상이 극히 음습하지 않는가?

論命 100

坤

甲	乙	戊	庚		
申	酉	子	戌		辛壬癸甲乙丙丁
水	水	火	金		巳午未申酉戌亥

乙은 庚이 누구나 아는 남편이 되고 일지의 酉와 시의 申은 감추어진 남자가 된다.

운이 서방으로 金이 왕한 地가 되었다.

앞의 명조와 이 명조 2개는 모두 남편 성星이 명암교집明暗交集한 것이 되는데 어찌 음란하지 않다고 말할 수 있겠는가!

역시 사주 체상이 음습하다.

論命 101

坤

壬	丁	壬	癸		
寅	丑	子	亥		己戊丁丙乙甲癸
金	水	木	水		未午巳辰卯寅丑

丁火가 水의 무리 가운데 있다. 역시 천간과 지지에 지아비가 많이 존재하여 음란하고 부끄러움을 모른다.

경에 이르기를 丁이 壬을 태과太過하게 만나면 필히 음淫을 범하여 그릇되고 혼란한 삶이 된다고 하였다.

역시 음습한 사주고, 또 子 합지가 있다.

論命 102

坤

乙	己	甲	癸
亥	卯	子	卯
火	土	金	金

辛 庚 己 戊 丁 丙 乙
未 午 巳 辰 卯 寅 丑

己는 甲이 지아비가 되고 甲에게 子는 패敗가 되고, 卯는 암부暗夫가 된다.
일간 己의 좌에 亥卯가 합하여 명암교집明暗交集이 되었다.
정부正夫, 甲은 子를 좌하여 약한데, 암부暗夫 乙은 생지 亥를 좌하여 역량이 좋다.
그래서 남편보다 세력을 장악한 편부에 집착하여 남편을 멀리하는 여인으로 곧 음란한 사주가 된다.

사주 체상이 음습하고다.
甲己합, 亥卯卯합이 있어, 합이 많다
또 월지에 水 함지가 있고, 또 子卯 형한다.

TIP

금귀金鬼는 죽이는 것을 좋아하고, 왕성한 水는 음란함이 많다.
金水는 총명하고 색을 좋아한다.
干支가 형합刑合하고 함지를 차면 기생집을 넘나든다.
합의 수數가 많으면 비구니 아니면 기생이 된다.

❖ 왕부극자旺夫剋子 YouTube 35강

여인의 命에서 남편성이 왕하여 자식을 상傷하는 것은 무엇인가? 이 법은 모두 시상에서 추리하는데 시는 되돌아가 쉬歸宿는 地가 된다.

남편과 자식 두 성星이 시에 끌려 들어가, 부성夫星은 생왕하게 되고, 자식 성星은 쇠패衰敗하게 된 것이 이것이다.

論命 103

坤

辛	丁	丙	丙
亥	巳	申	戌
金	土	火	土

己	庚	辛	壬	癸	甲	乙
丑	寅	卯	辰	巳	午	未

丁 일간의 좌에 巳로 자왕自旺하다.

壬水는 남편성이 되는데, 시지에 남편성 정관이 임하여 있고, 월지의 申金은 남편성의 장생지가 되고, 辛金은 재성이 된다.

7월은 金이 왕한 계절이 되고, 2개의 丙이 상호 견주는데 모두 남편 壬의 財(丙)가 되고, 또 申인성을 좌 했다.

그래서 남편은 빼어나게 총명하고 부귀하다.

그런데 丁은 戊가 자식이 되는데, 시에서 亥를 봤다.

亥 중의 甲木은 능히 戊土를 剋한다. 곧 자식성이 극당하게 되어 자식이 힘을 잃었다.

그래서 남편성이 왕함으로 인하여 자식이 상傷하게 된 것으로 왕부극자가 된다.

❖ 왕자상부旺子傷夫 YouTube 34강

자식성이 왕하여 남편성을 傷하게 하는 것은 무엇인가?
이 법은 오로지 월, 시로 판단한다.
득시하여 유기有氣하면 남편 발복發福하게 된다.
만약 干의 좌지坐支가 실위失位하고 월기月氣를 얻지 못하고, 시주에서 충극衝剋을 만나고, 시상에도 왕기旺氣가 없는데 자기가 생한 자식은 시에서 장생, 임관, 제왕을 만나고, 또 극이 없다면 왕자상부旺子傷夫가 된다.

論命 104

坤

戊	乙	甲	己
寅	卯	戌	卯
土	水	火	土

辛	庚	己	戊	丁	丙	乙
巳	辰	卯	寅	丑	子	亥

乙은 庚이 남편성이 된다.
9월의 庚金 남편성은 무기無氣하다.
乙은 丙이 자식성이 되고, 丙火의 장생은 寅이 되며, 戌과 반 火局하니 모두 火에 속한다.
월령은 이미 金氣가 없고, 시는 절지絕地가 되었고, 또 寅중의 丙火에 극당한다. 그래서 남편성이 상傷하게 된다.
자식이 왕하여 남편성이 傷하게 되니 왕한 자식이 지아비를 傷하게 하는 것이다.
즉 왕자상부 되었다.

❖ 상부극자傷夫剋子 YouTube 10강

남편이 상傷하고 자식도 극되는 것은 남편성이 간지에서 실위失位하고, 생월에 실시하고, 사주에 또 충극을 만나고, 시지에 또 생부生扶가 없는 것이다.
겸해서 인수를 중重하게 만나면 남편성의 기운을 도둑질하고 자식도 극됨이 심하게 되는 것을 상부극자라 한다.

論命 105

坤

丙	乙	庚	丙
子	亥	子	子
水	火	土	水

癸	甲	乙	丙	丁	戊	己
巳	午	未	申	酉	戌	亥

乙木은 庚金이 남편성이 된다.
음력 12월의 金은 싸늘하고 水는 차갑하다.
金에게 子水는 사지死地에 해당하고, 支의 亥子水가 金氣를 도적질한다.
사주에 土가 없어서 생조生助되지 못한다. 그래서 남편이 손상된다.

乙木은 丙火가 자식이 되는데, 子시가 되어 水가 왕하여 火가 멸滅하는 地가 된다.
비록 년간, 시간에 2개 火가 있다고 하더라도 水의 무리를 당할 수 없어 지아비와 자식이 모두 사망하였다.
그래서 말하기를 상부극자傷夫剋子라고 하는 것이다.

❖ 안정수분安靜守分 YouTube 32강

안정하여 분수를 지키는 것은 남편성이 유기有氣하고 일간이 자왕自旺하고, 상정相停하여 극하지 않고, 형충이 없고, 財와 食을 얻은 것이다.

論命 106

坤

丁	乙	庚	癸
亥	卯	申	巳
土	水	木	水

丁 丙 乙 甲 癸 壬 辛
卯 寅 丑 子 亥 戌 酉

乙 좌가 卯木 록이 있어 자왕自旺하고 시지에 亥와 합국한다. 이는 신왕身旺한 것이 된다.

庚金이 남편성이 되며, 7월의 庚이 록인 申을 얻었고 년지에 巳火 金의 장생지長生地가 있어 남편성이 왕하다.

亥 중의 壬水는 남편성 金의 식신으로 천주天廚가 된다. 그래서 남편성의 식신이 천록天祿이 된다.

이와 같은 것에서 자기와 남편성이 함께 왕하여 서로 傷하지 않고 각 왕기旺氣을 타고 혼란이 없어 서로 침범하지 않아 화목하여 안정수분격安靜守分格이 된다.

천간	甲	乙	丙	丁	戊	己	庚	辛	壬	癸
천주	巳	午	巳	午	午	酉	亥	子	寅	卯

❖ 횡요소년橫夭少年 ▶ YouTube 31강

소년에 일찍 죽는 것은 조화의 궁절窮絕과 격국의 변이에 의하여 사망하게 된다.

대들보에 매달리고, 물에 빠지고, 피를 봐서 젊을 때 사망은 하고, 살인을 당하는 것은 어떤 것인가!

이는 신약하고 煞을 重하게 만났을 때이다.

煞이 많아 身을 극하고, 또 형, 충, 파, 패의 종류가 있고, 혹은 관살에 상해를 받는데, 운에서 거듭 관살이 들어올 때, 혹은 사주에 官이 없는데, 상관은 있고, 운에서 관살이 들어오는 종류들, 혹은 양인이 있는데, 제어하지 못하고, 운에서 양인과 합하는 地가 들어오고, 망신, 겁살 등의 종류가 있을 때 모두 비명횡사한다.

여명만 해당하는 것이 아니고 남명도 그 형태가 동일하다.

論命 107

坤

丙	庚	癸	丁
子	辰	丑	卯
土	金	木	火

庚己戊丁丙乙甲
申未午巳辰卯寅

庚에게는 丁이 정관이 된다.

정관이 癸水, 子辰 상관을 겹쳐서 만나니 심하게 剋을 당하고 있다. 또 일간 金이 子 사지를 시지에 보아 子辰합하니 일간 金이 침몰 당한다. 丁巳 운에 상관이 官을 봐, 사주에 많은 水가 상관견관傷官見官했고, 또 丙을 만나서 煞이 身을 剋하니 물에 빠지는 재해를 만나게 되었다.

❖ 복수량비福壽兩備 YouTube 30강

복과 수명 두 개 다 갖춘 것은 조화가 중화되고 격국이 순수한 것이다. 일생 동안 향유하면서 사는 것과 노년까지 어렵게 사는 것은 어떤 것인가!
이것은 신좌身坐가 왕하고, 月氣에 통하고, 간지가 서로 돕고, 재성, 관성, 인수가 있어서 각 그 위치를 얻는 것이다.
財가 겁탈되지 않고, 印이 깨어지지 않고, 상관이 국을 이루지 않아야 좋다. 더욱 좋은 것은 식신, 천주天廚가 득위得位 하고, 신왕身旺한데 운이 재성, 식신으로 행하는 것이다. 이와 같은 것은 모두 복과 수명 두 개를 갖춘 命이 된다.

論命 108

坤

癸	辛	庚	丙
巳	酉	子	午
水	木	土	水

癸	甲	乙	丙	丁	戊	己
巳	午	未	申	酉	戌	亥

辛의 좌는 酉가 된다. 전록專祿이니 자왕自旺하다.
시의 癸 자식성이 월지 子에 귀록歸祿하여, 곧 식신은 수명성, 자식성인데 득지하였다.
辛에게 丙火는 官이 된다. 丙은 巳에 귀록祿歸하니 남편성도 득지得地하였다. 또 12월 생으로 금백수청金白水清한 상象이 된다.
겸해서 간지 상하가 서로 돕고 있어 모두 손상되지 않는다.
身이 종화從化하지 않았다.
그래서 사람이 미모에 단정하고 남편과 자식이 상정相停하고, 수명과 복, 두 개 다 갖추게 되었다.

❖ 정편자처正偏自處 YouTube 28강

정편자처正偏自處는어떤 것인가!
이는 부부가 상합相合한 것으로 다시 비견의 분쟁을 만난 것이다 이것이다.
가령 한 개의 남편성이 두 개의 처성과 서로 합하는 것으로, 이러한 것을 일컬어 쟁합을 말한다.

만약 본신本身의 지지에 왕지를 좌하면, 자왕自旺하게 된 것인데, 곧 나는 왕하여 역량이 있게 된다.
저편은 지지에 사절지인 휴수를 좌하면 저편의 身은 쇠약한 것이 된다.

다시 사주에 나인 일간을 충하는 것이 없으면 나는 정正이 되고 저편은 편偏이 된다.

무릇 내가 생왕하여 氣가 있으면 남편은 나를 따라서 正인 본처가 되고, 나의 身이 쇠衰한데, 다른 비견이 나보다 왕하면 남편은 비견을 따라가게 되니 내가 반대로 편偏인 첩이 된다.
일컬어 저편이 왕하여 나의 남편을 쟁탈하여 가져가고 나는 오직 편偏만 얻게 되어 첩이 되거나 기녀가 된다.

혹 자왕自旺이 태과太過한데 남편성이 없으면 또한 편偏이 된다.
또 관살혼잡官殺混雜, 상관이 태중太重하면 나는 편偏이 되고 음란하게 된다.

論命 109

坤

辛	辛	丙	壬
卯	酉	午	子
木	木	水	木

己 庚 辛 壬 癸 甲 乙
亥 子 丑 寅 卯 辰 巳

辛은 丙이 남편성이 되고, 나의 좌는 酉支 전록專祿으로 자왕自旺하다. 비록 시에서 丙을 합하여 끌어간다고 해도 辛卯의 金은 무력無力하다.

그래서 나는 정正이 되고, 저편은 편偏이 되는 것이다.

이것이 두 여자가 남편을 쟁탈하는 것으로, 정편자처正偏自處라 한다.

論命 110

坤

壬	癸	壬	癸
子	巳	戌	未
木	水	水	木

己 戊 丁 丙 乙 甲 癸
巳 辰 卯 寅 丑 子 亥

癸는 土가 남편성이 된다.

癸巳는 水가 약하고, 壬子는 水 왕하다.

그래서 약은 왕을 이기지 못하니,

壬水에세 戊土 남편을 쟁탈 당하여 저편이 쇠약한 나에게 승리하게 되니 나는 오직 편偏이 되었을 뿐이다.

또 壬水의 범람이 심하고 도화를 차고 있으니 자신이 정착할 곳이 없어 첩이나 창기가 된다.

❖ 초가불정招嫁不定 YouTube 27강

초가부정招嫁不定은 어떤 것인가!
월령 중에 남편성이 있고, 천간에 투간透干한 것과 자기가 상합相合하여 자기의 身에 남편성이 굴복하여 따르는 것이다.
굴복하여 따를 수 있는 것은 남편성이 무기無氣하고, 다시 시에 정관이나 혹은 편간이 있는데 왕지를 타서 자기의 身을 극하게 되면 내가 편부偏夫에게 굴복하여 따른다. 그래서 초가부정招嫁不定 이라고 한다.

만약 남편성이 왕하지 않고 혹은 극제剋制를 받으면 반드시 시집가는 것이 늦게 되거나 혹은 시집갈 남편이 명확하지 않거나 남편이 무능하고, 혹은 외정外情이 있다.

論命 111

坤

乙	己	甲	癸
亥	未	子	酉
火	火	金	金

辛 庚 己 戊 丁 丙 乙
未 午 巳 辰 卯 寅 丑

己는 甲이 남편이 되며, 11월에 태어났으니 실시失時하여 왕하지 않다. 시에서 亥를 만났으니 甲木의 장생이 된다.
그래서 남편성이 旺하여 도리어 합하지 못한다. 乙木은 己未를 制하고 未는 乙木의 고지庫地가 되고, 亥 생지를 좌하여 왕하다.
甲이 子월에 생했으니 남편성의 좌가 패지敗地가 된다.
시의 乙亥, 亥 중에서 또 甲을 생장生長하니 甲을 원하고 또 乙을 초대하고자 한다. 이것이 초가부정招嫁不定이 된 것이다.

(2) 여명女命비전祕傳

여명은 먼저 남편과 자식의 흥쇠를 관찰하여 영고榮枯를 궁구하고, 다음은 일, 시의 경중을 분별한다.

官은 남편 되고 財는 아버지가 된다. 財가 旺하면 남편에 영화가 있고, 식신은 자식이 되고, 印은 어머니가 되니 印이 왕성하면 자식이 쇠衰하게 된다.
일간이 태왕太旺 한 것은 마땅하지 않고, 월기月氣에서 중화中和를 내려받아야 한다.
일주가 旺하면 남편의 권리를 빼앗게 되어 고독하고 괴롭게 된다.

월령이 일주日主의 휴수가 되면 본분이 있어서 가정을 지키게 되고 편안하게 된다.
관성이 득지得地하면 남편은 영화가 있다.
상관이 剋을 받지 않으면 자식에게도 貴함이 나타나게 된다.
官이 있으면 煞을 보는 것은 좋지 않고, 煞이 있는데 官을 만나는 것도 불가하다. 설사 관살이 혼잡하다고 하더라도 사람이 어찌 경사스러움은 얻지 못하겠는가!

관성이 극을 받지 않고 이덕二德을 얻으면 양국兩國에 봉해진다.
칠살을 制하고 삼기를 만나면 일품의 貴가 있게 된다.
식신이 煞를 制하고 財를 생하면 경사스롭고 상관은 남편을 극하고, 기운을 훔쳐가 나쁘다.
煞을 사용하는데 官을 만나면 절개가 있는 부녀자가 되지 못하고, 가난하여 고독하고 하천下賤하게 된다.
官이 태왕太旺하면 공평 무사하나 수명이 길지 않고, 財가 중첩되어 있으면 모친이 일찍 죽는다.

자왕自旺하면 부인婦人이 직업으로 공교하고, 일이 쇠약하면 옹졸한 여공女工이 된다.
귀신貴神 일위는 부유하거나 영화가 있고, 합의 수數가 많으면 비구니 아니면 기생이 된다.

貴人이 역마에 오르면 풍진이 많은 아름다운 기생이 된다.
관성이 도화를 차면 깊은 곳에 있는 집의 아름다운 사람이다.
합이 많은 자는 교미 서럽고, 천하고, 정이 많다.
도화도삽桃花倒插은 마땅하지 않고, 목욕, 나형을 최고 꺼리는데, 범한 자는 시비 혹은 비구니가 된다.

子, 午, 卯, 酉이 온전한 자는 주색, 황음한 여자가 되고, 寅申巳亥이 갖추어 지면 총명, 생발生發한 여인이 된다.
未丑 刑은 꺼리지 않지만, 戌辰이 충하는 곳은 좋지 않다.
상관을 중첩하게 만나면 남편성를 剋하여 재가再嫁하는 여인이 된다.

인수가 많으면 사별하지는 않으면 생이별한다.
형, 충, 양인은 거칠고 악하고 무지無知하고 파, 해, 금신金神은 생산 시 핏빛의 재앙이 생긴다.
팔자에 공망이 있으면 과곡寡鵠이 아니면 고란이 된다.
이와 같은 것은 天은 地에 의依하고 地는 天을 부附하는 것이다. 그래서 남편이 貴하면 남편을 따라서 貴하고 남편이 가난하면 남편을 따라서 가난하게 된다.
삼기가 득위하면 좋은 사람이 만리萬里나 되고, 이덕二德은 왕후에 봉해져 귀항歸垣하고, 자식은 귀하게 되어 늦어 막까지 아름다운 길을 걷게 된다.
金水로 한냉(寒冷)하게 된 사주는 지아비 없이 혼자 살아갈 팔자다. 유흥업소 등 환락가에서 살아가는 경우가 많다.

火와 土의 기세가 강한 사주팔자도 남편없이 혼자 살아갈 팔자다.
陰의 무리만 있는 사주팔자나 陽만 있는 사주팔자도 지아비 없이 혼자 살아갈 팔자.
官이 아주 많거나 印이 아주 많은 사주팔자도 지아비 없이 혼자 살아갈 팔자다.
식신이 득위得位하고, 官을 만나지 않으면 오곡과 비단이 풍부하다.
악살에 官이 혼잡하면 봄에 낙엽이 된다.

財가 쇠약하고 印은 絶되면 어려서 집을 나간다.
신왕하고 印이 강强하면 일찍 남편을 잃는다.
삼형에 귀鬼를 차면 시종 자식을 剋하고 남편을 상하게 한다.
유비楊妃의 미모를 띤 것은 祿의 곁에 도화桃花가 있기 때문이다.
화개 임관은 정情이 승도僧道로 통한다.

고진이 印을 좌하면 여승이 되고, 유산하는 경우가 많다.
식신이 왕하고 身은 쇠약하면 난새와 고니와 같이 빈번하게 헤어진다.
음양차착 대 고진은 남편 집안의 권세 재물이 몰락한다.
水가 모여 왕하게 되면 꽃 거리의 여자가 되고, 金이 수려하게 되면 복숭아 마을의 신선이 된다.
寅申巳亥는 역마로 부득이 고향을 등져 떠나고, 삼합이 삼형을 차면 남편이 손상되고 패업한다.
官을 충하고, 식신과 합하면 자식에 기대어 남편을 刑한다.
사절 포태는 꽃이 말라 외롭고 쓸쓸하고, 장생은 근본으로 자손이 번성한다.
가을의 水가 통원하면 눈동자를 찔러 절개를 세우고, 겨울의 金이 국을 이루면 쇠뇌자루를 끊어 훌륭한 명성을 후세에 남긴다.

이덕二德은 진정한 貴가 봉증封贈되고, 삼기三奇는 참으로 좋아 국호國號에 스스로 이른다.
金木은 견고한 마음이 있어 맑은 덕이 되고, 水火는 성품이 포악하고 낭비가 심하다.
이덕二德은 천월덕이다. 여명에서 얻고 다시 재관이 있고 순수하고 혼잡하지 않으면 반드시 봉작되어 증정된다.
삼기는 甲·戊·庚인데, 財, 官, 印, 食도 삼기가 된다. 여명 중에 이것이 있으면 반드시 국호國號를 받는다.

덕德은 순일하여 혼잡하지 않은 것을 일컫고, 金木의 성性이 순수하면 근본으로 여인은 수절하고, 많은 水는 음란하고 많은 火는 난폭하고, 水火가 많으면 성性이 문란하고, 사람이 허비, 불순, 폭악하다.
陰은 부드러운 것이고, 陽은 강剛한 것이다. 여자는 陰이고 남자와 상반되어서 여자는 휴수가 좋고 생왕은 꺼리는 것이다.
陰命에 印이 重하면 자식이 끊기게 되는데, 운이 관살로 행하면 도리어 길하다
자인日刃을 만나면 첩 아니면 여승이 되고, 월에 상관이고 양인이 겹치게 되면 노비가 된다.
日刃은 자식 낳는데 가장 꺼리고, 식신이 깨어지면 임신이 어렵고 또는 잉태하지 못한다.

論命 112 **日刃이 충衝을 만난 것.**

坤

癸	壬	庚	丙
卯	子	寅	午
金	木	木	水

癸 甲 乙 丙 丁 戊 己
未 申 酉 戌 亥 子 丑

이 명조는 년간의 양인 午와 일간의 양인 子가 충한다.
자식궁에 함지살 卯가 있고 子卯 천해한다. 그래서 잉태가 어렵다.

論命 113

坤

丙	戊	庚	丙
辰	戌	子	申
土	木	土	土

癸 甲 乙 丙 丁 戊 己
巳 午 未 申 酉 戌 亥

월의 庚 식신이 시의 丙에 극당한다. 사주가 金水로 매우 음습하다. 그래서 잉태가 어렵다.

여자 사주에 상관이 많으면 짝을 극하며, 운에서 왕한 財가 들어오면 좋다.
관살이 아주 많으면 첩이 아니면 춤추는 기녀가 된다.
삼합 육합이 과하게 많으면 연애로 결혼하고 또는 여승이 된다.
일찍 과부가 되어 홀로 자는 것은 일에 고란이 임했기 때문이다.
印이 많고 官이 약하면 남편의 권세를 빼앗는다. 고란이 만약 남편성을 만나면 필히 자녀가 많고, 천덕이 煞을 화化하면 노비가 많고, 한 조각의 비견도 官이 있으면 쟁부爭夫 한다는 것을 의심하지 말아야 한다.

왕한 남편이 자식을 상傷하게 하는 것은 월지에 효梟가 강하기 때문이고, 자식이 남편을 상하게 하는 것은 식상의 시로 官이 절絶되었기 때문이다.
선후의 흥쇠는 남편성에 의거하여 좋고 나쁨을 살피고, 시종始終의 성쇠는 자식 운의 영고들을 살펴야 한다.

가령 戊日생 일 경우

- 寅卯월의, 甲寅 시는 偏官이 되며, 戊의 남편성이 된다. 비록 건장하지만 財星을 보지 못하여 좋다고 할 수 없다.
- 운이 木 동방으로 흐르면, 金이 없어 木을 制하지 못하여 이름이 없고 이득이 없다.
- 午 운은 남편성은 올바른 식신을 얻었지만 도리어 甲木은 午가 死地가 되니 남편을 剋하여 재가하였다.
- 未,申 운에 큰 재물을 얻고, 대발大發한 운이 酉 5년까지 이르렀다.
- 戊土와 丙火는 酉가 死가 되고 칠살(甲)이 상관(酉)을 보니 甲은 의지할 곳을 잃어 사망하였다.

여명에서 亥가 많이 있으면 맵시가 있고, 巳가 많은 자는 색을 좋아한다.
천월 이덕二德은 예복과 금관金冠을 받고. 록祿·명命·身이 삼재三才를 얻으면 남편에 영화가 있고 자식이 貴하다.
년간이 剋하는 자는 록재祿財, 년지가 剋하는 자는 명재命財, 납음이 剋하는 자는 신재身財가 되며, 이 삼재의 소속은 오행으로 命 중에서 일재一才도 모자라지 않고 완전하게 얻는 자의 남편은 필히 영화가 있고, 자식은 필히 貴하게 된다.
매우 싫은 자는 陰刃으로 존친에 방해되고, 최고 꺼리는 자는 순음純陰으로 자식에 마땅하지 않다.
록 후의 첫 번째 지지를 陰刃이라고 하고, 남자 사주에 있으면 처와 족친에 해롭다. 여자 사주에 있으면 남편의 족친에 해롭다.

命의 년, 월, 일, 시의 간지에 모두 陰에 속하고, 또는 5월 후, 11월 전 자는 음극陰極으로 陽이 아직 생하지 않은, 이것이 순음純陰이 된다.
이러한 命은 자식이 없는 경우가 많다. 陰은 홀로 생하지 못하며, 陽은 홀로 이루어지지 못한다.

백의살을 얻은 자는 내외內外 이족二族에 刑이 미치게 되고, 관대冠帶의 위치를 얻은 자는 일생 동안 많은 시비가 발생한다.
천월덕을 만나는 것은 좋고, 관살혼잡官煞混雜은 꺼리고, 貴(官)가 무리를 이루면 기생이 되고, 합이 많으면 몰래 암약 투기한다.
오행이 건왕하면 예법을 존중하여 지키지 않고, 관대와 상호 만나면 풍성風聲하여 추해진다.
상관의 위치는 멀리 시집가거나 남편을 剋한다.
효인梟印인 겹쳐있으면 생이별 아니면 사별한다.
사주에 관귀官鬼가 입묘入墓하여 있으면 남편은 이미 황천에 들어갔다.
유년, 운에 남편이 있는데 절絶 되면 이혼한다.
상관이 크게 왕하면 반드시 남편에 해롭고, 위세가 강한 사람이 되고, 도식을 겹쳐서 만나면 감복되고, 다시 고진이 범하면 어떻게 견디겠는가!

합이 많으면 정조가 손상된다.
도화는 음탕한 행동이 넘치고 부끄러움을 모른다.
천월 이덕二德은 命의 근본이 되니 인수, 貴와 같이 만나면 마땅히 양국에 봉해진다.
시, 일의 양인은 근본이 강剛한 神으로 남편궁에 불리하다.
안방을 지키(=절개)고 올바르고 고요한 것은 반드시 陰日이 중화中和를 얻은 것이다.
차가운 방을 지키는 청결함이 있는 것은 금저(金豬;辛亥) 목호(木虎;甲寅)를 서로 만난 것이다. 이 2日은 비록 남편을 剋하지만 절개는 올바르게 지킨다.

공허한 휘장을 치고, 고독하게 잠을 자는 것은 토후(土猴;戊申)와 화사(火蛇;丁巳)가 만난 것이다. 이 2日은 극부剋夫하는데 올바르게 지키지 않는다.

官煞이 삼합으로 겹쳐지면 황음荒淫하고, 수치도 모르고, 합이 많고, 官이 많으면 음란을 탐하고 색을 좋아하는 사람이다.

구결에 이르기를 무릇 여명을 논할 때는 오직 월지 중을 보아 재·관·인 세 건을 사용하면 뛰어나다 하였다.
제1 印을 논한다.
財가 없으면 印이 손상되지 않는다. 천월 이덕二德이 일간 상에 있는 여명은 가문의 자재資財가 결정되어 있어 복덕이 매우 크고, 온후한 사람이 되고, 흉을 만나도 흉하지 않고, 명망이 따르는 남편이 되고, 어질고, 자식이 貴하게 되고, 봉을 받는 命이 된다.
유년, 운도 같이 논하고 화복은 財는 꺼리고 官은 좋다.

제2 官을 논한다.
支 중에 소장한 것이 무엇인가 보아 존재하는 일위가 특별하게 된다.
① 관살이 많은 것은 꺼린다. ② 상관이 겹치는 것을 꺼린다.
③ 합을 차는 것은 꺼린다. ④ 煞이 혼잡한 것은 꺼린다.
⑤ 일간이 유약한 것은 꺼린다.
이 5개의 꺼리는 것 외에 대략 사소하게 적은 財는 요하고, 이 5개의 꺼리는 것을 제외한 여명은 부귀한 가문의 출생이고, 남편은 부유하고 자식은 어질고, 아울러 각박한 근심이 없고, 영리한 사람이고 많은 복이 있다.

제3 財를 논한다.
월지 중에서 취하기를 요하며, 財는 많은 것을 좋지 않고 오직 한개가 마땅하다. 년에 한 개의 관성을 얻으면 이 여명은 부모에 기력이 있고, 금은보

석을 얻는 복이 있고, 남편에 유익하고 자식도 유익하여 집안이 좋게 유지된다. 官이 혼잡하고 氣가 쇠약하면 욕慾을 즐겨 남편을 刑하는 첩이 되고, 신왕은 官에 흉하여 비구니는 아니면 창비娼婢가 된다.

甲일은 木에 속하는데, 丙·丁·巳·午·寅·戌은 자식에 속한다.
火가 시령時令을 얻으면 자식이 많게 된다. 火를 묘지의 地, 水국, 壬癸가 剋하면 자식이 없는 것으로 판단한다.

합을 차고, 官이 쇠약한데 식신은 왕하고, 財, 煞의 무리는 창기로 흐르거나 음람한 여인이 된다.

여명은 많은 산액이 있는데,

- 식신이 효梟를 차고, 효신梟神이 크게 왕하고, 또 년간에 상관을 차거나, 시에 양인이 범하여 충, 형, 극, 해하고, 다시 유년과 운이 효인梟刃과 충하거나 합하면 산액이 있다.
- 사주가 안온하고, 극剋, 전戰, 형, 충의 근심이 없고, 일간이 건록을 차고, 칠살이 항복하고, 다시 천월 이덕二德을 만나면 일생에 산액을 범하지 않고 혈광血光의 험함을 당하지 않다. 이것은 흉을 만나도 구원이 있기 때문이다.

역마가 貴神을 만나면 종내 풍진에 떨어진다.
천을귀인 1개는 어질다. 그렇지만 번잡하고 합이 많으면 계집종이 아니면 기녀가 된다.
도화가 쌍합되고, 천을귀인이 쓸데없이 섞여 있으면 재주가 있는 기녀가 된다. 도화가 임관 상에서 역마가 되면 일컬어 도화마라고 하고, 임관 상에 겁살을 본 것이 되면 일컬어 도화살이라고 한다.
부인은 일간이 약하고 비견이 왕하면 비첩에게 권력을 빼앗긴다.

論命 114 ▶ YouTube 149강

坤

辛	己	己	甲						
未	卯	巳	寅	壬	癸	甲	乙	丙	丁	戊
土	土	木	水	戌	亥	子	丑	寅	卯	辰

이 命은 己의 좌에 卯가 있어 유약하고 무력하다.

4월생 巳火로 火土가 되니 印이 왕한 계절이 되었다.

월간 비견은 득지하였고, 년상의 甲 남편성과 월상 己巳와 합하여 가고, 일간은 쇠약하여 남편성을 사용하지 못한다.

이 부인은 평생 첩에게 권리를 빼앗겼고 남편과 화합하는 기운을 얻지 못했다. 남은 것도 이렇게 추리하면 된다.

일반살一般殺이 있는데 巳酉丑 년이 午를 보는 예가 된다.

이것은 또 함지살이라 한다. 온전히 본 것은 편야도화살이라 하여 여명에서 가장 꺼린다.

삼형, 육해, 망신, 겁살, 고진, 과숙이 범하면 남편을 剋하고, 자식도 剋한다. 임관, 제왕은 좋지 않아 재가再嫁 중혼重婚 또는 일찍 손상된다.

부처가 상적相敵*이 되면 첫 남자와 첫 여자는 마땅히 요절한다.

상적相敵 : 양편의 실력이 서로 비슷함.

양인이 범하고 또 조원양인朝元羊刃*은 모두 산액이 있다

양인이 시에 있고, 태胎에도 들어 있고, 日刃이 일찍 들어오고, 또 간지에서 서로 극박하면 처가 출산과 임신에 재앙으로 근심이 생긴다.

남편 사주도 범하면 처에 산액이 있고, 부인의 命이 이와 같다면 산액의 근심이 있는 것으로 과감하게 결정해도 된다.
다시 卯酉 두 시 생은 낙태는 면하지만 자식을 剋한다.
조원양인朝元羊刃은 卯년이 甲일 혹은 甲 시를 본 종류이고, 혹은 辰년이 시간에 乙을 보는 것이다. 남은 것은 이에 준한다.

사주에서 납음은 상이 하를 극하면 마땅하여 복이 뛰어나고, 하가 상을 극하는 것은 마땅하지 않아 속이고 주제를 넘는다.
만약 년의 납음이 시의 납음을 극하면 자식에 좋지 않고, 만약 극剋, 전戰, 형刑, 파破하면 아들은 적고 딸은 많다.
년간의 祿이 일지에 있으면 영광된 神으로 군국郡國에 봉해지고, 일이 부록夫祿을 차면 이에 재물 창고가 가득하다.
생 중에 絶이 있고, 死 중에 왕있고, 공망에 합이 있는데, 다시 고과, 대모를 범하게 되면 천賤하다.

여명에 생년 생일이 일위로 같은 자는 남편을 극하고, 다시 년과 생일의 납음이 같으면 몇 번 시집간다.
괴강이 교충交衝하면 사납고 불순하다. 혹 표탕飄蕩한 것은 생왕이 태과한 중에 겁살이 왕래하여 상충相衝하게 된 것이고, 또 성품이 다열多烈하고, 육친과 불목하지만 정조는 깨끗하여 음란하지는 않고, 우환은 있다.
함지와 대모가 동궁하면 음란하고 남을 헐뜯는다.
생년과 생일에 甲이 있는 자는 이름이 대갑帶甲으로 남편를 극하고, 월과 일도 마찬가지다.
가령 甲午년 생이 다시 甲午일을 만나면 10중 9는 남편을 극하고, 金神이 甲을 차면 이 예보다 더욱더 그렇다.

水가 많은데, 土가 없으면 음란하고, **火가 많고 水가 없어도 음란하고,** 팔전八專이 태胎로 월, 일, 시를 범하면 음란하고 피로하여 질병이 있다.
도화와 겁살 2개가 침범하면 도적이 되지 않으면 간음姦淫을 하게 되고, 젊어 기녀가 되어 늙어 가난하게 된다.
생일에 대모, 함지가 있으면 부처에 외심이 있다.

망신을 보면 흉폭하고 악한 남편를 만나서 능욕당하고, 돌보지 않고, 혹은 매사에 방해를 하여 일생 남편으로 인해서 번뇌한다.
생시의 겁살, 대모大耗, 공망은 아들을 낳지만 이루어지는 것이 적고, 근심으로 마음 졸인다.
시끄러움이 많고 혹은 도리에 어그러져 패악하고 불순한 아들이 되고, 함지를 보면 유산이 많다.
일시의 구교, 반안은 자식을 낳기가 어렵고 혹은 목을 매어 자살한다.

유년, 운에서 대모를 보는 것은 흉하여 남편과 자식이 상祥서럽지 않고 시끄럽고 다시 身을 剋하면 왕왕 사망을 하는 경우가 있다.
일, 시에 화개, 정인이 있으면 남편과 자식이 없다.
여명에 자인自刃이 일, 시에 있으면 남편이 없고 자식도 없다.
卯酉가 많으면 유산하고 협통혈자脇痛血刺한다.

火氣가 많은 자는 평생 낳아 기르지 못한다.
양인과 조원양인朝元羊刃이 많으면 산액이 있고, 월경이 과다한 질병이 발생하고, 중년 후에 냉병이 발생한다.
사주에 전부 陽이면 남아를 낳지 못하고 전부 陰이면 여아를 낳지 못한다.
시에 陽干은 처음에 남아를 낳는 경우가 많고 陰干이면 처음에 여아를 낳는 경우가 많고 이것이 둘째라면 둘째에 아들을 낳는 경우가 많다.

寅, 申, 巳, 亥가 많은 자는 쌍둥이를 낳는 경우가 많고,

- 亥가 많은 자는 쌍둥이 남아를 낳는 경우가 많다.
- 巳가 많은 자는 쌍둥이 여아를 낳는 경우가 많다.

오행이 조기燥氣하고 반음 복음이 같이 있게 되면 자식이 중년에 불리하고 만년에는 반드시 줄어들게 된다. 복음일伏吟日은 남편을 剋하고, 다만 세歲와 같은 자는 면할 수 있다. 월이 복음이 되면 형수, 누이에 마땅하지 않다. 태胎가 복음이 되면 골육에 불리하다. 반음返吟도 동등하다.

여명에서 평온한 가운데 귀격이 되는 것은 록마, 귀인을 차고, 자생自生, 자왕自旺하기 때문이다.

여명에서 최고 좋은 것은 금여이다. 육합으로 자왕하면 복이 두텁고 골육에 이롭다. 인수, 녹귀祿鬼를 보고 혹은 수화기제水火既濟, 혹 금수상생金水相生되면 자질이 미려하다.

남명은 命이 왕한 것이 이롭고, 쇠약한 것은 불리하하다.

여명은 命이 쇠약한 것이 이롭고, 왕한 것은 불리하다.

- 양인, 겁살, 망살, 휴休가 합동合動하면, 합동合動은 고당高堂의 운우몽雲雨夢이 되고, 합귀合貴, 합마合馬, 합함지合咸池는 반드시 존경받지 못한다.

論命 115

坤

壬	丁	己	庚
寅	亥	丑	申
金	土	火	木

壬 癸 甲 乙 丙 丁 戊
午 未 申 酉 戌 亥 子

丑[반안, 천을귀인, 파묘] 亥[망신, 구교] 寅[역마]

丁壬합, 寅亥합하여 음란하였다.

論命 116

坤

乙	己	甲	乙
亥	巳	申	亥
火	木	水	火

辛 庚 己 戊 丁 丙 乙
卯 寅 丑 子 亥 戌 酉

申[겁살, 천을귀인, 공망] 巳[역마, 금여]

생월과 생일이 합하면 뛰어나다. 다시 겸해서 시의 무리와 합하면 흉하다.
밖으로 보기는 존중한 모습이나 진실은 그렇지 않다.
내란을 막아야 하고 끝내는 좋게 끝나지 않는다.
천을귀인 申이 공망이 되고, 申巳, 甲己합 되었다.
년의 납음오행이 극당한다. 이 명조가 위의 내용에 속한다.

論命 117

坤

丁	乙	乙	甲
亥	**卯**	亥	戌
土	水	火	火

戊	己	庚	辛	壬	癸	甲
辰	巳	午	未	申	酉	戌

亥[겁살, 고진] 卯[함지, 양인, 파택]

여명에서 함지가 일에 더해지면 총명하고, 의義를 지키고, 간사하지 않지만 남편이 전도顚倒되어 걱정이 있게 되고 도박하고 탕진하여 집안이 깨어진다.

丁亥土는 왕한 土로 乙卯水의 水를 制하여 水가 패敗한다. 대족大族을 부양하였는데, 자기는 음란하지 않았다. 남편이 유탕遊蕩하여 파산破産하였다.

함지살는 가장 괴려乖戾*하다. 나를 剋하고 나를 생하거나 모두 불리하다. 비견과 화합하고 또 천하고, 호색하고 재물을 탐하고, 귀하게 되기는 어렵다.

論命 118

乾

庚	丙	己	癸
寅	午	未	酉
木	水	火	金

壬 癸 甲 乙 丙 丁 戊
子 丑 寅 卯 辰 巳 午

未[월살, 상조] 午[구교, 함지] 寅[겁살, 고진, 택묘]

스스로 색을 탐하고, 처도 음란하다. 또 甲戌년, 癸卯일 자는 남편이 다학多學하나 무성無成 음탕淫蕩하였다.

함지는 음사하지만, 그 깊고 얕음을 살펴야 하는데, 다른 곳에서 제복하면 복은 되지만 많은 사람의 정은 얻지 못한다.
공교한 목소리로 색을 거느리고, 대중과 화합하지 못한다.
지혜가 적고, 간사하고, 마음을 부질없이 사용한다.
亥子 두개를 일지에 만나는 것은 좋지 않다. 시집과 불화한 경우가 많다.
남자는 처가와도 사이가 좋지 못하여 장모에게 거듭 사죄하게 된다.

양인, 망신, 겁살이 일에 있으면 처를 극하고 병이 발생하여 흉하게 된다. 충하면 더 흉하다. 재가한 명조다.

진신進神이 같이 오면 사별死別, 생이별, 질병이 바람과 같이 온다.

고진, 과숙이 같이 있고, 아울러 격각과 과숙을 시, 일에서 만나면 골육이 형되고, 배우자도 없게 되고, 남녀 모두 치욕을 만난다.

論命 119

坤

丁	己	丙	甲							
卯	**巳**	寅	子	己	庚	辛	壬	癸	甲	乙
火	木	火	金	未	申	酉	戌	亥	子	丑

巳[겁살, 파택] 寅巳[刑] 寅[역마, 고진] 卯[육액, 구교, 양인]

여자 사주로 음란하였다.

論命 120

乾

丙	戊	戊	丁							
辰	**申**	**申**	未	辛	壬	癸	甲	乙	丙	丁
土	土	土	水	丑	寅	卯	辰	巳	午	未

申[겁살, 고진, 금여] 辰[구교, 과숙]

남자 사주로 도적이 되었다.

論命 121

坤

壬	戊	壬	丙
子	午	辰	戌
木	火	水	土

乙丙丁戊己庚辛
酉戌亥子丑寅卯

辰[월살] 午[양인, 일인日刃] 丙壬壬[평두] 子午[충]

다툼이 심하고, 풍진風塵이 흘러 떨어진다.

여인 命에 양인이 많은 것은 마땅하지 않다. 합, 극, 나문羅紋에 도과倒戈를 차면 미녀로 인하여 내부가 요동하여 화禍가 일어나고, 화려한 용모가 극에 달하여 말로도 피하기 어려울 정도가 된다.

論命 122

坤

戊	戊	癸	乙
午	午	未	卯
火	火	木	水

庚己戊丁丙乙甲
寅丑子亥戌酉申

未[화개,] 午[일인日刃] 午午[자형] 戊癸[간합] 午未[육합]

일인이 합하여 나쁘게 사망한 명조다.

한 개의 양인은 권력을 부릴 수 있으며 2, 3개가 겹치면 흉이 가장 심하게 되어 황음荒淫 간투奸妒가 많아서 창녀가 되고 흉폭하고 나쁘게 사망한다.

부인에 망신, 겁살은 가장 상祥서럽지 못하다.
시일에서 있으면 성性이 반드시 강剛하고, 사절과 겸하게 되면 더욱 극하고, 합하여 상생하여도 재앙이 있다.
동서와 시어머니 모두 과부가 되고, 나쁜 소문이 퍼진다.
水의 겁살은 巳로 水가 絶하는 곳이다.

오행도 이와 동일하다. 즉 財가 겁살이 되니 시어머니에 해당한다. 水의 망신은 亥가 된다. 방方의 첫 글자가 된다. 타 오행도 동일하다. 즉 동서同壻에 해당한다.

남자는 화류花柳를 찾아서 번식하려고 하는 것과 같고, 여자는 양귀비가 해당화에서 조는 것과 같다.

남명에서는 子, 午, 卯, 酉가 음란한 것으로 비교적 설명하고, 여명에서는 寅, 申, 巳, 亥를 음란한 것으로, 비교적 설명한다.
여인에 천을이 2, 3개가 겹치면 貴가 많이 번성하여 길이 흉을 만들고, 현관絃管이 떨리는 중에 살아갈 방도를 만든다. 사절, 휴수는 같지 않다.

천을귀인, 건록, 역마는 세밀하게 나누어야 한다.
① 시상에서 만나면 봉모鳳毛*, 탁영卓犖, 영호英豪하여 보통의 사람들 보다 월등히 뛰어나고 유기惟岐, 유억惟嶷하고 복이 견고하다.
② 천을귀인, 건록,역마가 시에 있으면 많은 백미白眉의 남자가 있고, 자식을 많이 낳고, 남자는 뛰어나 조상을 빛나게 한다.

봉모鳳毛 : 뛰어난 풍채 또는 뛰어난 글재주를 비유하는 말.

③ 천을귀인을 일좌一坐하면 좋은 命이 되고, 천을귀인이 이좌二坐하면 마음이 일정하지 않은 것이고, 삼좌三坐한 천을귀인은 창녀가 되고, 만년晩年에 재산이 많고 세력이 있는 가문을 만든다.

論命 123

坤

乙	己	己	丙
亥	亥	亥	子
火	木	木	水

壬	癸	甲	乙	丙	丁	戊
辰	巳	午	未	申	酉	戌

亥[천을귀인, 망신] 亥亥[자형]

亥 천을귀인이 3개 있는 사주로, 창녀가 되었다.

論命 124

坤

乙	己	辛	丁
亥	亥	亥	酉
火	木	金	火

戊	丁	丙	乙	甲	癸	壬
午	巳	辰	卯	寅	丑	子

亥[천을귀인, 역마, 상조] 亥亥[자형]

천을귀인 亥가 3개 있다. 나이가 들도록 시집가지 못했고 늙도록 자식이 없다.

색色으로 인하여 나라를 기울게 한 것은 보통 水와의 인연에서 생기는 경우가 많다. 역마를 다시 겸하고 육합 및 간합을 만나면 일생 음란한 소리를 면하지 못한다.

論命 125

坤

乙	己	甲	乙
亥	**巳**	**申**	亥
火	木	水	火

辛	庚	己	戊	丁	丙	乙
卯	寅	丑	子	亥	戌	酉

申[겁살, 구교, 공망, 천을귀인] 巳[역마] 亥[지살] 申亥[천해]

색色이 있고 음란하다. 세 명의 남편이 사망했다. 또 복내服內에서 간통을 범했다. 일과 천을귀인이 있는 월이 합해서 흉하다. 관살 혼잡하고, 합이 많고, 역마를 겸했다. 사주에 水가 많다.

만반滿盤한 인수가 남편성을 얻고, 운이 관성으로 행하면 자식을 낳는다. 조화되어 겁탈을 당하지 않으면 남편이 흥하고, 자식이 왕하여 둘 다 정이 있게 된다. 인수가 많으면 자식이 없고, 운이 재관으로 행하면 도리어 자식이 많다.

陰干에 인수가 많으면 아들이 없다고는 못한다. 설洩하고 극하는 운으로 행하면 아들이 많고, 뛰어난 아들도 있다.

論命 126

坤

癸	乙	癸	癸
未	酉	亥	未
木	水	水	木

庚	己	戊	丁	丙	乙	甲
午	巳	辰	卯	寅	丑	子

이 命은 남방 火土 운으로 나아가니 재성, 식신의 地가 되어 財가 효신을 制하니 식신이 손상을 입지 않아 7명의 아들을 낳았고 부부가 해로하였다.

또 한개의 命은 壬午 시가 되는데 5명의 아들을 낳았지만, 남편을 刑하여 절개를 지키지 않았다.

오음五陰 일의 부녀婦女는 身이 쇠약한 것이 좋다. 만약 강강剛强을 만나면 재해와 병이 오고 유년, 운에서 다시 신왕한 地로 나아가면 풍우風雨 앞의 꽃같이 한스럽게 꺾인다.

고란일은 근본으로 아이가 없지만, 하나의 관성을 보면 뛰어난 아들을 얻고, 운이 왕한 곳으로 나아가면 자매姊妹가 많다.
부인의 命에서는 남편성이 된다. 남편성이 득시得時하면 반드시 자식이 많고, 만약 비견이 분탈하면 도리어 외롭고, 아들이 없다.
관성은 오직 일위만 있으면 비견이 분탈하는 것이 두렵다. 하물며 유년, 운에서 또 상관을 만나면 반드시 남편이 해침을 당한다. 만약 상관격이라면 주중에서 官을 보지 않았다면 무해하다. 운에서 官을 만나면 전투하여 원수가 되어 남편을 剋한다.

잡기격에는 록이 가장 좋다. 천간에 혼잡하여도 뛰어나고, 운이 財地로 나아가면 겁재에 상해를 받지 않고, 시집가서 재주 많은 신랑을 만나서 복을 누리고 세상을 떠난다.
甲乙일 丑월의 예로 남편성이 숨어 있어 천간에 갖추어지면 혼잡하다고 하지 않는다.
壬辰, 壬戌은 좌에 남편성이 있고, 庚戌, 庚寅은 絶되고, 壬午, 甲申. 戊寅일은 부인이 편偏을 얻게 된 것이다. 이것은 일로 헤아린 것이며, 좌하坐下에 부성夫星이 있는 것이다. 다만 일위는 좋아 복이 된다.

論命 127

坤

庚	庚	己	庚
辰	寅	丑	申
金	木	火	木

壬 癸 甲 乙 丙 丁 戊
午 未 申 酉 戌 亥 子

크게 부유한 명조가 되고, 8명의 아들이 있다. 수명은 50여년이었다.

격에 상관을 사용한다 하여도 두 개는 두렵다. 만약 식신이 왕한 격을 만나면 남편에 財가 더해져야 한다.
辛일이 酉월이 되고, 또 子가 있으면, 천간의 丙火는 허하게 되니 비록 官을 사용하지 않아도 공교하고 가난하고, 다시 辛壬을 보면 남편이 극된다. 만약 관살 운과 財 운으로 나아가면 火木이 일어나 생하여 길하다.
상관의 성정은 재주가 있고, 총명하고, 성격이 남자 같다.
재성이 왕한 곳은 官을 생하여 왕하게 된다. 食과 財가 없으면 印이 오면 기쁘다.

論命 128

坤

庚	庚	乙	癸
辰	子	卯	未
金	土	水	木

壬 辛 庚 己 戊 丁 丙
戌 酉 申 未 午 巳 辰

상관이 재성을 사용하는 사주며, 貴한 남편에 시집갔고 봉封을 받았고 아들은 1명이 있다.

인수는 身을 생하니 煞을 만나면 좋다.
상관은 재물을 많게 하여 높은 집에 앉게 한다. 사절, 양인으로 나아가고 입묘入墓하면 독수공방하고 아들도 잃는다.
살인상생殺印相生, 상관생재傷官生財는 모두 좋은 격이 된다.
만약 財, 煞이 사절로 나아가고 양인, 비견은 상관이 입묘入墓하는 地가 되면 남편이 손상되고, 자식이 극剋된다.

운의 향배가 남편성이 있는 곳으로 향하면 경쟁이 일어나서 모양을 고쳐 다시 혼례 하여 방을 메꾼다. 식신이 암합暗合하면 자기에 남편이 들어오고, 왕한 식신이 뒤섞이지 않아야 부귀하게 되고, 재성이 투출한 것이 제일 좋고, 편인이 煞과 합하는 곳을 두려워한다.

己가 가을에 생했으면 甲 남편은 상관에 상해를 당한다.
다시 乙未를 보면 저쪽을 제거하여 甲과 己가 합하게 된다.
乙에 전극戰剋 당하면 官을 취하기 어렵고 煞을 부르니 두 번 결혼하고, 동방 木이 旺한 地로 행하거나 火가 있으면 金을 몰아내어 비록 좋지만 남편의 손상을 면하기는 어려워 재가하거나 혹은 과부로 지낸다.

論命 129

坤

甲	己	甲	辛
戌	未	午	未
火	火	金	土

辛 庚 己 戊 丁 丙 乙
丑 子 亥 戌 酉 申 未

辛이 한개의 甲을 제거하였고, 甲己합화 土가 된 왕비의 팔자다.

坤

甲	己	辛	丙
子	未	丑	午
金	火	土	水

甲 乙 丙 丁 戊 己 庚
午 未 申 酉 戌 亥 子

甲己합화 土가 되었지만 子가 있어 완전하게 화化하지 못하였다.
아들은 진사가 되었다.

합이 많으면 기妓는 아니고 다만 가수일 뿐이다.
양인이 상관을 대帶하면 일이 박잡駁雜하고 다단하다.
천간이 한 글자로 연이어 있으면 고독하고 깨어지고 화禍가 연이어진다.

지지에 연이어 한 글자가 되면 두 번 결혼하는 글자다.
辰戌에 丑未가 겸하면 부도婦道에서는 크게 꺼린다.
子午에 卯酉가 있으면 따르는 사람이 달아난다.

壬, 癸가 辰, 戌, 丑, 未월 및 여름의 중복에 태어나면, 남편성이 득시하여 가장 길하다. 다만 태과는 마땅하지 않다.
만약 甲寅을 아울러 보면 식신이 겹치게 되니 상관으로 논한다. 단독인 甲 혹은 寅은 길하다.

論命 130

坤

戊	癸	癸	庚
午	酉	未	辰
火	金	木	金

丙 丁 戊 己 庚 辛 壬
子 丑 寅 卯 辰 巳 午

부귀하고 준아俊雅한 남편을 맞았다. 4명의 아들을 낳았고 봉封을 받았다.

財가 왕하여 官을 생하는 격은 매우 희소한데, 재관이 서로 만나면 매우 우수하여 지아비는 영화롭고 자식은 貴하다.
財가 왕하기 때문이다. 정결 현량하고 오복이 마땅하게 들어온다.

論命 131

坤

甲	己	癸	丁
子	未	丑	丑
金	火	木	水

庚 己 戊 丁 丙 乙 甲
申 未 午 巳 辰 卯 寅

남편이 貴했고 세 명의 아들이 있고 봉封은 받았지만 수명은 길지 않았다.

論命 132

坤

甲	己	癸	丁
子	巳	丑	酉
金	木	木	火

庚 己 戊 丁 丙 乙 甲
申 未 午 巳 辰 卯 寅

봉封을 받았고 아들을 낳았다.

만약 官印이 합당한 貴한 命은, 소소한 신살은 병이 되지 않는다.

YouTube 77강

아내를 고를 때는 모름지기 성정이 차분히 가라앉고 조용한 것을 택하여야 하고 상세한 것은 남편성으로 판결하여야 한다.
남편성은 강하고 건강한 것이 좋고, 일간은 유순한 것이 좋다.
이덕二德이 정재에 좌하면 부귀는 자연히 찾아온다.
천을귀인 1위는 올바르고 2, 3가 있지만 흉살이 있어 작용이 흉하면 첩이 된다.
寅, 申, 巳, 亥가 완전히 있으면 고독하고 음란하다.
辰이 있으면 戌을 보는 것은 꺼리고 辰, 戌이 만약 상견相見하면 음란하고, 사람들과도 헤어진다.

5. 육친의 실전응용

論命 133 **[적천수 육친편에서]**

乾

丁	庚	乙	癸
丑	申	丑	卯
水	木	金	金

戊	己	庚	辛	壬	癸	甲
午	未	申	酉	戌	亥	子

丑[월살, 상조] 申[겁살, 택묘, 대모]

일간 庚이 처성인 乙木 정재와 합하니 유정하다.

처성 정재 乙의 기준으로 년지의 록 卯에 통근하여 건강하고, 인수 癸도 申丑丑에 통근하여 강하고, 또 官과 財도 통근되어 강하고, 아쉬운 것은 식상 丁은 허약한 것이다. 또 처성 乙의 천을귀인 申이 있어 좋다.

그래서 "처가 어질고 정숙했으며 부지런하고 능력도 많았고, 또 아들 셋을 낳아서 모두 공부를 시켰다."하였다.

論命 134 **[적천수 육친편에서]**

乾

甲	壬	癸	戊
辰	戌	亥	子
火	水	水	火

庚	己	戊	丁	丙	乙	甲
午	巳	辰	卯	寅	丑	子

壬水 일간의 偏官은 아들로, 편관이 많아 아들이 많을 수밖에 없다.

"아들은 열을 둬서 모두 길렀다."하였다.

論命 135 [적천수 육친편에서]

乾

壬	丙	庚	乙							
辰	申	辰	亥	癸	甲	乙	丙	丁	戊	己
水	火	金	火	酉	戌	亥	子	丑	寅	卯

辰[반안, 대모] 申[천을귀인, 겁살]

申 재성이 처궁에 있고, 천을 귀인에 해당하여 좋지만 처의 식상 水가 크게 왕하여 흉하다.

천을귀인의 납음 火가 申을 좌하여 약하다. 그래서 "처는 어질지 못하였고 질투에, 사나운 성품이었으며 정상이 아니었고, 또 아들도 없어 대가 끊겼다."하였다.

論命 136

坤

庚	辛	壬	辛	77	67	57	47	37	27	17	07
寅	卯	辰	巳	庚	己	戊	丁	丙	乙	甲	癸
木	木	水	金	子	亥	戌	酉	申	未	午	巳

모친이 甲午운, 甲辰(1964)년 24세에 사망했다.

寅卯辰 재성인 木국이 형성되어 土 인성에 불리하다.

유년과 辰辰 복음이 되었다. 복음은 육친에도 불리하다.

論命 137 [적천수 육친편에서]

乾

癸	戊	辛	辛
丑	戌	丑	丑
木	木	土	土

甲乙丙丁戊己庚
午未申酉戌亥子

丑[화개, 백의] 戌[반안, 구교]

木 관살성이 없고 식상이 많아서 자식이 없게 보이지만, 식상이 財로 흐르고 財(처)가 많고, 납음오행에 관살에 해당하는 木이 2개 있어 자식이 많다. 또 丑은 관살성의 진기辰氣에 해당한다.

그래서 "나이 16세부터 시작해서 매년 아들 하나씩을 얻어서 연이어서 열여섯의 아들을 두었다." 하였다.

論命 138 [적천수 육친편에서]

乾

癸	丁	甲	癸
卯	酉	子	亥
金	火	金	水

丁戊己庚辛壬癸
巳午未申酉戌亥

일간이 丁인 남자 사주에서 아들은 壬이 되고, 딸은 癸가 된다.

남자이기 때문에 陽干을 기준으로 陽干 壬이 아들이 된다.

陰에 속하는 酉가 陽에 속하는 卯를 충하고, 또 자식궁이 되고, 癸가 천간에 두 개 있고, 월지에 子가 있으니 딸이 많을 수밖에 없다.

"처에서 여덟 딸을 얻고 첩에게 여덟 딸을 얻었는데 아들은 얻지 못하였다."

論命 139

坤

乙	壬	丁	己
巳	子	丑	亥
火	木	水	木

72	62	52	42	32	22	12	02
乙	甲	癸	壬	辛	庚	己	戊
酉	申	未	午	巳	辰	卯	寅

부친이 己卯 운, 癸丑(1973)년에 사망했다.(13세)

子丑亥 비겁이 왕하고 癸丑년도 비겁이 강하다.

財를 지키는 관살도 운의 卯 상관에 겁탈 당한다.

월지에 丑 묘고墓庫가 있다. 丑이 복음이 된다.

論命 140

坤

庚	庚	甲	戊
辰	午	子	申
金	土	金	土

71	61	51	41	31	21	11	01
丙	丁	戊	己	庚	辛	壬	癸
辰	巳	午	未	申	酉	戌	亥

부친이 甲寅(1974)년 사망했다. [6세]

이 사주는 申子辰이 있어 水 상관이 왕하다.

癸亥 운의 甲寅 년은 木이 뜬다. 납음도 金이 왕하다.

상관이 강하여 관살을 剋하여 비겁으로부터 손상당하는 財를 지키지 못한다.

論命 141 [적천수 육친편에서]

乾

癸	丁	乙	丁
卯	酉	巳	未
金	火	火	水

戊 己 庚 辛 壬 癸 甲
戌 亥 子 丑 寅 卯 辰

巳[역마,상조] 酉[천을귀인,상조] 卯[공망]

식상, 財의 기세를 이룬 사주가 된다.
처성 酉가 처궁에 있고, 또 천을귀인에 해당한다.
辛 처성의 인수 土도 강하고,
처의 재성인 木 강하고,
처의 식상인 水는 너무 허약하여 좀 아쉽다.
남편성인 丁火가 많지만 약하고, 처성이 자기 궁에 있고 힘이 강하니 혼란스럽지 않다.

그래서 "출신이 비록 가난했지만 癸水대운에서 공부를 하고, 또 처와 재물의 도움을 얻었으며 壬水운에서 등과하여 辛丑대운에는 지현으로 뽑혔다. 그리고 다시 벼슬이 군수에 이르렀으니 이 사주에서 만약 酉金의 재성이 아니었더라면 처와 재물을 얻지도 못했을 뿐만 아니라 또 이름도 얻지 못했을 것이다."하였다.

論命 142

坤

壬	甲	甲	戊
申	申	寅	辰
金	水	水	木

73	63	53	43	33	23	13	03
丙	丁	戊	己	庚	辛	壬	癸
午	未	申	酉	戌	亥	子	丑

21세 壬子대운 戊子년에 혼인했다.
子 인성과 관살 申과 합하고 대운의 子와 유년의 子와 복음된 이러한 징조에서 결혼하는 경우가 많다.

23세 辛亥대운 庚寅년에 이사.
寅년은 [寅寅 복음] [寅申 冲]亥申申辰의 氣를 壬이 받아 크게 旺하다. 그래서 이동의 징조가 매우 강하다.

42세 庚戌대운 己酉년에 남편이 외도.
관살 혼잡하여 매우 흉하다.
관살이 매우 강하게 되었다.
본인의 성격이 매우 매섭게 되어 남편이 집에 정을 두지 못했다고 할 수 있다.

54세 戊申대운 辛酉년에 남편의 외도로 이혼.
官煞이 크게 왕하고 申申申 복음이 되었다. 매우 흉하다.

6. 궁합 비전祕傳

YouTube 77, 90강

여명의 子, 午, 卯, 酉 일생은 子, 午, 卯, 酉 命의 남편과 합칠 수 있다. 寅申巳亥, 辰戌丑未생 일도 마찬가지로 합칠 수 있다. 그러나 일간합(甲己류), 삼합(申子辰류), 육합(子丑류) 자는 모두 해로하지 못한다.

배우자의 생일 간지가 같은 자는 해로하지 못한다. 즉 남명의 甲子일 생이 여명의 甲子일 생과 혼인하면 해로하지 못한다.
처를 심하게 剋한다고 재가再嫁 하는 것은 아니다.
처성, 남편성이 혼잡하면 이혼 될 암시가 있는 것이다.

金, 水가 사주 체상을 장악했냐, 木, 火가 사주 체상을 장악했냐를 파악하여 만약에 남편 될 분의 사주가 金水로 장악되어 있으면 처가 될 분의 사주는 木火가 사주 체상을 장악했으면 서로 보완되어 좋다.
즉 조열燥熱한 팔자, 한습寒濕팔자로 나누어 서로 보완해 주면 좋은 궁합이 된다. 이것은 속궁합에 해당한다.

각 년간을 기준으로 배우자 일지에 천을귀인이 있으면 좋다. 천을귀인의 납음오행이 년의 납음오행을 극하면 더 좋다.
특히 천을귀인의 납음오행이 장생, 제왕, 건록을 좌하면 강왕한데 년의 납음오행을 극하면 특히 좋다.

년을 기준으로 배우자의 일지에 각종 흉살이 있으면 좋지 않은데, 특히 이 경우에는 배우자 일의 납음오행이 내 사주 년의 납음오행을 剋하면 좋지 않다.

특히 배우자 일에 흉살이 있고 납음오행의 장생, 제왕, 건록이 되어 강왕한데, 내 사주 년의 납음오행을 극하면 흉하다.

내 일지에 있는 것이 배우자 년간의 건록이 되면 좋다.
가장 중요한 것은 나의 사주에 있는 치명적인 약점을 배우자의 사주에서 보완을 받는 것이다.

만약 배우자의 사주가 나쁜 하격에 속하는데 궁합은 매우 좋다면 과연 그 배우자의 운명은 상격으로 전환하게 될 수 있을까? 하는 의문이 가지게 된다. 즉 팔자가 바뀌게 될까?
배우자 사주의 체상이 이혼하게 될 사주인데, 궁합이 잘 맞으면 과연 이혼이 상쇄하게 될까? 하는 의문이 들게 되는데, 과연 어떻게 될까?
궁합이 상위가 될까? 사주가 상위가 될까? 아니면 상호 보완 작용이 있게 되어 이혼까지는 가지 않고 부부 불화에만 그치게 될까?
만약 운명이 궁합을 따른다면 우리들은 사주를 볼 필요가 없을 것이고, 또 운명이 사주만 따른다면 우리는 또한 궁합을 볼 필요가 없을 것이다. 그렇지 않겠는가?

그래서 우리들은 궁합과 사주에 대한 접근 방법을 절대적인 개념으로 받아들이지 말아야 할 것이다. 항상 상적象的인 개념으로 받아들여야 한다.
개운改運은 100%는 되지 않는다 예를 들면 사주에 죽을 운명을 개운한다면 큰 사고는 당하지만 목숨은 잃지 않게 된다는 것이다.
즉 이혼 할 사주를 가진 사람이 좋은 궁합의 배우자를 만나면 이혼은 면하지만 부부 불화는 면하기 어렵게 된다는 것이다.

TIP YouTube 142강

◆ 정情이 과하면 뜻을 오래도록 이루지 못한다.

해석: 국중局中의 물物이 유정함이 과하게 되어서는 안 된다. 만약 정(합合)이 과하면 현혹해 들어오는 것을 거부하기 어려워 자기의 별 다른 소견이 없다.

가령 甲木이 己土가 처가 되는데, 정이 견고하여 좋은데 甲己의 지지에 子丑이 되면 내외가 合하여 財官(처와 자식) 이외는 없어 印綬가 甲의 마음이 움직여도 甲의 항상 오직 己土의 하에 있어 있게 되니 그 뜻이 어찌 원달遠達하게 되겠는가?

◆ 오행이 절絕한 곳도 녹마祿馬가 신身을 돕고, 사주가 뛰어나도 비견은 복을 나누어 가져간다.

해석 : 무릇 절한 곳을 만났다고 흉하다고 하는 것은 옳지않다.

흉한 곳도 길신이 도우면 길하게 된다.가령 木의 절처는 申인데, 申에는 壬水 印이 있고,戊,庚은 財,官으로 내가 사용하는 물건이 되어 필히 身을 돕게 되니 복이 된다. 다만 근심은 내가 사용하는 官을 극해剋害하는 神이 있으면 사용하는 곳이 끊겨 흉하게 된다. 官은 貴가 되고 財는 기奇가 되니 사주에 財,官이 있으면 길하다.

본 비견은 크게 거리낌이 없지만,겁재는 官을 두고 싸우게 되는 것이니 완전히 좋다고 할 수 없다.

제11장 직업 간명

제11장 직업 간명

1. 개념概念

직업은 사람이 살아가는데 가장 근본이 될 수밖에 없어 가장 중심의 위치를 차지하고, 그리고 추구하여야 할 가장 중요한 방향이 되지 않을 수 없다. 그래서 매우 중요한 것이다.

인간이 가지는 본질적은 성품, 특성, 특기는 그 사람이 행하는 행위가 되어 결국 그 행위가 표면적으로 나타날 수밖에 없으니 그것이 성격으로 나타나게 되고, 그 나타난 성격이 직업에 기인될 수밖에 없는 것은 자명한 일이다.

사주의 체상을 장악한 십성이 그 사람의 성격이 되고, 성격이 곧 하고 싶은 일과 상통하는 것이 되니 직업도 이를 기반으로 하여 추정이 가능하게 된다.

그러므로 우리는 일간을 기준으로 한, 사주 체상에 나타난 성품 성격을 추리하여, 이를 토대로 그 사람이 하고자 하는 행위를 알아 그에 맞는 직업을 찾을 수 있을 것이다.

그런데 또 하나 우리는 망각해서는 안 될 아주 중요한 것이 있다.
분명하게 나타나 있고 또 나타나는 것이 있는데도 아직 어떻게 결정되어 정리되지 않은 것이 있다. 바로 오행에 대한 직업이다.
사주에 오행의 특성이 직업으로 나타나는 것이다.
그러나 나타나고 나타나는 것을 알면서도 어느 누구도 정확하게 그 추리 방향, 방법에 대해서는 확실하게 기록하지 않았다.

보통 사주에 金이 있으면 金에 해당하는 직업이 좋다고만 말하는데, 그런데 金이 있어도 金의 특성에 적용되는 직종에 종사하지 않는 사람이 부지기수다.
그래서 말하면, 각 오행이 어떤 구조를 이루었을 때 비로소 그 특성이 직업으로 나타나게 된다고 할 수 있다.

사주상에 있는 오행은 본本이 된다.
그 사주 체상을 왕한 오행이 그 사람이 하고자 하는 큰 방향에서의 성품적인 특기가 된다.
만약 金이 왕성하다면 金氣에 해당하는 기운이 그 사람이 행하여야 하는 기운이 된다는 말이다.
金氣는 군인, 검사, 경찰, 무도인, 체육인 등에 해당하게 되며, 이 기운이 근본이 되어 그 사람의 틀로 평생을 지배하는 직업적인 품격이 되게 된다. 물론 운에 따라서 고저는 있을 수밖에 없을 것이다.

그러므로 오행의 특성은 직업의 근본이 되고, 십성을 그 사람이 하고자 하는 행위가 된다.
그런데 간과하지 말아야 할 것이 있다. 바로 역량이 있어야 비로소 특성이 나타나게 된다는 것이다. 역량이 없으면 절대 나타나지 않는다는 것을 명심하여야 한다.

그래서 사주 체상에서 역량있는 오행이 직업의 근본 틀이 되고, 역량있는 십성은 하고자하는 행위가 되는 것이다.
곧 오행은 큰 범위인 직업이 되고, 십성은 행하고자하는 직종, 직무가 된다.

2. 직업 선택 방향 및 적용

YouTube 119강

사주로 직업 적용 방법

십성은 일간을 기준으로한 각각의 오행에 대한 자신의 행위가 되고, 사주에 있는 木, 火, 土, 金, 水인 오행은 터진이 되는 환경에 속한다. 삼명법인 신살도 마찬가지로 오행을 도와 터전인 환경을 형성하게 된다.

사주에 역량이 나타난 오행은 환경이 되고, 십성은 각각의 오행에 대한 상호 작용에서 나타난 기운이 되므로 어떤 하고자 하는 행위가 된다.
사주 체상을 장악한 십성이 그 사람의 성격의 주체가 된다.
성격은 곧 그 사람만이 가지는 독특한 특성으로, 그 특성이 곧 특기가 되고 특기가 그 사람의 직업으로 연결되는 것이 가장 이상적일 것이다.
그러나 그 십성이 너무 왕하여도 좋지 않고, 너무 약하여도 좋지 않다. 또 그 한 십성이 생하거나 생을 받는 다른 십성이 있어 기세를 이루어야 좋다.
두 개의 기세보다는 3수의 기세가 성립되면 더욱 좋다.

예를 들면 재성이 건강하게 있다면 건강한 관살이 생해주고, 다시 왕성한 인성이 있어 관살이 생해주면 좋게 된다. 또 건강한 식상이 있어 재성을 생해주고, 재성은 다시 관살을 생해주면 3수의 기세를 이루게 되어 좋다는 것이다.
만약 사주 체상에 金이 왕상하면 金은 강하고 숙살肅殺*의 기운이 있으니 직업으로는 강건한 직업에 해당한다.
이런 강건한 직업에서 일간의 동향과 운의 동향을 십성으로 추론하여 직종 직무의 방향을 결정하면 된다.

숙살肅殺 : 쌀쌀한 가을 기운이 풀이나 나무를 말리어 죽임.

論命 143 YouTube 69강 **[박정희 전대통령 명조]**

乾

戊	庚	辛	丁
寅	申	亥	巳
土	木	金	土

72	62	52	42	32	22	12	02
癸	甲	乙	丙	丁	戊	己	庚
卯	辰	巳	午	未	申	酉	戌

寅申巳[삼형살] 亥[역마, 천을귀인] 申[구교, 망신, 고진] 寅[교, 겁살]
戊庚은 장형살, 辛申은 현침.

각오행의 강도
金은 申巳가 있고 辛이 있어 강하다.
土는 寅巳가 있고 戊가 있어 강하다.
火는 寅巳가 있어 강하다.
水는 申亥가 있어 강하다.
木은 寅亥가 있어 강하다.
오행이 두루다 건강하다.

일주日柱가 金에 해당할 뿐아니라 金의 기운도 왕하고, 삼형살, 현침살, 장형살이 있고, 구교, 겁살이 있다.
모두 무인武人에 속하는 오행들이고, 겁살이 관성을 만나면 병권을 잡아 위엄이 있고 나라를 다스린다 하였으니 군인 경찰 검사의 직업이 좋다고 할 수 있다.

일간이 행하는 동향은 식상에서 재성으로 흐르는 기세로 향한다. 식상이 재성으로 흐르는 기세가 일주와 가깝고 강하여 일간이 쉽게 진입할 수 있다.

그래서 강력한 무인武人 체상의 카리스마의 위엄과 세밀하고, 정확한 정책인 식상에서 재성으로 흐르는 기세가 혼합하여 이루어진 결과가 근대화를 이룬 팔자라고 할 수 있다.
운에서 火가 들어오니 火의 특성 중의 하나인 정치에서 뜻을 이루게 된다.

여기서 우리는 오행의 특성 성정은 바탕이 되고, 일간에서 일어나는 십성의 성정은 그 사주 주인이 행하는 행위가 된다는 것을 알아 사주로 직업을 논하면 틀림없다.

박정희 대통령은 酉 대운에 대구 사범학교에 입학하여 졸업했다. 이는 사주 구조의 특성에서 상당히 이탈된 것이 된다.
유아 청소년기에는 주체성이 떨어져 부모 혹은 주변 환경의 영향에 따라서 결정되는 경우가 허다하게 발생되기 때문에 그렇게 된 것이다.
그래서 주체성이 어느 정도 형성되는 20대를 넘기면서 자아를 찾아 올바른 방향으로 직업을 선택하여 삶을 영위하게 되는데, 만약 사주 형상 구조를 정확히 알아서 청소년기에 사주에 맞는 직업을 조언하게 되면 삶의 질이 월등히 좋게 되는 것은 틀림없는 일일 것이다.

일반적으로 부족한 오행을 채우기 위해서 부족한 오행이 직업이 되는 것이라 하지만 그렇지 않다. 사주 체상에서 역량이 있는 오행이 능력이 있기 때문에 능력이 있는 것이 직업이 되어야 성공할 수 있다.

3. 오행에 따른 직업 종류

(1) 木의 직업 YouTube 121강

특성	직 업
곡직	교육(초등, 중고), 의학, 한의학, 입법부
직선	운수업, 체육계, 공군, 관광, 전파, 통신, 개척, 개발, 항공, 이비인후과, 볼링장
성장	교육, 나무, 화초, 임업, 의류, 출판소 경영, 축산, 농업.
탐색	기자, 정보처리, 컨설팅, 기상, 천문, 약사.
나무	지물점, 목공소, 제재소, 가구전, 의류업, 문구점, 조경업, 원예업, 청과, 농장, 의상.

- 곡직은 굽은 것을 펴는 일.
- 직선은 나아가는 일.
- 성장은 자라는 특성.
- 탐색은 바람이 침투해 들어가는 특성 및 나무 뿌리가 뚫고 들어가는 특성.
  (물과 비슷할 수 있으나 물은 자의로 움직이지 못한다.)

이하 이에 준한다.

(2) 火의 직업 ▶ YouTube 125,147강

특성	직 업
확산	방송, 언론, 문학, 음악, 작가, 디자인, 인테리어, 영화, 화공, 광고 간판.
문명	행정공무원, 인문계열, 정치, 교수, 고고학.
명량	예능, 철학, 예술, 화장품, 사진, 안경, 조명, 정신과, 유흥업, 변호사, 노래방
불	방사선, 제철소, 찜. 탕류식당, 화장, 조명. 고온기구, 보일러.

(3) 土의 직업 ▶ YouTube 120강

특성	직 업
중용	판사, 언론 보도직, 동양철학
포용	역술, 도행, 불교, 천주교, 기독교.
균형	국회의원, 소개업, 부동산, 중개업.
저장	창고업, 골동품, 박물관, 사원, 숙박업.
흙	부동산, 토목, 도공예, 레미콘, 간척, 타일업, 방수업, 모래자갈업, 습기제거용품.

(4) 金의 직업 ▶ YouTube 122강

특성	직 업
숙살	검사, 사업계, 사법공무원, 국방, 도축업
강건	운동선수, 경호, 경비, 경찰, 기계
혁신 완성	자동차정비등수리업, 금은, 보석업, 제조업, 요리사, 치과의사, 정형·성형·신경외과의사, 자연·이공계, 건축업·냉동업, 번역.
쇠	철물, 철도, 광업, 철골, 금속업, 철강업, 철근업, 자동차 판매업.

(5) 水의 직업 ▶ YouTube 123강

특성	직 업
윤하 모임	수산업, 양어장, 독서실, 식품영양학과.
유동 유통	금융업, 경제, 보험, 무역, 유통업, 해운업, 수도사업, 슈퍼마켓, 서점.
흡수	세탁업, 접객, 환경오염방지업.
물	목욕탕, 장의사, 산부인과, 비뇨기과, 해군, 주유소, 택시, 수리시설, 청결용품, 낚시기구업.

4. 십성에 따른 직종 방향

사주상에서 성품 성격, 그 사람의 스타일은 命의 체상을 장악한 십성으로 판단할 수 있다.
그러나 한 개의 십성으로 성격과 특기를 찾기보다는 항상 두 개의 십성을 사용하여야 한다. 즉 기세를 가지고 판단하는 것이 바람직하다는 말이다.

(1) 십성 성향별 직업

정正과 편偏의 구분은 정은 나타나는 특성이 부드럽고 편은 거칠고 강한데, 십성이 강왕하여 편중되면 편이 되고, 중을 얻어 화합하여 정이 된다.

◆ 정관, 편관

① 특 징

어떤 기관에 소속되어 충성으로 임함. 단호, 위엄, 사람을 누르는 카리스마, 냉정한 성격. 위엄을 보여 대중들이 따르게 할 필요가 있는 직업.

② 직 업

사법관, 경찰, 군인, 교도관, 비서, 경비원, 종교인, 기업체 직원, 기예, 판사, 사업 등.

◆ 정인 편인

① 특 징

베풀고 인정하는 자상함, 허용, 인자, 자상, 허용, 수동적, 인정, 눌변, 소극적, 직관력, 기발한 생각, 베푸는 자상함, 앞에 나서기보다 조용히 고독 수동적인 직업, 기다림이 필요한 곳.

② 직 업

인문 교사, 교수, 보육, 요양, 행정공무원, 육영, 번역, 작가, 역술, 숙박, 요리업, 연구원, 증권, 판사, 신부, 학자, 연구원 등.

◆ 정재, 편재

① 특 징

장악하여 관리 통제함. 박력, 화통, 제어, 제어하는 능력이 필요한 곳, 공간감각이 필요한 곳. 내가 취해서 가지는 것.

② 직 업

사업, 은행원, 조각, 설계, 기계 조립, 관리 감독, 조경, 스포츠, 의사, 미용업, 건축업, 슈퍼마켓, 경리, 경비원, 세무회계사, 유통업.

▸ 직종이 중복되는 경우도 많다. 운전업의 예를 들면 운전은 조작을 잘해야 하니 편재에 해당하고, 이곳저곳 멀리 다녀야 하니 상관에도 해당하고, 또 혼자 하게 되니 비겁에도 해당한다. 이러한 경우에 가장 이상적인 것은 비겁이 상관으로 상관에서 다시 편재로 흐르는 기세가 이루어지면 좋다.

◆ 식신, 상관

① 특 징

탁월한 표현력, 달변, 살갑다. 오만 도도, 오버한다. 다정다감, 움직임이 많다. 나들이가 많다. 자유분방, 표현력이 좋다. 사람들을 설득시켜 동화 시킬 필요가 있는 직업.

② 직 업

개그맨, 상업, 변호사, 언론인, 가요, 미술, 기자, 영업, 여행사, 소개업, 예능, 보석판매, 오락, 가이드, 유통업, 유흥업, 예능 교사, 음식점, 외판원, 강사, 금융업, 아나운서, 도매업, 증권, 유흥업, 유치원 초등 교사, 디자이너, 사업, 목사, 등.

◆ 비견 겁재

① 특 징

자만이 강하고, 주체성이 강해서 홀로 하는 경향, 독단, 감내, 감당, 용감, 독행, 의지하지 않고 혼자서도 잘한다. 충동적이면서 용감하고, 다른 십성에 비해 구속을 싫어하는데 자유분방하지는 않다.

② 직 업

체육인, 자영업, 프리랜스, 불교, 경호원, 서비스업, 도매업, 축산업, 농업, 교사, 등산가, 개척자, 개발자, 출판업, 운전 운수업, 택배 등.

(2) 십성 기세별 직업

한 십성의 특성으로만 편중된 성격이 되어 두 개의 십성이 기세를 이루어야 비로소 사물의 일들을 행했을 경우 완벽하게 그 어떤 일들이 이루어진다.

세상의 물질들은 음양으로 이루어졌다. 음양이 혼연일체가 되어야 물질이 이루어지니 그렇게 되지 않을 수가 없다.
한문을 보면 거의 두 글자가 한 단어로 이루어진다. 즉 음양이 합체가 되어야 그 뜻을 명확하게 전달할 수 있기 때문에 그러한 것이다.

사주명리도 마찬가지다. 년월과 일시가 합쳐져 이루어지고 년월은 陽이 되고 일시는 陰이 된다. 이 둘이 모여서 결국 하나의 체를 이루게 된다. 태극도 마찬가지다.

그래서 사주명리도 본이 되는 년을 기준으로 이에서 발생되는 현상을 추리하고, 주체가 되는 일을 기준으로 하여 이에서 발생되는 현상을 추리하여 이 둘의 관계 호환 융합시켜 추명하여야 올바른 간명이 된다.

직업도 이와 동등하다. 음양이 합체되어 물질이 이루어지듯이 십성도 두 개가 호환되어 형성되어야 그 특성이 비로소 완벽하게 이루어지게 된다.

◆ 재성이 관살로 흐르는 기세

① 특 징

소속(관살)되어 관리(재성)하고, 위엄(관살)을 가지고 장악 제어(재성) 통제하는 능력이 뛰어나게 된다.

② 직 업

경찰, 검사, 군인, 사법관, 교도관, 세무서, 재무직 등의 공무원, 경비원, 사업, 기업체 생산 분야 관리 직원, 관리 감독, 주식회사 설립 경영, 의사.

[좋은 결과를 얻을 수 있는 기세에 속한다.]

③ 차선 직업

판사, 증권, 건축, 기계설계사.

◆ 관살이 인성으로 흐르는 기세

① 특 징

소속되어 규정을 지키면서 자상하게 베풀어 주고, 공격적, 유동적이지 않고, 많은 사람과의 대화를 하지 않는 곳이면서도 단호한 결정이 있어야 하는 직업이 이에 해당한다.

② 직 업

종교인, 기업체 행정직 직원, 판사, 인문 교사, 교수, 보육, 요양, 행정직 공무원, 육영, 번역, 요리업, 신부, 학자, 교수, 등.

③ 차선 직업

번역, 연구원, 학자, 증권 등. 상관에 해당하는 직업은 피해야 한다. 재능이 부족하기 때문이다.

◆ 인성이 비겁으로 흐르는 기세

① 특 징

인성은 자애 자상 인자하고 능동적이지 못하고, 비겁은 비교적 여러 사람과 함께 하는 것보다 혼자서도 잘하는 경향이 강하다.

② 직 업

자영업, 불교, 서비스업, 축산업, 농업, 체육 교사, 등산가, 개척자, 개발자, 출판업, 번역, 작가, 역술, 숙박, 요리업, 연구원, 증권, 학자 등 인데, 비교적 좋은 결과를 이루지 못한다. 이 기세는 비교적 성공하기 힘든 기세이다.

③ 차선 직업

교수, 공무원, 도매업, 평론, 비평가 등. 재성의 직업이 가장 적합하지 않다.

◆ 비겁이 식상으로 흐르는 기세

① 특 징

비겁이 식상으로 흐르는 기세는 비겁의 독행獨行과 규정을 중요시하지 않는 식상과의 결합이다. 누구에게 구속받지 않고 자유분방하게 일할 수 있는 직종이 가장 적합하다.

② 직 업

개그맨, 상업, 변호사, 기자, 영업, 여행사, 소개업, 예능, 가이드, 유통업, 유흥업, 예능 교사, 외판원, 강사, 사회자, 도매업, 유흥업, 디자이너, 여행사, 소개업, 예술 계열, 평론, 비평가 등이다. 이 기세는 비교적 좋은 결과를 얻지는 못한다. 다시 재성으로 흘러야 크게 발전한다.

③ 차선 직업

국회의원, 음식점, 오락, 아나운서. 유치원 초등학교 교사. 목사 등. 관살에 속하는 직업이 가장 적합하지 않다.

◆ 식상이 재성으로 흐르는 기세

① 특 징

뛰어난 행동력과 표현력, 또 사람들과의 유대관계를 좋게 하면서 관리 장악하자면 규정된 규칙도 중요시하게 될 수 밖에 없으니 아주 뛰어난 구성의 기세가 된다.

② 직 업

국회의원, 상업, 변호사, 기자, 영업, 예능, 유통업, 유흥업, 외판원, 금융업, 도매업, 증권, 디자이너, 기업 경영, 프리랜스, 세무회계사 등. 가정 좋은 결과를 얻는다.

③ 차선 직업

기계, 건축설계사 등, 인성의 직업 외는 가능하다. 가장 폭넓게 다양한 직종이 가능한 기세가 된다.

이상의 5가지 유형으로 직업을 큰 범위에서 분류할 수 있다. 이 외에도 누락된 직종이 많이 있을 것인데, 각 기세의 특성을 유념하여 누락된 직종에 적용시키면 충분히 찾을 수 있을 것이다.

▸ 오행의 직업은 본이 되고 십성의 기세는 행하는 행위가 된다.
가장 중요한 것은 기세에서 이루어진 직종이 된다.

5. 육오 만민영 선생의 직업론

금정신비부 중에서
일반 사람들의 직업에는 일반 사무직, 공무원, 군인, 경찰, 자영업, 예술이 있는데 이 네 직업이 같지 않다.

(1) 일반 사무직, 공무원 : 재성과 인성의 상관관계

일반 사무직, 공무원 등의 命은 극형剋刑이 많이 있다.
동서가 전투하고, 남북이 충격되고, 장생이 깨어지고, 사절된 곳이 많이 있고, 오행이 어수선하고 , 상象이 순일하지 못하고, 편인이 財를 만나고, 공협한 貴가 깨어지고, 財와 印이 서로 刑하고, 무기無氣하고, 빼어난데 귀鬼를 차고, 貴氣가 손상되는 것들이 간지에 겹쳐있고, 월지가 현침살이 있는 이러한 命들은 벼슬에 불리하다. 그러나 관성을 차면 복을 획득하고, 천을귀인을 만나면 또한 벼슬을 할 수 있고, 또 출사, 현달한 자가 된다.

(2) 경찰, 군인 : 현침살과 양인살의 상관관계

경찰 군인의 命은 공무원 일반 사무직과 크게는 같다.
사주 체상에 煞이 많고, 간지가 층이 져서 같지 않고, 象 내의 貴가 약하고, 주, 본이 파상破傷되고, 甲이 卯를 보고, 丙이 세 개의 丁에 임하고, 辛이 亥를 보고, 壬이 2개 癸를 보고, 乙, 丁이 巳를 만나고, 戊土가 午를 보면 이것은 곧 현침살, 양인이 된다.
다시 극, 파, 형, 충을 범한 것이다.

그러나 만약 복기를 차게 되면 흉중에 길이 있다.
현침살이 길살吉煞을 만나 서로 돕고, 양인에 貴神이 상조하면 또한 높은 권력을 맡게 된다.
경찰, 군인의 본연은 병장기를 거느리는 것으로 이러한 까닭에서 煞이 중요하게 되는 것이며 함부로 남용하지는 말아야 한다.

(3) 상업 : 재성의 상관관계로 논했으나,식상도 중요하다.

다시 상업을 살펴보면 命의 무엇을 근거로 하는가?
일, 시에 子午가 나란히 임하고, 삼원三元이 모두 寅, 申이 되고, 역마 앞에 고삐가 없고, 겁살이 재성이 되고, 편재가 건강한데 일간이 강하고, 다시 재성 운으로 나아가고, 혹 육합이 재성을 만나고, 다시 좌에 역마가 있고, 壬 일간이 남방 운으로 나아가고, 丙 일간이 북방 운을 만나면 경영하고, 매매하는 사람이 된다.

甲 일간이 서방으로 나아가고, 庚 일간이 동으로 나아가는 사람이 무역을 하여 옮겨 다니게 되는 유무는 甲, 乙의 예를 들면 甲乙이 水에 거주하고, 壬, 癸를 만나면 타향으로 떠돌아다니면서 장사를 하게 된다.

또 水가 亥를 만났는데 戊己가 없으면 반드시 외지에서 재물을 구하게 된다.

▶ 水의 이루어진 형상 여하에 따라 외국을 넘나드는 무역과의 상호 관계가 깊다.
또 木도 중요한 요인을 형성한다.

(4) 예술 : 고위관직의 성분은 있지만 무력하게 된 경우

다시 예술을 살피면 또한 상업과는 다르다.
命에 덕수德秀를 만났는데, 형충을 범하면 작은 길이지만 볼만하다.
시에 학당을 만났는데, 공망이 되면 재주가 많지만 비루하다.
체상이 깨어지고, 록과 역마가 온전하지 못하면 일꾼, 병정 또는 학식 있는 선비에 지나지 않는다.
총명한 것은 학당을 만난 것인데, 命의 근본이 무력하면 담박하게 이룰 뿐이다.
사주에서 기세를 이루지 못하고, 다시 오행 기상氣象도 없고, 천을귀인이 있지만 역량이 희미하고, 또 화개를 겹쳐 만나면 한가한 선비가 되거나, 구류九流, 예술의 직업을 행하는 사람이 된다.

(5) 종교(승도) : 고위관직의 성분은 있지만 무력한 경우

다시 승도僧道를 헤아려보면 예술과는 다르다.
오행이 무기無氣한 곳에 존재하고, 십간이 사묘死墓의 地에 임하고, 년, 월이 전부 고진, 과숙를 만나고, 일, 시에 완전히 대모살을 보고, 공망이 포개져 범하고, 화개가 겹쳐 임하고, 처자가 쇠절한 사주.

신왕한데 의지할 곳이 없는 사주.
火가 왕성하면 심신身心이 선禪으로 정해진다.
水가 많은데 구속과 방해가 없으면 이곳 저곳 다니는 경우가 많다.
命이 귀격에 속하지만 사절이 되면 탐욕을 부리지 않고 마음을 비우고,
命에 貴氣가 없는데 생왕하면 불도를 좋아한다.
월의 오행이 온화하면 도행이 고결하고, 교리를 크게 이룬다.
시의 오행이 안정하면 행하는 과果가 서로 돕게 되어 제자가 많게 된다.

월의 복신이 도우면 동료들과 사이좋게 화합하고, 같은 동료로서 아름답게 여긴다.
일이 형충되고 煞을 차면 화합하지 못하여 인연이 없게 되어 떠돌아다니게 된다.

煞, 印을 보면 권력이 있고, 상조살을 만나면 고행하고, 몸이 손상되고, 화개, 협귀, 삼기를 만나면 煞이 길하게 된다.
자사自死, 자절自絕, 자생왕自生旺한데 길한 도움이 없고, 만약 생왕이 태과하고, 겸해서 간귀干鬼를 차면 명성과 이득에 대한 마음을 잊지 않게 되고, 극해剋害가 크게 심하고, 다시 흉살을 만나면 속세로 되돌아오게 된다.
함지는 주색의 성星으로 범해지면 쾌락의 유혹에 빠져 절제하지 못한다.
양인은 곧 흉악한 것이니 만나면 재물을 얻는 것에는 그림일 뿐이고, 유년, 운에서 상조살을 만나면 반대로 속인俗人은 흉하고, 승도僧道는 길하다.
사주에 고진, 과숙, 망신, 겁살을 만나면 보통 사람은 해롭고, 승도는 해롭지 않다.

6. 직업 논명

論命 144 [판사]

乾

丁	乙	庚	丁
亥	卯	戌	酉
土	水	金	火

81	71	61	51	41	31	21	11	1
辛	壬	癸	甲	乙	丙	丁	戊	己
丑	寅	卯	辰	巳	午	未	申	酉

庚, 戌, 酉 金에 역량이 있고 일간과 유정하여 기본은 사법부가 되고, 정관과 유정하고 역시 힘이 있어 판사가 되었다.

論命 145 [판사]

乾

乙	己	丁	甲
亥	巳	卯	寅
火	木	火	水

82	72	62	52	42	32	22	12	2
丙	乙	甲	癸	壬	辛	庚	己	戊
子	亥	戌	酉	申	未	午	巳	辰

木이 너무 과다하다.

과다하여 일간이 싫어하여 유정하지 않다

己巳 일주는 土로 균형과 중용을 추구하게 되어 본本이 법관이 되었고, 십성은 官印의 기세를 행하니 판사가 되었다.

亥 겁살, 卯 양인살도 사법에 해당한다.

論命 146 **[검사]**

乾

壬	辛	甲	丙
辰	酉	午	申
水	木	金	火

84	74	64	54	44	34	24	14	4
癸	壬	辛	庚	己	戊	丁	丙	乙
卯	寅	丑	子	亥	戌	酉	申	未

辛酉 일주에 申이 있어 역량이 있고, 午월로 편관이 된다.
그래서 본本은 金으로 사법부, 행行은 편관이 되어 검사가 되었다.

論命 147 **[검사]**

坤

乙	乙	丁	癸
酉	卯	巳	亥
水	水	土	水

83	73	63	53	43	33	23	13	3
丙	乙	甲	癸	壬	辛	庚	己	戊
寅	丑	子	亥	戌	酉	申	未	午

酉巳 金이 있고 또 편관에 해당한다.
그래서 사법부 검사가 되었다.

論命 148 **[판사]**

乾

庚	己	辛	乙
午	酉	巳	亥
土	土	金	火

88	78	68	58	48	38	28	18	8
壬	癸	甲	乙	丙	丁	戊	己	庚
申	酉	戌	亥	子	丑	寅	卯	辰

金이 너무 강하여 金에 속하는 검사보다는 차왕次旺한 火土를 택하여 이에 속하는 판사가 되었다. 그렇지만 왕한 금기金氣를 어떻게 할 수는 없어 판사도 역시 사법부에 속하는 것이 되었다 할 수 있다.

論命 149 **[변호사]**

乾

癸	丁	丁	壬
卯	卯	未	寅
金	火	水	金

74	64	54	44	34	24	14	4
乙	甲	癸	壬	辛	庚	己	戊
卯	寅	丑	子	亥	戌	酉	申

木이 과다하여 일간과 정이 없다.

丁, 未, 寅 火에 역량이 있어 유정하다.

火는 밝게 하는 것이니 즉 억울한 것을 풀어주니 본本에 속하고, 未土 식신이 있고, 초년에 金 재성이 많아 식상생재의 기세를 이루어 변호사 직이 맞는데 역량이 크지 않아 크게 성공하지는 못한다.

사주 체상의 등급이 많이 떨어지는데, 역시 卯 천을귀인이 있어 변호사가 되었다.

論命 150 **[박지성[축구]]**

○	丁	辛	辛
○	未	卯	酉
○	水	木	木

辛, 酉, 酉 金으로 강건하여 운동에 적합하다.

십성으로는 재성이 있다, 제어 통제가 좋다.

論命 151 **[김연아 피겨스케이팅]**

○	癸	甲	庚
○	酉	申	午
○	金	水	土

酉申庚 강건한 金이 있어 역시 운동에 적합하다. 년지에 편재가 있다.

論命 152 **[류현진 야구]**

○	癸	癸	丁
○	酉	卯	卯
○	金	火	木

- 酉 金이 있어 강건하다.
- 년간에 편재가 있는데 약하다.
- 丁巳시로 추측된다.

論命 153 [박찬호 야구]

양력

○	丙	戊	癸
○	申	午	丑
○	金	火	木

• 일지에 신금이 있어 강건하고, 또 재성에 속하여 제어도 뛰어나고, 월지에 午 일인日刃도 있어 역시 강건하다.

음력

○	乙	己	癸
○	丑	未	丑
○	金	火	木

• 丑丑 金의 묘가 2개 있다.
• 재성이 크게 왕하다.
• 甲申시로 추측된다.

▸ 간혹 음력이라 해서 둘 다 수록하였다.

제12장 질병 간명

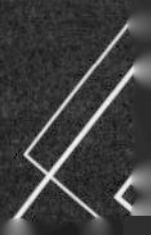

제12장 질병 간법

1. 오행 간지의 인체 소속

(1) 오행의 인체 소속

오행	소속
木	간, 담
火	소장, 심장
土	위, 비장
金	대장, 폐
水	방광, 신장

(2) 천간의 인체 소속

천간	소 속
甲	담, 머리
乙	간, 정수리
丙	소장, 어깨
丁	심장
戊	위, 갈비대
己	비위, 배
庚	대장, 배꼽
辛	폐, 넓적다리
壬	방광, 정강이
癸	신장, 발

(3) 지지의 인체 소속

지지	소 속
子	신장, 수도水道, 귀
丑	세포, 배, 비위
寅	담, 맥박, 손
卯	손가락, 간
辰	피부, 가슴
巳	얼굴, 목구멍, 이빨, 항문
午	정신精神, 안목眼目
未	위, 팔, 등골뼈
申	대장, 경락
酉	정혈精血,폐
戌	명문, 넓적다리, 복사뼈, 발
亥	방광, 불알, 머리

2. 오행과 질병

(1) 오행과 질병

무릇 질병은 모두 오행의 불화에서 원인이 된다. 사람 신체의 오장이 불화해지는 것에서 병이 생기는 것이다.

오행은 오장五臟*으로 통하고, 육부六腑*는 구규九竅*에 통한다. 십간은 육부六腑*에 속하는 병이고, 십이지지는 오장에 속하는 병이다.

丙, 丁, 巳, 午의 火는 남쪽의 이離로 병은 상에 있다.
壬, 癸, 亥, 子의 水는 북쪽의 감坎으로 병은 하에 있다.
甲, 乙, 寅, 卯의 木은 동쪽의 진震으로 병은 좌에 있다.
庚, 辛, 申, 酉의 서쪽은 태兌로 병은 우에 있다.
戊, 己, 辰, 戌, 丑, 未는 곤坤, 간艮에 속하니 병은 비위脾胃 및 중간 밥통에 생긴다.

구규九竅 : 눈 · 코 · 입 · 귀의 일곱 구멍과 똥 · 오줌 구멍을 합(合)하여 모두 아홉 구멍을 일컬음.

육부六腑 : 담, 위, 대장, 소장, 삼초, 방광의 여섯 가지 뱃속의 기관을 통틀어 이르는 말

오장五臟 : 간장, 폐장, 심장, 비장, 신장.

(2) 오행이 이지러질 경우 나타나는 질병

결손 오행	결손 간지	해당질병
木	甲,乙 寅,卯	풍風, 눈이 침침, 어지러움, 시력저하, 혈의 부조화로 조년에 사망, 근육이 허약등 간肝에 의한 질병이 된다.
火	丙,丁 巳,午	화농 부스럼, 혀로 인한 벙어리, 곧 심장에 속하는 종류의 질병이 된다.
土	戊己辰 戌丑未	부종, 몸이 붓는 증상, 각기脚氣*, 황종黃腫*, 구취口臭, 번위翻胃*, 비위가 차가워져 격열膈熱*의 자는 비위에 의한 질병이 된다.
金	庚,辛 申,酉	코의 혈관이 확장되어 붉어지고 두툴두툴하게 되면서 혹처럼 커지는 병으로 코가 막힘, 목구멍 아래에 가래가 붙어서 답답해하는 증상으로 말을 더듬는 증상, 기침을 하는 자는 폐에 의한 질병이 된다.
水	壬,癸 亥,子	백탁白濁*, 백체白帶*, 곽란霍亂*, 사리瀉痢*, 산기소장疝氣小腸*은 신장에 속하는 질병이 된다.

격열膈熱 : 음식이 목구멍으로 잘 넘어가지 못하거나 넘어가도 위에까지 내려가지 못하고 이내 토하는 병증.

번위翻胃 : 음식을 먹으면 구역질이 심하게 나며 먹은 것을 토해 내는 위병.

각기脚氣 : 비타민 B의 부족으로 다리가 붓는 병.

백탁白濁 : 누는 오줌의 빛이 뿌옇고 걸쭉한 병.

백체白帶 : 자궁(子宮)이나 질벽의 점막에 염증이나 울혈이 생기는 때 나오는 끈끈한 흰 냉.

곽란霍亂 : 갑자기 토하고 설사가 나며 고통이 심한 급성 위장병.

산기소장疝氣小腸 : 생식기와 고환이 붓고 아픈 병증. 아랫배가 땅기며 통증이 있고, 소변과 대변이 막히기도 한다.

(3) 극받은 오행의 질병

❖ 甲乙이 庚, 辛, 酉, 申이 많아 극받는 경우

간담肝膽으로 인해서 놀라서 두근거림, 피곤, 수족이 마비됨, 근골이 쑤시고 아프다. 외로 머리와 눈이 어지러운 현기증, 입이 돌아가는 구안와사, 중풍 계통, 엎어지거나 넘어져 부딪쳐서 생기는 손상이 생긴다.

❖ 丙丁火가 많은데 水가 제어하지 못하면 木이 분소되어 생긴 병

가래가 끓어서 숨이 차고 각혈하고, 중풍으로 말을 못하고, 피부가 건조하고, 내열로 입이 마르고, 여인은 기혈이 고르지 못하여 잉태한 자는 유산되고, 소아는 급만 경풍驚風, 밤에 기침을 많이 한다.
木이 극받아 깨어지면 얼굴색이 **청암**青黯하게 된다.

❖ 丙丁이 壬, 癸, 亥, 子가 많아 극받는 경우 YouTube 103강

심장의 氣로 인해서 몸이 쑤시고 아픔, 경풍으로 혀가 뻣뻣하게 굳어 말하기가 어렵게 되는 병, 구통, 인후통, 벙어리, 급만 경풍, 말을 더듬는다.
열이 올라 발광, 실명, 소장 아랫배가 아픔, 부스럼으로 혈에 의한 화농. 소변이 탁하다. 부녀자는 혈기 경맥이 고르지 못하고, 소아는 천연두, 옴, 얼굴색은 **홍적**紅赤이 된다.

❖ 戊己가 甲, 乙, 寅, 卯가 많아 극받는 경우

비위가 불화되고, 구역질로 음식을 먹지 못하고, 북부 팽만, 설사와 황종, 음식을 가린다. 구토 오심, 오른손이 못 쓰는 경우가 발생하고, 습독濕毒으로 물이 나오고, 흉복이 막혀 답답하게 된다.
부녀자는 음식의 단맛을 못 느끼고, 신맛도 모르고, 허약, 고단하여 기운이 없음, 하품을 많이 한다. 오감五疳*, 오연五軟* 내열로 잠이 많다. 얼굴색은 **누리끼리**하게 된다.

오감五疳 : 소아는 젖이나 음식 조절을 잘못하여 어린아이에게 생기는 병. 얼굴이 누렇게 뜨고 몸이 여위며 배가 불러 끓고, 소화 불량 따위의 증상이 나타난다.

오연五軟 : 어린아이의 머리·목·손·발·입의 근육 조직이 연약하고 무력한 병을 통틀어 이르는 말. 세 살 이전에 잘 생기는데 선천적인 기혈 부족에 후천적인 영양.

❖ 庚辛이 丙, 丁, 巳, 午가 많아 剋받는 경우

치루로 피가 나옴, 항문으로 하혈, 가래가 나오는 감기, 가슴이 불룩하여 몹시 답답하고 숨이 차서 헐떡거리며 목구멍에서 가래소리가 나는 증상이 있고, 피를 토하기도 하고, 몹시 두려워서 정신을 잃기도 하고, 쉽게 기력이 쇠약하게 되고, 마음이 흥분되어 가슴이 뛰는 병증 등이 있다.

피부가 건조하고, 코에 속이 차차 커지고, 또 두틀두틀하고 붉어지는 병, 심하면 곪게 됨, 악성 종기 등으로 피고름이 심하게 되어 힘이 없게 된다. 부녀자는 **담수**痰嗽*가 차고, 하혈을 하기도 한다. 소아는 농혈膿血, 이질에도 잘 걸린다. 얼굴색은 **황백**黃白색이 된다.

담수痰嗽 : 위 속에 습담(濕痰)이 있어서, 그것이 폐로 올라올 때에는 기침이 나고, 담이 나온 때에는 기침이 그치는 병.

❖ 壬癸이 戊, 己, 辰, 戌丑, 未가 많아 극받는 경우 YouTube 153~156강

유정遺精, 잠자는 사이에 저절로 나는 식은땀, 과로한 때나 악몽을 심하게 꾼다. 꿈속에서 성교하기도 하고, 혈이 탁하게 되고, 오한이 심하여 몸이 몹시 떨고, 또 이빨을 간다. 귀가 먹어 들리지 않고 눈이 멀기도 한다. 추위로 감기가 쉽게 걸린다. 충치로 아프게 되고, 신기腎氣가 손상된다. 또 요통과 무릎에 통증이 있고, 임질, 토사吐瀉도 발생하고, 추위를 몹시 탄다.

여인은 냉이 나오는 병, 백대 귀태와 자궁 속의 태아를 싸고 있는 맥락막脈絡膜이 이상 발육하여 병이 생기고, 월경불순이 있다. 소아는 귀에 부스럼, 소장에 통증, 야간에 잠꼬대를 많이 한다. 얼굴색은 **검누른 흑**이 된다.

▶질병을 논 할 때는 먼저 일간을 논하고 다음 월령을 살핀다. 그런 후에 년, 시와 통하는 것을 관찰한다.

❖ 오행이 사절死絕일 때의 발생 질병

① 水가 사절일 때는

많은 신기腎氣가 허리에 머물러 물똥을 싸고 변과 오줌에 이롭지 않은 병이다.

② 火가 사절일 때

장기腸氣가 엉기어 막히고, 잘 놀라고 건망증, 정신불안증이 있다.

③ 木이 사절일 때

풍으로 허하게 되고, 눈이 꺼칠하다. 현기증이 있고, 근육이 켕기고 손톱과 발톱이 약하다. 기뻐하고 성내고 위와 아래를 바꾸어서 거꾸로 함, 음식을 가려서 질병을 유발한다.

④ 金이 사절일 때

氣가 허하고 천식이 심하고, 기침, 피부와 머리털이 건조하고, 뼈마디가 쑤시고 아프고, 눈물이 나고 대장의 문제로 설사를 하고, 변에 피가 섞인 질병이 생긴다.

⑤ 土가 사절일 때

얼굴이 황색, 식사량이 줄고, 구토로 입이 막히고, 사지가 나태하고, 잠을 좋아하고, 생각이 지나치고, 귀에 소리가 있고, 정신이 탁하여 건망증이 있고, 움직이는 것을 싫어하는 결점이 있다.

❖ 상극相剋이 있어 질병이 발생

① 金火의 상극하는데

생왕하면 부스럼, 종기로 사지마비가 있게 된다.

사절이 되면 결핵으로 피를 토한다.

② 土木가 상극하는데

생왕하면 피곤하여 혼미하고, 풍風으로 마비, 소장에 질병, 부스럼이 발생한다.

사절이 되면 음식을 토하고, 어혈이 생기고, 악성종기, 쌓여서 막히는 질병이 있고, 혹은 중풍이 발생하게 된다.

③ 金木이 상극하는데

생왕하면 사지가 골절되어 불완전하고 눈에 질병이 발생한다.

사절이 되면 氣가 허하고, 쌓여서 막히고, 피로하고 중풍을 앓는다.

④ 水土가 상극을 하면

비위가 습濕하여 설사를 하고, 배가 차 부르고, 가래와 기침에 불리한 병이 발생한다.

❖ 상생相生하여 발생하는 질병

① 火木 상생은

생왕하면 왕성하게 되어 곧 꽉 차 막히니, 눈이 붉고 머리에 풍이 있게 된다. 사절은 추위에 약하고 미치광이 병이 발생하게 된다.

② 火土 상생은

생왕하면 위가 실하다.

사절은 입술이 건조하고 붉고 氣에 열이 많아서 엉기니 대변에 불리하다.

③ 金水 상생은

생왕하면 기운이 고르게 돌지 못하고, 한곳에 머물러서 생기는 병이 발생한다.

사절은 청활晴滑하다.

④ 水木 상생은

생왕하면 위가 허하여 구토한다.

사절은 깨끗한 곳이 썩고 추위에 상하여 열병이 생긴다.

⑤ 金土 상생은

생왕하면 피부와 근육이 약하다.

사절은 배에서 소리가 난다.

3. 질병 비전祕傳

YouTube 113강

근골이 신경 자극에 의하여 몸이 쑤시고 아프게 느껴지는 것은 모두 木이 金에 손상되어서 발생하는 것이다.
눈이 어둡게 되는 것은 火가 水에 剋을 받아서 그렇다.
土가 왕한 木을 만나서 허하게 되면 비위가 상하게 되고, 金이 화염의 地를 만나서 약하게 되면 혈질이 생기는 것을 의심하지 말아야 한다.

木이 金의 剋은 만나면 허리에 재화가 있고, 火가 水에 상하면 필히 눈에 질병이 있고, 숨이 차서 가슴이 몹시 벌떡거리는 것은 金이 火와 刑되어서 그렇다.
비위의 손상은 모두 土와 水가 전극戰剋함으로 생기는 병이다.
지지에서 水가 천간에 火를 만나면 심장이 약해지는 병이 생긴다.

지지의 火가 천간에 水를 만나면 내의 장애로 눈을 멀게 된다.
화염火炎에 의해 土가 그을려지면 대머리가 되고, 눈도 나빠지게 된다.
수가 많아 매우 습하여 土가 제어하지 못하면 신장이 허하고 귀가 막히게 된다.

정신이 어수선하게 미혹, 현혹되는 것은 화가 강하게 되었기 때문이다.
중풍으로 말을 하지 못하는 것은 가을의 金이 왕하게 되었기 때문이다.
마음(심장)에서 받은 병은 입으로 말을 할 수 없다.
폐에 받은 병은 눈으로 볼 수 없게 된다.

비위에 받은 병은 입으로 음식은 먹지 못한다.
폐에 받은 병은 코로 냄새를 맡지 못한다.
신장에 받은 병은 귀로 듣지 못한다.
곧 따르는 곳의 허실虛實에서 병의 상태가 생긴다.

YouTube 113강

金이 많아 질병이 되었으면 침이 마땅하지 않고,
火가 많아 생긴 질병은 뜸을 절대 꺼리고,
土로 인한 질병은 환약을 사용하지 않고,
木은 흩는 것을 꺼리고,
金이 복이 되면 서쪽에서 의원을 구하고,
木이 생하여 오면 동쪽의 약을 사용하고,
水가 절絶되면 모름지기 침이 마땅하고, 또 약을 금석金石을 사용하여 다리거나 하면 회생에 도움이 된다.
土가 약하면 따뜻한 뜸이 좋고, 의원이 가족에게 법도에 따라서 다스리는 방법을 말해주면 위태로움이 없을 것이다.
火의 剋에 의한 질병은 생약을 달여서 만든 제제로 다스림이 가능하고,
水가 剋하여 생긴 질병은 환약을 갈아서 사용하는 것이 좋다.

아! 사람에게서 질병을 찾는 방법은 두 가지가 아니 되겠는가! 물어봐서 듣고 병을 추정하는 의원의 묘妙와 생극 제화를 사용하는 술사 현묘한 도道, 두 가지가 아니겠는가!
이에 근원을 헤아려 참고를 해야 하는데 그 표본인 이 법을 떠나지는 못할 것이다.
논해 보면 평안함은 화합에 있고, 질병은 형상刑傷에서 있는 것으로 오행이 쇠왕한 이치를 연구 판단하면 백가지 질병의 표리를 알 수 있게 될 것이다.

내는 오장五臟, 외는 사지四肢가 된다. 木의 기운이 휴수가 되면 양 관자놀이와 귀 사이에 난 머리털이 성기고 머리카락이 드문드문하게 된다.
火가 사절에 임하면 두 눈동자가 어둡고 빛이 없고, 火 중에는 土가 숨어 있어서 水의 制가 적으면 마음과 정신이 흐릿하여 분명하지 않게 된다.
木의 하에 金이 숨어있는데, 水가 없어서 시들게 되면 넓적다리와 발이 손상된다.
甲乙이 가을 申酉에 생하여 壬癸을 만나면 술에 취하여 사망하게 된다.
丙丁이 겨울 亥子에서 生되고, 庚辛을 만나면 도랑 강어귀에서 사망한다.
水가 왕성하여 木이 뜨면 설사를 많이 한다.
土가 왕하여 金이 묻히면 항상 병이 많이 생기는 편이다.

무릇 乙木이 왕하고 辛金 쇠약하면 풍에 의해서 현기증이 생긴다.
아프고 가려운 종기는 丁火가 왕성하고 癸水가 쇠약해서 생기는 병이다.
속이 답답하고 종기가 가득 찬 것은 己土가 크게 왕하기 때문이다.
마음이 우울하고, 또 저리고 마비되는 병은 모두 辛金이 부족해서 생기는 병이다.
귀와 눈이 맑고 밝은 것은 癸水가 왕함이고, 水가 많아 사악하게 추워서 수축되어 지면 신경이 허약해진다.
甲乙은 戊己를 상하게 하는데, 구원이 없으면 놀라서 이지러진다.
丙丁이 庚辛을 尅하는 것이 좋은데 尅하는 것이 약하면 벙어리가 된다.

火 중에 土가 있으면 목의 갑상선종이 헐어서 터진 부스럼이 생기고,
水 중에 土가 있으면 위궤양이 있다.
오행이 쇠패衰敗하여 부족하면 전염병으로 사망한다.
水가 패敗가 되면 낙타 허리가 되어 수레를 몰수가 없게 된다.
金이 刑되면 거북 등이 되어서 허술한 집으로 옮기게 된다.
庚辛은 서방의 빼어난 氣가 되어 木을 보면 군대에서 칼날에 사망한다.

甲乙이 午를 만났는데 水가 없으면 뼈가 튀기고 근육이 흩어진다.
辛巳金, 丙申火는 刑을 만난 것으로 팔이 약하고, 여섯 개의 손가락 혹 여섯 개의 발가락을 가지고 태어난다.
己卯土, 戊寅土은 적을 만난 것으로 위가 약하고 항상 악성 종기가 있다.

乙未, 甲午가 金을 만나면 자라 머리인 사람이 많다.
癸卯, 己丑이 刑을 만나면 허리와 무릎에 질병이 있게 된다.
甲申, 乙酉는 어릴 때 간장에 딸린 경락에 질병이 많다.
辛卯, 庚寅은 늙어 근골이 상하여 고생한다.

丙火에 다시 왕성한 화가 오르면 늘 몸과 마음이 불안하다.
丁火가 지지에 습한 기운을 많이 만나면 여인은 피로하고 하혈을 한다.
金土에 寅卯가 임하면 폐의 질병으로 추워 오싹하고 기침을 한다.
戊己가 패화敗火를 만나면 비위의 병환으로 편안한 잠을 자지 못한다.

庚辛이 火를 보아서 刑되면 여인에 냉이 나오는 질병으로 근심하게 된다.
丙丁이 함께 巳, 午를 만나면 부인은 해산한 뒤나, 또는 갑자기 피가 자꾸 나와서 멎지 않는 질병을 절대 조심하여야 한다.
양인은 팔뚝에 돌침과 넓적다리의 뜸이 되고, 현침은 얼굴을 찔러 문신을 새기는 것이다.

일시가 쇠약하면 큰 질병을 고치기 어렵고, 간지가 형해刑害되면 작은 질병도 치료하지 못한다.
氣가 서로 덕이 되면 화평하고, 氣가 거슬리면 질병의 재앙이 있다.
생사는 오행을 넘어서기 어려우니 흥쇠를 상세히 연구하면 만 가지 중에서 한 가지도 잃지 않을 것이다.

戊己가 불안전한 기운을 타고 또 월시 두 곳에 상관을 보면 반드시 머리와 얼굴이 손상되고 피고름의 종기로 젊어서 고생한다.
戊己 일간이 지지에 火가 매우 왕하여 氣가 찌는 듯이 무덥게 되고, 충, 형, 극, 파하면 잔질이 있고, 머리카락이 민둥민둥하고 눈이 먼다.

丙丁 일간이 쇠약하고, 칠살이 삼합되어 있으면 하루에 한 홉의 양식을 구하니 의식이 이지러지고, 귀가 먹어 들리지 않는 잔질과 얼굴이 퍼석하다.
壬癸가 중첩되어 늘어서 있고, 시간에 火 財를 보면, 머리와 얼굴에 문둥병은 없다고 하더라도 눈에 재앙이 있게 된다.

丙丁 火가 왕하면 질병을 방어하기 어렵다. 辰巳 월이 되고 다른 오행은 휴수가 되고, 혹 木이 있으면 왕한 火에 본소 되어 중풍으로 말도 못하고 잠을 자는 중에 사망한다.

사람이 생길 때 부父에게 氣를 받고 모母에서 형形을 이루게 되는데 오장이 화평한 자는 질병이 없고, 전극하고 태과하고 불급한 자는 질병이 많게 된다.

음양서에 金도 강하고, 火도 강한 방향은 자형自刑이 되고, 또 木이 뿌리로 되돌아가고, 水는 동東을 따라 흘러 자형이 된다.
소이 삼형을 논한 것으로 刑은 이렇게 인정 없이 아주 모질고 물건을 잔인하게 해치는 것이다.
곧 이것은 태과하여도 몸에 질병이 발생한다는 것을 말한 것이다.
그러니 오직 부족한 것만 병으로 취한다면 반드시 한 쪽을 잃게 될 것이다.
水, 土, 木이 氣가 없는 곳을 만나면 기생충으로 장이 팽창하고 토하는 질병이 있다.

金, 水, 火가 氣가 없는 곳을 만나면 이질이 있다.
金은 대장으로 水, 火가 지키는데 음양이 불화하게 되기 때문이다.
水가 많은 土를 만나면 번위翻胃*의 질병이 있다.
번위翻胃 : 음식을 먹으면 구역질이 심하게 나며 먹은 것을 토해 내는 위병.

土가 많고 水가 없으면 氣가 소통되지 못하여 귀가 먹는 질병이 있다.
대개 신수腎水가 흐르지 못하면 번위가 발생하게 되고, 氣가 능하지 못하면 귀머거리가 된다.

상관과 煞이 왕하면 질병이 있다.
건괘乾卦는 戌,亥가 되는데 亥는 천문이 된다.
辛 년간이 일 혹은 시에서 亥를 만나면 눈이 멀고, 귀를 먹게 되는데 亥는 신장에 속하여 귀와 통하기 때문이다.

丙火가 水를 만나면 火가 극된다.
子는 감坎*궁이되어 丙을 剋하여 논이 멀게 되고, 상관, 煞이 많으면 하부에 질병이 있게 된다.
寅은 간토艮土*에 속하는데 비위에 병이 있고, 얼굴색이 누른 질병이 있다.

戊己가 甲乙이 왕하게 나타나면 煞이 되는데
卯월의 乙木이 子卯 刑을 하게 되면 刑은 子에서 일어나고 卯木은 煞이 되니 하부에 질병이 있게 된다.

辰은 진震*(木)에 속한다. 辰 월이 상관이 되면 소년에 경기의 질병이 있다.
무릇 진震*(벼락)은 움직이는 것으로, 경輕하면 경기, 비위에 질병이 있고, 중하면 큰 병이 발생하게 된다.
진震은 어른 남자가 2월의 水가 木을 생하는 자도 이와 같다.

팔괘(24괘방위도) – 상권 442페이지 24괘 방위도 참고

감坎 : 북쪽, 간艮 : 북동, 진震 : 동, 손巽 : 동남,

리離 : 남, 곤坤 : 남서, 태兌 : 서, 건乾 : 서북

巳는 손巽*에 속하는데 상관과 煞이 되어 중하게 되면, 부녀자에는 혈기가 고르지 못하여 근심이 많게 된다.

午는 이離*에 속하고 눈이 되는데, 午가 상관 煞이 되어 중하게 되면, 실명하고 머리에 풍의 질병이 있게 된다.

申은 곤坤*에 속하여 陰이 강한 무리가 되는데, 상관, 煞이 되어 중하게 되면 허리와 다리, 근골에 질병이 있다.

상관상진傷官傷盡은 이와 같이 논하지 않는다.

酉는 태兌*에 속한다. 상관 혹은 煞이 되면 입과 치아가 완전하지 않은 질병이 있다.

戌은 火의 고庫로 치질과 하혈하는 질병이 있다.

丑未가 상관이 되고, 비위가 되는데, 상관, 煞이 왕한 자는 매년 장티푸스를 앓는다.

상하가 전극戰剋하는데 오행의 구조가 없으면 신체가 완전하지 못하고 얼굴과 머리에 질병이 있다.

申에 氣가 없는데 寅과 싸움을 하면 머리와 눈이 한쪽으로 기울어지고

乙, 丙이 辛에 만나서 손상을 받으면 형벌이 있게 되고 매일 아침 화禍가 나타난다.

불꽃이 왕성한 水에 멸滅하면 눈이 많이 어둡게 된다.

土가 허한데 왕한 水에 붕괴되면 배에 종기가 생긴다.

丙火 중에 土가 숨어 있는 사람은 급성 결막염을 자주 앓는다.

巳가 진방震方에 이르면 언청이가 된다.

土가 木에 제어 당하면 비위에 질병이 많다.

木이 金에 깨어져 상하면 근골이 쑤시고 아프다.
水土가 상형相刑하는데 구조하지 못하면 걸음을 제대로 걷지 못한다.
金火가 相刑하면 귀살鬼煞이 되어 호흡이 가파른 질병이 있다.

壬, 癸, 戊, 己가 서로 도우면 음악을 듣기 어렵다.
丙, 丁, 壬, 癸가 서로 추종하면 청황색을 구별하지 못한다.
시가 일을 剋하면 사지가 완전하지 못하다.
水가 만약 刑을 만나면 머리와 얼굴이 손상되기 쉽다.
土가 甲乙을 만났는데, 상하에서 煞이 剋하고, 死, 묘墓에 임하면 구토로 사망한다.
火국에서는 庚辛은 절絶되어 마음의 병이 있다.
水木은 신장이 허하고 金水은 뼈가 아프다.

일절 모든 煞(신살의 살)은 주主에 질병이 있다.
겁살은 소장, 또 귀가 먹어 들리지 않고 인후에 질병이 있다.
망신은 허리와 다리에 질병이 있다.
함지는 주색에 의해서 지치고 농혈, 변과 요에 질병이 발생한다.
대모는 어리석고, 사리에 어둡고, 혹이 생기는 질병이 있다.
비렴蜚廉*은 천고天瞽*의 이름으로 간지에 氣가 없으면눈이 없다.

비렴蜚廉 : 음양가에서, 그 쪽을 향하여 토공. 건축. 전거. 혼인 등을 할 때에는 질병이나 우환이 따른다고 하는 방향.

천고天瞽 : 눈동자가 없는 장님.

무릇 목숨(祿命)은 食으로 인한 질병이 있는데 모름지기 煞을 차서 身을 剋하는 곳에서 원인이 된다.

무릇 命에 확실한 충이 있으면 氣가 흩어지고, 또 확실한 刑은 氣가 흩어지게 하는데 이는 불치병이 있는 사람이다.

甲辰, 甲戌. 乙丑, 乙未은 土木이 교가交加*하는 것으로, 중풍 등으로 반신불수가 되는 질병이 있다.

丙申, 丁酉는 金火가 교가하는 것으로 혈과 근육 힘줄에 손상이 있다.

戊子, 己亥는 水土가 교가하는 것으로 비위에 질병이 있다.

庚寅, 辛卯는 金木이 교가하는 것이며 근골이 아프고 기침을 하는 질병이 있다. 시가 일을 剋하는데 상대하여 극복할 것이 없으면 말년에 질병으로 어렵게 된다.

교가交加 : 서로 뒤섞임. 서로 왕래함.

- 金木이 교전하면 뼈에 질병이 있다.
- 水가 火를 업신여기면 눈에 안개가 낀다.
- 金이 水에 사死하면 문둥이 병이 있다.
- 土가 많고 水가 적으면 단전이 무너진다.
- 土가 木을 만나 剋을 당하면 비위가 약하다.
- 火가 金에 승리하면 눈 안에 혈이 있다.
- 水가 깊고 金이 무거우면 수액水厄을 당한다.
- 水를 많이 만나면 깊은 연못에 떨어진다.
- 水가 적고 火가 많으면 갈증이 있다.
- 火가 많고 土가 적으면 미친 말을 많이 한다.
- 水가 왕한데 火가 있으면 목숨을 연명하기 어렵다.
- 金이 絶되는 것은 절대 꺼리는데 사지四肢가 손상되기 때문이다.
- 土가 많고 火가 있으면 마음을 졸이는 근심이 있다.
- 木이 왕성한 시가 되면 막혀 어렵게 된다.

무릇 命의 록을 충을 하게 되면, 가령 좌에 명궁命宮 혹 질액궁疾厄宮이 되면 수족에 결함이 있고, 신체가 완전하지 못하고 육액이 또한 계속 이어진다.

오전五戰이란 이름인, 辛卯 일시는 이름이 백호로 눈이 멀게 되고, 火 년은 필히 눈이 손상된다. 남은 辛과 卯도 또한 꺼린다.
金이 쇠약하고 火가 왕성하면 피를 토하고, 그뿐만 아니고 탈장이 된다.
水가 마르고 土가 차면 병벽病癖*이 있고 갑자기 귀를 먹는다.
병벽病癖 : 심신心身에 굳어진 좋지 않은 버릇.

파쇄와 양인은 질병을 초대하고, 질궁疾宮의 육해도 길하지 않다.
일시에 귀鬼가 겹쳐 왕하게 되면 능멸하고, 공망으로 무기하게 되면 병들어 사망하게 된다.
무릇 질병을 추리하고자 하면 먼저 록祿, 명命, 신身 세 부류를 관찰하고, 대, 소운에서 어떠한가를 관찰하여야 한다.
삼명三命(록祿, 명命, 신身)이 무기無氣하고, 록과 역마가 패절絕敗이 되어도, 다만 록재祿財, 명재命財가 왕하다면 죽지는 않는다.
부친의 질병을 아들의 사주로 추리하고자 한다면 아들 사주에서 고진孤辰, 과숙寡宿, 상문喪門, 조객吊客, 백의白衣의 煞들이 命에 있으면 그의 부친은 반드시 고칠 수 없는 질병이 있다. 남편과 아내도 이에 준하여 추리하면 된다.

4. 질병 논명

論命 154

丁	乙	庚	庚
丑	酉	辰	辰
水	水	金	金

사주 체상에서 陽이 약하고 陰이 강하다.

金이 크게 강하고, 간에 해당하는 木이 약하다.

甲申운 壬申년에 金이 크게 왕하게 되면 설사 사주에 木이 없다고 하더라도 그에 해당하는 오행은 허약하게 된다.

소식부에 이르기를 견불견지형見不見之形이라고 하였는데 즉 나타나 있지만 그 형상은 나타나지 않는 것이다 하였다.

木이 간에 해당하니 간암으로 사망하였다.

論命 155

庚	乙	辛	乙
辰	酉	巳	未
金	水	金	金

陽이 약하고 陰이 왕하다.

金이 크게 강하고, 간에 해당하는 木이 약하다.

丁丑운 丁丑년에 巳酉丑 金이 강하게 되니 상대적으로 木이 극되어 간암으로 사망했다.

論命 156

丙	甲	乙	戊
寅	寅	卯	辰
火	水	水	木

水와 金이 약하다. 곧 陰이 약하다.

간에 해당하는 木이 크게 왕하다.

辛酉운 己巳년에 간암으로 사망했다.

卯酉 충으로 木을 극하지만 도리어 왕신 木이 발광하니 金이 산산 조각나게 된다. 그래서 간암으로 사망했다.

論命 157

壬	甲	甲	庚
申	申	申	寅
金	水	水	木

木火 陽이 매우 약하다. 申이 록마동향인데 3개 있어 흉하다.

말(역마)이 많아 피곤하다.

戊子운 壬申년에 폐에 해당하는 金이 물에 잠겨 폐암으로 사망하였다.

陽이 약하고, 陰이 강하면 이 또한 질병을 초래한다.

論命 158

甲	甲	壬	庚
戌	午	午	寅
火	金	木	木

火가 크게 왕하다. 陽이 크게 왕하고 陰이 약하다.

丙戌운 庚午년에 火가 크게 왕하여 폐에 속하는 金이 극받으니 폐암으로 사망하였다.

사주 원국에 火가 왕한데, 다시 운에서 火가 왕하게 들어와 金이 극되었다. 그래서 폐암으로 사망하였다.

論命 159

壬	甲	庚	丙
申	申	子	戌
金	水	土	土

金水 陰이 크게 왕하다.

丙申운 甲戌년에 위장에 해당하는 土가 왕한 금수에 붕괴되어 위암으로 사망하였다.

火가 약하여 陰陽의 조화가 붕괴된 것도 또한 질병을 초래한 원인이 된다.

論命 160

癸	乙	戊	丙
未	丑	戌	戌
木	金	木	土

土가 크게 왕하다.
癸卯운 乙亥년에 위장에 속하는 土가 木에 극받는데, 土가 크게 왕하여 木이 도리어 좌초하게 되어 위암으로 사망하였다. 왕신 土가 발광하여 木가 매몰되었기 때문이다.
亥卯未 木국을 이루었지만 결국 土와의 전쟁에서 패하게 되었다.
火가 극히 약하게 되어 위장에 치명적인 영향이 있었다고 할 수 있다.

論命 161 [연해자평]

乾

丁	己	甲	丙
卯	未	午	辰
火	火	金	土

辛	庚	己	戊	丁	丙	乙
丑	子	亥	戌	酉	申	未

午는 년간 丙의 양인이 되고, 일간 己의 양인은 未가 되고, 甲己, 午未 합이 있어 흉하다.
丁酉운 壬午년 30세에 극형 당했다. 午 양인을 유년에서 다시 만났다.
사주의 午와 유년의 午가 식신 酉을 극하여 수명성 식신이 피극당했다.

論命 162 **[연해자평 전응빈 명]**

乾

乙	癸	甲	丙		
卯	亥	午	午		辛 庚 己 戊 丁 丙 乙
水	水	金	水		丑 子 亥 戌 酉 申 未

午[양인, 장성] 亥[겁살, 천을귀인, 택묘] 卯[함지, 구교]
甲卯午[현침살]

수재로 문장은 빼어났는데, 절름발이고, 맹인이었고, 평생 빈궁하였다.
납음오행 水가 과왕하여 水로 치우쳤다.
卯는 식신이면서 함지가 되어 재능이 출충하게 되는데, 함지 卯가 공망되어 재능이 출충하지만 빈궁한 요인이 되었다.

자평법으로는 비견겁이 식상으로 흐르고, 다시 재성으로 흐르는 기세가 잘 성립되었다. 그러나 金은 납음오행에만 있고, 土는 약하여 오행이 두루 건강하지 않아 편중된 사주가 된다.

亥은 천을귀인이지만, 겁살, 택묘살에 해당하고 午午 양인이 두개나 있고, 甲卯午午 현침살로 흉살이 너무 많아 천을 귀인의 역량이 발휘되지 못하여 맹인, 절름발이가 되고, 빈궁했다.

論命 163

[연해자평]

壬	戊	庚	甲
子	戌	午	寅
水	木	土	水

실명한 명조다.

식신 庚이 허약하고, 子午 충하여 財와 印이 싸운다.

午는 일의 양인이 되고, 子는 시간 壬의 양인이 된다.

戊庚戌 장형살이 있고, 甲午 협침살이 있다.

火는 눈에 해당하니 子午 충으로 火가 충되었고, 또 양인이 되고, 장형살 협침살이 있어 실명하게 된다.

論命 164

[연해자평]

乾

丁	己	丁	丁
卯	亥	未	未
火	木	水	水

庚	辛	壬	癸	甲	乙	丙
子	丑	寅	卯	辰	巳	午

亥卯未 木국을이루어 관살이 왕하고, 식상 金은 납음오행에도 없어 극히 약하다.

乙巳운 癸亥년에 사망하였다.

乙巳운에 약한 金 기운이 들어왔지만 사주 원국의 亥卯未 木국에다시 유년의 亥가 들어오니 도리어 金氣가 더욱 사절死絶당하여 기운에 밀려 도리어 더 약하게 되어 사망하였다.

金은 이사주의 식신으로 수명성에 해당하지 않는가?

TIP

납음의 취상取象은 황제로부터 나타나 모든 술가術家들이 교파敎派로 삼게 되었다. 서대승때 이르러 뚜렷한 논리가 정해졌고, 그 이전에는 이론이 드물어 金을 해중海中으로 논한 것에 대해서는 잘 알 수가 없다. 근본적으로 선비들이 별에 관한 것만 취중하다 보니 마침내 납음이 쓸데없는 것이 되어 실제의 참된 이론을 잃어버리게 되었다. 그래서 요즘 命을 말하는 자 오직 정균 오행으로만 논하고 납음은 취하지 않게 되었으니, 어찌 납음의 이치를 알겠는가? 취한 象의 의미가 묘妙하고, 조화가 올바르고 뛰어나다는 것은 어찌 알겠는가?

무릇 人命을 논함에는 체體를 관찰하여 궁구하지 않는 것은 불가하다. 정교한 것까지 진력을 다해 살펴야 하지 않겠는가?
요즘 음양가陰陽家들은 먼저 하늘을 논하고, 오행은 낡은 것이라 하여 홍범오행洪範五行은 취하지 않고, 스스로 멸만경滅蠻經*을 만들고 있다. 그래서 음양을 전도顚倒시켜 水火를 바꾸게 하는 이런 짓을 하고 있으니, 두루 응하고, 두루 살펴 음양의 심오한 이치를 일구어 고정된 논지論旨를 만들어야 하는 것이 정도가 아니겠는가?

어허! 무엇 때문에 전후가 정해지지 않았는가?
나는 납음오행과 홍범오행의 의미를 한 개라도 폐하면 안 된다고 말하고 싶다.
命을 논하는 자는 오행을 근본으로 하여 경經으로 삼고, 납음을 참고로 하여 위緯로 삼아야 할 것이다. 그렇게 하여야 命을 헤아리는 이치가 충분하게 되지 않겠는가? 또 조화된 형상을 찾을 수 있지 않겠는가?
멸망경滅蠻經 : 가짜 이론을 퍼트려 오랑캐를 망하게 하려고 만든 책.

부록

부 록

❖60甲子의납음오행 성질, 왕쇠, 길흉

甲子金 : 평두, 현침, 파자, 진신, 보물, 복성, 해중금.

乙丑金 : 정인, 화개, 복성, 완광頑鑛, 노중화, 해중금.

丙寅火 : 평두, 농아, 형, 로탄爐炭, 홍염, 노중화.

丁卯火 : 평두, 현침, 절로공망, 로연爐煙, 노중화.

戊辰木 : 화개, 평두, 복신, 봉장棒杖, 괴강, 홍염, 대림목.

己巳木 : 팔전, 궐자闕字, 곡각曲脚, 대림목.

庚午土 : 절로, 현침, 절로, 복성, 봉장棒杖, 로방토.

辛未土 : 화개, 현침, 파자, 로방토.

壬申金 : 평두, 농아, 현침, 파자, 십악대패, 검봉검.

癸酉金 : 복신, 파자, 농아, 검봉검.

甲戌火 : 정인, 화개, 평두, 현침, 파자, 봉장, 산두화.

乙亥火 : 천덕, 곡각, 산두화.

丙子水 : 평두, 농아, 양차, 퇴신, 비인 복성, 음양살, 수닉살, 윤하수.

丁丑水 : 화개, 교신, 평두, 음차, 비인, 궐자, 윤하수.

戊寅土 : 복신, 농아, 양차, 봉장棒杖, 성두토.

己卯土 : 현침, 곡각, 진신, 구추, 궐자, 단요短夭, 성두토.

庚辰金 : 화개, 평두, 십악대패, 봉장棒杖, 괴강, 백랍금.

辛巳金 : 천덕, 현침, 곡각, 복성, 절로공망, 십악대패, 백랍금.

壬午木 : 평두, 롱아, 현침, 구추, 비인, 양류목.

癸未木 : 정인, 화개, 복신, 비인, 단요短夭, 파자, 양류목, 수닉살.

甲申水 : 절로공망, 평두, 파자, 현침, 정천수.

乙酉水 : 구추, 곡각, 파자, 롱아, 단요短夭, 정천수.

丙戌土 : 천덕, 화개, 평두, 롱아, 옥상토.

丁亥土 : 천을귀인, 평두, 복성, 합덕, 십악대패, 옥상토.

戊子火 : 복신, 단요短夭, 구추, 장형, 비인, 벽력화.

己丑火 : 화개, 십악대패, 비인, 곡각, 궐자, 벽력화.

庚寅木 : 형, 장형, 농아, 음차, 송백목.

辛卯未 : 교신, 구추, 현침, 송백목.

壬辰水 : 정인, 천덕, 퇴신, 평두, 양차, 농아, 괴강, 장류수.

癸巳水 : 천을귀인, 음차, 합덕, 파자, 곡각, 복신, 장류수

甲午金 : 진신, 합덕, 평두, 파자, 현침, 홍염, 사중금.

乙未金 : 화개, 절로공망, 음차, 곡각, 파자, 사중금.

丙申火 : 평두, 농아, 십악대패, 파자, 현침, 산하화.

丁酉火 : 천을귀인, 평두, 파자, 농아, 십악대패, 산하화

戊戌木 : 화개, 대패, 팔전, 장형, 절로공망, 음욕방해, 괴강,
십악대패, 평지목, 평지목.

己亥木 : 궐자, 곡각, 평지목.

庚子土 : 덕합, 장형, 벽상토.

辛丑土 : 화개, 현침, 궐자, 벽상토.

壬寅金 : 절로공망, 평두, 농아, 금박금.

癸卯金 : 천을귀인, 파자, 현침, 금박금.

甲辰火 : 화개, 십악대패, 평두, 파자, 현침, 괴성, 복등화.

乙巳火 : 십악대패, 곡각, 궐자, 정록마, 고란, 복등화.

丙午火 : 양인, 교신, 평두, 농아, 현침, 양차, 고란, 천하수.

丁未水 : 화개, 양인, 퇴신, 팔전, 평두, 파자, 음욕방해, 홍염, 괴성, 천하수.

戊申土 : 장형, 현침, 양차, 파자, 복신, 고란, 대역토.

己酉土 : 진신, 절로공망, 구추, 궐자, 파자, 농아, 대역토.

庚戌金 : 화개, 장형, 괴강, 홍염, 괴성, 채천금.

辛亥金 : 현침, 정록마, 고란, 채천금.
壬子木 : 양인, 평두, 농아, 고란, 상자목.
癸丑木 : 화개, 복성, 팔전, 파자, 궐자, 양인, 음욕방해, 괴성, 수닉살, 상자목.

甲寅水 : 현침, 농아, 평두, 파자, 정록마, 복신, 팔전, 음욕방해, 고란, 대계수.
乙卯水 : 팔전, 구추, 곡각, 현침, 음욕방해, 대계수.
丙辰土 : 정인, 화개, 절로공망, 농아, 사중토.
丁巳土 : 평두, 궐자, 곡각, 고란, 사중토.
戊午火 : 복신, 양인, 구추, 봉장, 현침, 고란, 음양살, 천상화.
己未火 : 복성, 화개, 양인, 궐자, 파자, 음욕방해, 팔전, 천상화.
庚申木 : 현침, 장형, 팔전, 파자, 음욕방해, 홍염, 석류목.
辛酉木 : 음차, 교신, 구추, 팔전, 현침, 농아, 음욕방해, 홍염, 석류목.
壬戌水 : 퇴신, 평두, 농아, 장형, 양차, 괴강, 대해수.
癸亥水 : 십악대패, 파자, 절로공망, 음차, 복신, 대해수.

60甲子 납음은 성대盛大한 자는 작고 약하게 되는 것을 꺼리고, 작고 약한 자는 성대하게 되기를 원한다.

비유하면 먼저 빈천하고 후에 부귀하여 영화롭고, 먼저 부귀하고 후에 빈천하여 낮고 욕되기 때문에 먼저 빈천하다고 후에 부귀해지지 않는다고 할 수 없고 먼저 부귀하다고 후에 빈천하게 되지 않는다고 할 수 없다.

생년에 庚寅, 辛卯 송백목이라면 성대한 木이 된다. 만약 사주의 月, 日, 時, 胎에서 다른 木이 없다면 송백으로 논하고, 만일 양류목 혹은 석류목을 본다면 곧 큰 것은 버리고 작은 것을 취하니 송백으로 논하지 않는다.
생년이 壬午, 癸未 양류목이라면 木이 작고 약하다. 만약 사주의 월일시태에서 다른 木을 보지 않았다면 양류로 논하고 만일 송백목 혹은 대림목이 있다면 소小는 버리고 대大를 취하여 양류로 논하지 않는다.
또 천상화(戊午 己未), 검봉금(壬申 癸酉), 대해수(癸亥 壬戌), 대역토(戊申 己酉) 생년의 사주 월일시태에 같은 납음이 있으면 작고 약한 자가 된다.
또 복등화(甲辰 乙巳), 금박금(壬寅 癸卯), 정천수(甲申 乙酉), 사중토(丙辰 丁巳)년생이 사주 월일시태에 같은 납음이 있으면 성대한 자가 된다.

혹 평범하고, 뛰어나고, 혹 먼저 중하고 후에 경한 이러한 것은 마땅히 모두 그 변하는 자를 따라서 논하여 한끝만 한정하여 취하면 안 된다.

甲子 해중금는 종혁從革의 金이 되어 그 氣는 흩어지는데 戊申土를 얻고, 癸巳水가 있으면 길하다.
戊申土는 金의 임관의 地가 되고, 土는 다시 子에서 왕하게 되어 반드시 생성할 수 있다.
癸巳水는 金이 巳에서 생하는 실마리를 제공한다. 水는 子에서 왕하고 납음이 위탁될 곳이 있다. 또 조원록朝元祿이 되고 丁卯火, 丁酉火, 戊午火는 꺼린다.
염동수에 이르기를 "甲子金은 진신이 되고, 침잠沈潛*하여 허한 중에 덕德을 내려받아 사시四時 모두 길하고, 귀격에 들고, 왕기를 잇고, 술업이 정미하여 우두머리가 되는 영광이 있다." 하였다.

침잠沈潛 : 성정이 가라앉아서 겉으로 드러나지 않음.

乙丑 해중금은 자고自庫*의 金으로 火가 剋하지 못한다.
퇴장한 金으로 형해충파가 없으면 영화가 나타나지 않는 것은 아니다. 다만 己丑火, 己未火는 꺼린다.
염동수에 이르기를 "乙丑은 정인이 되어 큰 복덕을 갖추어 가을 겨울 생은 부귀하고, 수명도 길다. 봄 여름 생은 길한 가운데 흉이 있다. 입격하면 공을 세워 복을 누리고, 흉살이 있으면 재앙을 만난다." 하였다.
옥소보감에 이르기를 "甲子, 乙丑은 미완의 그릇으로 金이 火를 보면 이루어지니 많은 火를 보면 吉하다." 하였다.

자고自庫 : 납음오행이 金에 속하고, 丑은 金의 고가되어 자고自庫라고 함.

丙寅 노중화는 밝은 햇볕의 火로 水가 제어하지 못하니 즉 불살라 화염으로 찢어지게 하는 근심이 있다. 그러나 水가 많은 것은 옳지 않다. 오직 甲寅水는 좋아하는데 구제할 수 있기 때문이다. 또 조원록朝元祿이라고 한다.
오행요론에 이르기를 "丙寅 火는 영명충수靈明沖粹의 氣가 함유되어 있어 사시四時 생도 생의 덕이 있다. 귀격은 문채가 발응發應하고 우두머리가 되는 고귀함이 있다"하였다.

丁卯 노중화는 복명伏明의 火로 氣가 약하여 木의 생이 마땅하다. 水를 만나면 흉하고 乙卯水, 乙酉水가 가장 나쁘다.
오행요론에 이르기를 "丁卯火는 납음 火의 목욕 地로 뇌雷가 움직여 바람을 만드는 氣를 함유하여 있다."하였다.
水가 구제하면 현달하고 土가 실어주면 터가 두텁게 되니 木의 자본이 됨에 문채가 되고 재물이 된다. 다시 하령夏令을 만나면 흥폭하게 된다.
귀곡유문에 이르기를 "丙寅火, 丁卯火가 가을 겨울에 생하면 도움이 필요하다."하였다.

戊辰 대림목은 두 개의 土에 下는 木으로 金의 무리가 극하지 못한다. 무릇 土가 金을 생하는 것은 어미가 자식을 생하는 도道가 된다. 水를 얻어 납음이 생을 받으면 아름답게 된다.
오행요론에 이르기를 "戊辰木, 庚寅木, 癸丑木 3개는 木의 덕청德淸한 수數로 빼어나게 된다."하였다. 봄 여름에 생하면 특별히 뛰어나 그 명성을 떨친다. 변화를 추구하여 성공한다. 다시 왕기를 타면 능소용학淩霄聳壑*의 뜻이 있고, 가을에 태어나는 것은 꺼린다. 비록 지조와 절개를 품지만 굽히면 펴지 아니한다.

능소용학淩霄聳壑 : 굴짜기에서 솟아올라 하늘까지 치솟아 올라감.

己巳 대림목은 火에 가까운 木으로 金의 생지가 있어나 납음 木을 상해하지 않는다. 그러나 생왕한 火를 보는 것은 꺼린다.
염동수에 이르기를 "己巳는 손巽에 있으니 바람이 일어나는 木으로 뿌리가 위태로워 뽑히기 쉽다."하였다. 土金이 화목하게 되면 운이 동남으로 나아가면 재목이 만들어진다. 그러나 아무리 외는 陽, 내는 陰이라 하여도 다른 도움이 없으면 氣가 흩어져 허하게 된다.
다시 金이 剋하는 곳이 되면 재목이 이루어지지 못한다.
낙록자가 이르기를 "己巳, 戊辰은 서북에서 액을 벗어버린다 하였다. 주에 이르기를 "己巳, 戊辰은 다 木의 종류로 서방은 금귀金鬼가 왕한 곳으로 납음 木이 이곳에 이르면 절絶되니, 이것을 일컬어 액厄을 만난 것이라" 하였다.
만약 亥에 거주하면 木이 水를 얻고 또 장생長生을 얻어서 액厄을 벗어버린다.

庚午, 辛未 노방토는 비로소 生하는 土로 木이 극하지 못한다. 단지 많은 水는 꺼린다. 그 氣가 도리어 傷하기 때문이다.
木이 많으면 도리어 귀의歸依하게 된다. 대개 木은 未에 귀의하게 된다.
염동수에 이르기를 "庚午, 辛未, 戊申, 己酉는 모두 후덕한 土가 되고 진정鎭靜*하고, 온화 화목하고, 융화하고 복록이 많다" 하였다. 좋은 격이 되면 즉 여러 지방에 관리로서 부임할 수 있고, 은혜와 박애를 널리 미치게 하는 공이 있다.

진정鎭靜 : 진정하다. 마음을 가라앉히다. 침착하다. 냉정하다. 차분하다.

壬申 검봉금은 임관의 金으로 水土를 보면 이롭고 丙申火, 丙寅火, 戊午火는 재해災害가 된다.
염동수에 이르기를 "壬申 金은 천장天將의 위엄을 지녔고, 임관의 氣가 돕는다"하였다.
가을과 겨울에 태어나면 살리고 죽이는 권력을 가지고, 춘하는 길은 적고 흉은 많다. 입격하면 공명을 자연히 떨치고, 煞을 차면 각박刻剝한 재능을 발휘하게 된다.

癸酉 검봉금은 견고한 金이다.
火는 酉에서 死하니 火를 본다고 어찌 손상되겠는가? 오직 丁酉火는 극할 수 있어 꺼린다.
염동수에 이르기를 癸酉는 자왕自旺한 金으로 순수한 氣를 내려받아 춘하는 영명英明한 성性이 되고, 추동은 더욱 귀하게 된다"하였다.
입격하면 공업功業에 절개가 있고, 곧아 윤리가 강하고, 煞을 차면 젊어서부터 성품이 단단하고, 꿋꿋하고, 40후에 점차 두터운 덕德을 이루게 된다.
옥소보감에 이르기를 "壬申, 癸酉는 金이 왕한 위치로 다시 왕하게 되는 것은 좋지 않다. 왕하면 물物 을 손상시킨다" 하였다.
火를 보는 것은 좋지 않은데, 火를 보면 자해自害하게 된다.

甲戌 산두화는 자고自庫의 火로 水의 무리를 싫어하지 않는다.
단지 壬戌水은 꺼린다. 소위 묘중墓中에 극을 받아 그 근심을 피하지 못한다.
오행요론에 이르기를 "甲戌 火는 정인살이 되고, 고庫가 되고, 陽의 장밀藏密한 氣를 함유하여 있다." 하였다.
귀격을 만나면 부귀가 광대光大하고, 다만 여름 生은 꺼리는데, 길한 중에 막혀 흉이 있게 된다.

乙亥 산두화는 엎드려 들어가는 火로 그 氣는 답답하게 막히어 깔려 나타나지 못한다. 己亥木, 辛卯木, 己巳木, 壬午木, 癸未木이 생하면 정신이 왕상하게 되고, 癸亥水, 丙午水가 있으면 불길하다.
염동수에 이르기를 "乙亥는 납음 火가 자절自絕한 곳이라"하였다. 명민明敏한 자정自靜의 氣가 포함되어 있다. 그래서 빛이 보존되어 어두운 것이 되어 뛰어난 도道를 터득한 높은 사람이 되거나 덕이 있는 군자가 된다.

丙子 윤하수는 넘치는 水가 된다.
많은 土도 꺼리지 않는데, 오직 庚子土는 싫어한다. 이것은 왕한중에 다시 귀鬼를 만난 것이 되니 흉한 일이 막대하게 일어나지 않겠는가? [子子로 왕수인데 土는 子가 제왕 그래서 왕중의 鬼]
오행요론에 이르기를 "丙子水는 납음오행 水가 자왕自旺하다"하였다. 陽은 上이 되고 陰은 下가 되어 정신이 완전하게 갖추어 졌으니 천성이 광달曠達하고, 지식이 풍부하다.
춘하에 생하면 물질을 가지런하게 하는 氣가 되어 이로운 일들이 많이 일어난다.

丁丑 윤하수는 복이 모인 水다.
金이 生하는 것을 가장 좋아하고, 辛未土, 丙辰土, 丙戌土는 서로 형파刑破하여 싫어한다.
오행요론에 이르기를 "丁丑水, 乙酉水는 수數의 존재가 흩어져 약하다."하였다. 陰은 왕성하고 陽은 약하다. 그릇과 지식이 청명淸明하고, 지혜는 많지만 복은 적고, 水의 주머니로써 왕한 木氣를 만나면 음양이 균협되어 貴가 현달하고 숭현한 선비가 된다.

戊寅 성두토는 손상을 받은 土가 된다.
가장 무력하게 된 土로 생왕한 火를 요하는데, 자본이 되기 때문이다. 己亥木, 庚寅木, 辛卯木은 모두 木으로, 납음 土를 극하니 꺼리며 단절短折되어 흉하게 된다.
오행요론에 이르기를 "戊寅土, 丙戌土 이 두 개는 왕한 土로 덕이 두텁다."하였다. 戊寅土는 생화生火가 되고, 丙戌土는 귀숙貴宿한 土로 陽이 그중에 영습靈襲한 경복福慶의 辰으로 귀격을 이룬 것이다. 도덕道德으로 세상을 덮고 매우 귀貴하게 되고, 왕王과 친밀한 귀공자貴公子가 이 같은 일에 많이 때어난다. 보통격은 복과 수명이 길고 시종 편한 삶을 이룬다.

己卯 성두土는 납음오행이 자사自死한 土가 되어 억압이 심하지 않겠는가! 丁卯火, 甲戌火, 乙亥火, 己未火를 얻으면 귀하게 되는데 합이 됨으로 복이 되는 것이다.
오행요론에 이르기를 "己卯土는 납음오행이 자사自死한 土로 진위震位에 세워진 것이다"하였다. 바람이 불고, 천둥이 치고, 흩어진 화기和氣가 되어 덕을 스스로 충하여 허하게 된다. 이 류類는 도道를 행하고, 변화를 추구하는 것이 마땅하다. 양養, 생生은 복과 수명이 있고, 사절은 불리한데 이를테면 오랫동안 귀가하지 못하는 류類가 된다.

삼명국에 이르기를 "戊寅土, 己卯土는 손상받은 土로 木이 손상시키지 말아야 한다."하였다. 土가 무력하기 때문이다.
옥소보감에 이르기를 戊寅土, 己卯土는 水를 보는 것은 좋지 않다."하였다. 水는 재물이 되지 않기 때문이다. 木은 두려워하지 않는데 木을 보면 더욱 견고해진다. 戊寅土는 火의 생(木生火, 다시 火生土)함을 안아, 왕한 氣를 잇는 덕이 있어 복과 수명과 재물이 많게 된다.
己卯土는 사절을 다시 보는 것은 마땅하지 않다.

庚辰 백랍금은 氣 모인 金이다.
火의 제制를 사용하지 않고 스스로 그릇을 만든다. 火가 왕성하면 도리어 그릇이 손상된다. 병病, 절絶이 된 火는 해롭지 않다.
甲辰火, 乙巳火를 나쁘다고만 말하면 안 된다. 또 많은 木은 극하지 못한다. 무릇 나의 氣가 응집하여 있을 따름이기 때문이다.
염동수에 이르기를 "庚辰金은 강건 침후沈厚한 덕을 갖추고 있다."하였다. 성품이 총명, 소통의 품성이 있다.
춘하는 화복禍福의 기복이 있고, 추동은 재능이 뛰어나고 훌륭하고 충실하다. 입격하면 문무를 겸하고 煞을 차면 병권을 장악한다.

辛巳 백랍금은 납음이 생지를 좌한 金으로 정신이 넉넉하다.
체體와 氣가 완전하게 갖추어져 있어 화염이 치열하여도 변화되지 않아서 망하지 않는다.
丙寅火, 乙巳火, 戊午火는 꺼린다. 무릇 金은 巳에서 생하지만, 생하지 못한다. 午에서 패敗하고 寅에서 絶하여 氣가 흩어지는데 다시 火에서 생왕을 본다는 것이 어찌 합당하겠는가?

▶ 이것은 잘 못된 이론임. 火로 인해서 金이 생하는 것이다. 金을 쇠붙이로만 생각한 오류다. 과일도 金이다. 과일이 맺히고 커지는 것은 화의 기운이다. 그래서 巳월이 金의 생지가 된다.

오행요론에 이르기를 "辛巳金은 자생自生한 학당이 된다."하였다. 영민 총명하고, 괴기한 덕이 있다. 추동은 얻은 힘이 완전하고, 춘하는 7할은 흉하고 3할은 길하다. 귀격은 학행學行이 영걸, 위대하고, 맑고 위대한 貴에 이른다. 옥소보감에 이르기를 "庚辰金, 辛巳金은 金이 그릇을 이루지 못한다."하였다. 마땅히 火를 보아야 하는데, 辛巳는 金의 생지로 자생自生한 金에 속한다. 그래서 巳는 火로 얻은 자는 광휘光輝가 날마다 새롭게 된다.

壬午 양류목은 유화柔和한 木으로 가지와 줄기가 가늘고 약하다.
木은 火를 생할 수 있는데, 많은 火를 보는 것은 꺼린다. 많으면 불타서 없어지기 때문이다.
아무리 생왕한 金이라도 午가 있어 木을 손상시키지 못한다.
무릇 金은 나의 패敗가 되지만 金을 얻으면 도리어 귀하게 된다. 水土가 왕성한 자도 귀하다. 오직 午에 金이 손상되는 것을 꺼린다.
오행요론에 이르기를 "壬午木은 자사自死한 木이다."하였다. 木이 사절하면 혼이 떠돌아다녀 신기神氣가 우수하다. 성품이 깨끗하고 밝은 덕이 있다. 어진 자로 용감하고, 뜻을 세워 공로를 행한다. 가히 고요한 가운데 용감함이 있고, 수명도 더욱 연장된다.

癸未 양류목은 자고自庫의 木으로 생왕하면 아름답다.
비록 乙丑金이 충파衝破하지 않더라도 각 그 뿌리에 위탁되어 서로 침범하지 못한다. 庚戌金, 乙未金은 꺼린다.
오행요론에 이르기를 "癸未木은 정인살이 되어 문명에 뛰어나고 상서로운 일과 많은 덕이 있다. 아주 보기 드문 재주를 가진 자가 되고, 청화淸華한 복을 누린다. 옥소보감에 이르기를 "壬午, 癸未는 버드나무라 하였다."
무릇 木은 午에 이르면 死하고 未는 묘墓가 되지만 여름은 잎이 무성하다. 이 시기를 얻으면 부유하고 수명이 길고, 빈요하지 않다.

甲申 정천수는 자생自生의 水로 그 氣가 넘쳐흘러, 귀의歸依*하는 것이 마땅하다. 또 좌의 金을 生하니 많은 무리의 土도 꺼리지 않는다. 특히 戊申土, 庚子土는 싫어한다.
오행요론에 이르기를 "甲申水는 자생自生하고, 천진天眞* 학당學堂이 포함되어 있다."하였다. 국局을 이룬 자는 지식이 총혜하고 신묘한 작용으로 궁하게 되지 않는다.

귀의歸依 : 돌아가 몸을 기댐. 부처를 깊이 믿고 돌아와 의지함.
천진天眞 : 세파에 젖지 않은 자연 그대로의 참됨. 불생불멸의 참된 마음.

乙酉 정천수는 자패自敗한 水로 金의 무리를 빌려 도움을 받아야 한다."하였다. 무릇 나의 氣는 이미 약하여 어미가 자리에서 길러야 한다.
꺼리는 것은 己酉土, 己卯土, 戊申土, 庚子土, 辛丑土가 된다. 즉 요절하거나 가난하고, 천하게 된다.

丙戌 옥상토는 복록이 후중한 土로 木이 극할 수 없고, 생왕한 金을 보는 것은 꺼린다. 만약 왕성한 火를 만나면 貴하게 된다고 말할 수는 없다.

丁亥 옥상토는 임관한 土로 木이 극하지 못하고, 많은 金도 싫어한다. 모름지기 火가 生하여 구원되면 길하게 된다. 己亥木, 辛卯木은 꺼린다.
오행요론에 이르기를 丁亥土와 庚子土 두 土는 金水가 함유되어 있어, 안으로는 강하고 외로는 온화하다."하였다.
얻은 자는 일정한 힘이 있고, 상하에 水火의 왕한 氣가 가지런하여 뜻을 세워 공를 이루고, 용맹하고 위엄이 있다.

戊子 벽력화는 水 중의 火가 된다.
또 신용神龍*의 火라고 한다. 水를 만난 곳은 貴하게 되고, 6氣에 있어서 군화君火가 된다.

오행요론에 이르기를 "戊子火는 정신이 머금어 완전한 휘날리는 빛이 되어 사시四時가 보위하여 복을 만든다."하였다.
귀격은 군자 대인이 되고, 기량이 뛰어나고, 끝까지 부귀하고 길하게 된다.

신용神龍 : 화룡. 불의 용. [전설상에 나오는 온몸에 불을 띤 신룡]

己丑 벽력화는 천장天將*의 火가 되고, 또 천을의 본가가 된다.
권세와 복의 두터운 氣를 머금어 있고, 준맹俊猛을 뛰어넘는다. 귀貴한 국局이 되면 장수의 덕이 있어 우두머리가 되어 큰 공을 세운다.
촉신경에 이르기를 "丑은 태胎, 양養의 火로 그 氣는 점차 융성하게 된다." 하였고, 또 丙寅火, 戊午火를 만나서 도움을 받으면 재물의 공을 이루게 된다 하였다.

천장天將 : (신화 속의) 신장(神將). 하늘나라의 장군.

庚寅, 辛卯 송백목은 몹시 추운 겨울의 木으로 눈위에서도 그 지조를 바꾸지 않는다. 그런데 어떻게 金이 극 할 수가 있겠는가?
上에 庚辛이 있어 제치制治를 빌리지 않아도 자연히 재목을 이룰 수 있다.
염동수에 이르기를 "辛卯木은 춘하에 자왕自旺하다."하였다. 그 기절氣節*이 빼어나서 일을 세우는 공로가 있다.
가을에 생했다면 광견狂狷*하여 꺾여 부러지게 되어 굳센 氣를 다시 펴지 못한다.

기절氣節 : 기개와 절조(節操)

광견狂狷 : 하는 짓이 너무 지나치거나 몸가짐이 소극적인 사람에 대(對)하여 모두 극단적인 폐단이 있는 사람이라는 뜻.

壬辰 장류수는 자고自庫의 水로 못池과 소沼인 地에 水가 쌓인 것이 된다. 金이 와서 터지게 하는 것을 꺼린다. 가령 재차 壬辰을 보면 자형自刑이 되고, 다른 辰은 허물이 없다.
많은 水를 만나면 土는 모두 좋고, 다만 壬戌水, 癸亥水, 丙子水는 두려워한다. 생왕이 태과하면 탐탁하지 않고, 등한하여 귀의歸依하지 못한다.
오행요론에 이르기를 "壬辰水는 정인살이 되어 밝고 맑고 윤택한 덕을 머금고 있다."하였다. 그릇이 크고 넓고, 식견이 거울 같다. 춘하를 얻으면 사리에 밝아 큰 복을 만들고, 추동을 얻으면 간사 박덕薄德한 무리가 된다.

癸巳 장류수는 자절自絶한 水로 말라 흐르는 물이 된다.
만약 丙戌土, 丁亥土, 庚子土의 건장하고 두터운 土를 만나면 기다리는 동안에 말라버린다.
가령 삼합을 이룬 생왕한 金의 생을 만나면 원천이 휩쓸려 분별이 없게 되니 영과이진盈科而進*하여야 한다.
오행요론에 이르기를 "癸巳水, 乙卯水는 자절自絶 자사自死한 水로 陰이 물러가 감추어진 것이다."하였다.
참된 정精이 인색하게 자라 응결되어야 귀기貴氣가 이루어진다.
귀국貴局을 타면 이 류類는 묘한 도道가 있는 군자로 범상한 덕이 몸에 배어 있고 공덕과 재물이 있다.

영과이진盈科而進 : 구멍을 가득 채운 뒤에 나간다는 뜻으로, 물이 흐를 때는 조금이라도 오목한 데가 있으면 우선 그곳을 가득 채우고 아래로 흘러간다는 말. 곧 사람의 배움의 길도 속성으로 하려 하지 말라는 것.

甲午 사중금은 자패自敗의 金으로 굳세고 사나운 金이 되어 생왕한 火를 만나면 그릇을 이루게 된다. 丁卯火, 丁酉火, 戊子火는 꺼리는데 흉하게 된다.
오행요론에 이르기를 "甲午金은 진신進神으로 우두머리 氣가 되고, 강직하고 명석한 덕을 가진다."하였다. 추동은 길하고 춘하는 흉하다. 귀격은 장원급제하여 궁중을 거느리는 우두머리가 된다.
때가 煞을 찬 시기가 아니면 사람의 도리에서 벗어난 모질고 사납고 어려운 일을 잘 극복하고, 은혜를 가볍게 여기고 옳음을 적게 행한다.
촉신경에 이르기를 "甲午金은 굳세고 사나워 상해를 입히고, 억눌려 속내를 알 수 없다."하였다.
주에 이르기를 "모래와 돌덩이 金으로 강한 쇠돌로, 煞을 억누르기를 좋아하는 자로, 화혁(火革:주역의 괘) 괘가 된다."하였다.
귀곡유문에 이르기를 "甲午는 관귀官鬼를 좋아한다."하였다.
이허중이 이르기를 "甲午金은 굳세고 사나워 상해를 입힌다."하였다.
壬子木은 부드러움이 없는 木인데, 壬子가 甲午를 얻고, 甲午가 壬子를 얻으면 음양의 전위專位가 되어 도리어 신령의 위엄이 있다.

乙未 사중금는 반쪽인 金이고, 또 火는 제制하고, 土는 생한다.
복의 웅장한 氣가 모이는 곳이 된다. 己未火, 丙申火, 丁酉火는 꺼린다.
오행요론에 이르기를 "乙未金에 존재하는 수數는 목고木庫가 되고, 또 천장天將이 되고, 순수한 인의仁義의 덕을 갖추고 있는데, 향하는 곳이 없으면 불길하다."하였다
귀격은 불세출의 영웅이 되고, 항상 선비들의 우두머리가 된다. 보통은 煞을 찼는데, 충하면 소인이 군자가 되고, 수명도 길다.

丙申, 丁酉 산하화는, 申은 火의 병지病地가 되고, 酉는 사지死地가 된다. 그래서 그 氣가 극히 미약하여 木의 도움을 빌려 氣를 모두 생하여야 한다. 그러니 甲申水, 乙酉水, 甲寅水, 乙卯水는 꺼린다.
염동수에 이르기를 "丙申은 火의 병病이 되고, 木은 문명의 덕이 되고, 水는 광달曠達한 성性이 되고, 土는 복혜福慧의 터가 되는데 오직 金은 폭학暴虐하게 된다. 설령 길진吉辰이라 하더라도 변혁으로 불화의 氣가 된다."하였다.
오행요론에 이르기를 "丁酉 火는 자사自死가 된다. 그리고 마음을 닦기 위해 숨어든氣를 머금어 있어 외유내강하다."하였다. 귀격은 도道가 있는 군자가 되어 자연히 덕을 행한다.

戊戌 평지목은 土 중의 木으로 많은 土를 보는 것은 꺼린다.
만약 납음 土가 많으면 일생 둔건屯蹇하다. 金은 剋하지 못한다. 대개 金氣가 戌에 이르면 흩어진다. 金을 만나면 복에 이르게 되고, 많은 水와 왕성한 木을 보면 이롭고 귀격이 된다.
염동수에 이르기를 "戊戌木은 근본이 고독하여 홀로 서고, 水火의 왕기旺氣와 화합하면 영민, 총명한 능력이 빼어나다."하였다.
입격하면 문장에 뛰어나고, 복록이 시종 평온하다. 그리고 천장天將의 氣를 타면 어렵고 힘든 여정이 되지만 지조를 지키게 되니 바야흐로 늦게 복을 보게 된다.

己亥 평지목은 자생自生의 木으로 근본이 번성하여 金의 무리를 꺼리지 않는다. 오직 辛亥金, 辛巳金, 癸酉金의 金은 꺼린다. 그렇다고 乙卯水, 丁未水, 癸未木을 본다고 크게 귀하지는 않다.
오행요론에 이르기를 己亥木은 자생自生하여 재능이 매우 뛰어나고, 특별한 곳을 얻게 된다."하였다. 이런 종류는 모두 청귀淸貴한데 크게 되지는 않는다.
염동수에 이르기를 己亥木은 때를 얻게 되면 청귀淸貴하게 되고, 때를 만나지 못하면 괴롭고 고생스럽다."하였다.

庚子 벽력토는 후덕한 土로 水의 무리를 剋할 수 있고, 다른 木도 꺼리지 않는다.
대개 木이 子에 이르면 무기無氣하게 된다. 만약 壬申 金을 만나면 명위록明位祿이라고 하여 반드시 貴하게 된다.

辛丑 벽력토는 복이 모인 土로 木의 무리가 剋하지 못한다.
무릇 丑은 金庫가 되어 丑 중에 金이 있는데 木이 어떻게 상傷하게 하겠는가?
옥소보감에 이르기를 "庚子土, 辛丑土는 木은 좋아하고 水는 싫어한다."하였다. 木을 보면 官이 되는데, 水를 보는 것은 서로 마땅하지 않다.
염동수에 이르기를 "辛丑土, 己酉土는 가운데 金이 머금어 있어 후덕하고 강剛한 성품인데 응함이 같지 않다."하였다. 상하에서 水火가 도와 왕하게 되면 뛰어난 공적을 이루어 이름을 떨치고 결단성 있고 용감한 행동을 하게 된다.

壬寅, 癸卯 금박금은 壬寅은 자절自絶의 金이 되고, 癸卯는 氣가 흩어진 金이 된다. 만약 火의 무리를 만나면 氣를 잃고, 오직 水, 土를 배알하여야 길하다.
오행요론에 이르기를 "壬寅金, 癸卯金은 허박虛薄한 金으로 어질고 부드럽지만 강한 의지를 갖고 있다."하였다.
추동은 강건剛健하여 흉이 없고, 흉이 다시 길한 징조가 된다.
춘하는 안으로는 흉하고 밖으로는 길한데 吉하기 전에 먼저 흉이 있게 된다. 귀격은 뜻에 절개가 있고 총명하고 殺을 차면 곧 흉폭하고 수명을 다하지 못한다.
삼명국에 이르기를 "癸卯金은 자태自胎의 金으로 만약 丙寅, 丁卯 노중爐中의 화火를 만나면 金의 胎로 귀鬼라고 할 수 없고, 노중爐中에서 그릇을 만들게 된다."하였다.

甲辰 복등화는 편고偏庫한 火로, 많은 火가 도우면 길하게 된다. 소위 동기同氣가 구하여야 하는데, 곧 자본이 부족하기 때문이다. 만약 戊辰木, 戊戌木이 생하면 귀격이 되고, 壬辰水, 壬戌水, 丙午水, 丁未水는 많이 나쁘다.
오행요론에 이르기를 "甲辰은 천장天將의 火로 잽싸게 빠르고 준엄 격렬한 氣를 머금어 있다."하였다. 귀격은 특달特達하고, 문관의 우두머리가 된다. 가을 겨울은 이롭고, 여름은 불리하다 하였다.

乙巳 복등화는 임관의 火로 水가 극하지 못한다. 무릇 水는 巳에서 절絶하는 것이 되니 약하여 水의 도움을 얻어야 순수純粹하게 된다.
만약 2, 3의 火가 돕게 되면 또한 아름답게 된다.
오행요론에 이르기를 "乙巳火는 손巽 방方에서 나타난 순양純陽 氣를 머금고 있어 빛이 충실하다."하였다. 봄과 겨울은 길하고 여름과 가을은 흉하다.

丙午, 丁未 천하수는 은하銀河의 水로 土가 극하지 못한다.
하늘의 水는 땅에 있는 金이 생하지도 못한다. 생왕이 태과하면 도리어 만물을 손상시키고, 사절이 태다太多하면 만물을 생하지 못한다.
오행요론에 이르기를 "丙午는 숭고한 水로 남방의 체體를 가진 온후溫厚한 氣가 된다."하였다.
바탕이 된 자는 대부분 허약한 기운이 변하는 도道가 있어 뛰어난 재능을 발휘하여 동류同類의 우두머리가 된다.
"丁未는 삼재三才의 완전한 수가 갖추어져 충정沖正의 氣를 얻는다."하였다.
바탕이 된 자는 정신의 氣가 완전하고, 성품의 바탕이 묘하게 고상하여 완전하게 변하는 도道가 있다.

戊申 대역토는 높은 언덕의 土가 된다.
木은 申에서 絶하여 土를 극하지 못한다. 만약 金水의 도움이 많으면 부귀존영富貴尊榮한 격이 된다.

己酉 대역토는 자패自敗의 土로 부족한 氣를 火가 상조相助하여야 한다. 丁卯火, 丁酉火는 길하고, 사절은 절대 꺼린다. 辛卯木, 辛酉木은 두려워 재앙이 있고 요절한다.

庚戌, 辛亥 채천금은 굳게 이룬 金이다.
火를 보는 것은 좋지 않다. 손상되는 것이 두렵기 때문이다. 만약 水를 얻고 土가 도우면 귀하게 된다.
염동수에 이르기를 "庚戌金은 화묘火墓의 金으로 강렬하여 자신을 믿고 난폭하다."하였다. 추동은 거의 침후沈厚*하고 춘하는 동생회민動生悔吝하다. 군자는 병형의 권세를 잡고. 소인은 방자하고 사납고 모질다.
辛亥金은 "건乾이 바탕으로 순명純明 중정中正의 氣가 있다."하였다. 봄, 가을, 겨울 세 계절은 길하고, 여름은 7할은 길하고 3할은 흉하다.
귀격은 근본이 어질어 의義를 지킨다. 만약 형살을 차면 방자하고 사납고 공을 탐한다.

침후沈厚 : 침착(沈着)하고 중후(重厚)함.

壬子 癸丑 상자목, 壬子는 전위專位의 木이 되고, 癸丑은 편고偏庫의 木이 된다. 사절을 만나면 부귀하고, 생왕을 만나면 빈천貧賤하다. 木이 많으면 요절하고 많은 金과 왕성한 土는 아름답다.
오행요론에 이르기를 "壬子는 유음幽陰한 木으로, 陽은 약하고 陰은 왕성하니 부드러워 서지 못한다."하였다. 대부분 인자하고, 水의 덕을 일事에 사용하게 된다.
丙午水가 水木의 순수한 덕을 타면 대부분 신선에 들어 선비와는 차이가 있다. 그 기품은 보통 사람과 다르다.
촉신경에 이르기를 "壬子木은 부드럽고 휘날리지 않는 木으로 인자하고 고명高明하다."하였다.

주註에 이르기를 壬子木은 水가 완한 곳에 있다. 子 중의 미약한 양기陽氣를 빌려 살아가고 있어 부드러워 꺾이기 쉬운 즉 자패自敗의 木이고, 휘날리는 자로, 火土의 氣를 원하여, 도움이 있으면 영화가 나타나고 어진 마음과 용기가 있고 고명하게 된다.

甲寅 乙卯 대계수는, 甲寅은 자병自病의 水가 되고, 乙卯는 자사自死의 水가 된다. 비록 사병死病이지만 寅卯木이 있어 납음 水를 土가 극하지 못한다. 만약 壬寅金, 癸卯金을 본다면 매우 넉넉하게 된다.
오행요론에 이르기를 "甲寅, 壬戌 二水는 복역伏逆하니 陰이 陽을 이긴다." 하였다. 간사하고, 물物을 해친다. 오직 火土가 덜어내 구제하여야 바야흐로 큰 그릇을 만들게 된다.

丙辰 사중토는 자고自庫의 土로 두텁고 건장하다. 甲辰火를 좋아하고 戊辰木은 싫어한다. 이 土는 무릇 木이 손상 시키지 못한다. 대개 丙은 火가 되고, 辰은 火의 편고偏庫가 되고, 土는 이미 그릇을 이룬 것이 된다. 오직 戊戌木, 己亥木, 辛卯木, 戊辰木은 싫어한다.
오행요론에 이르기를 "丙辰土는 정인살이 되고, 오복五福의 길吉한 덕이 있다."하였다. 바탕이 된 자는 대부분 다 형통하여 귀하지 않으면 부귀하다. 다만 충이 되면 승도僧道가 된다.
모두 많은 형통함이 있고 貴하지 않으면 부유하게 된다. 단지 충이 된 자는 승도僧道를 행하는 경우가 많다 하였다.
丁巳土는 자절自絶의 土로 絶이 되는 것은 아닌데, 一土가 二火의 下로 부모가 있는 고향이니 하늘의 은혜에 속하여 絶되지 않는다. 木이 剋하지 못하고 火가 많으면 더욱 아름답다.
옥소보감에 이르기를 "丁巳는 동남 火의 덕德을 머금어 왕하고 수를 얻은 자는 복이 있고 수명이 길다." 하였다.

戊午, 己未 천상화는, 戊午火는 자왕自旺의 火가되고, 己未火는 편고偏庫한 火가 된다. 이명離明의 장소에 거주하니 왕상한 땅으로 그 氣는 극히 왕성하다. 다른 水는 손상시키지 못하는데, 다만 丙午, 丁未 천상수天上水를 보면 손상되어 꺼린다.
염동수에 이르기를 "戊午는 자왕自旺한 火로 밝은 염상炎上의 氣를 머금어 있어 물건을 다스리는데 무정하다."하였다.
추동을 얻으면 水土의 왕한 氣가 구제하여 활달고명豁達高明하고 복력이 건장하게 된다.
춘하에 승乘하면 金木으로 인하여 비록 힘찬 빛이 신속하게 솟아오르지만 수명이 평균보다 짧다.
오행요론에 이르기를 "己未火는 쇠약한 火로 또 다른 보물의 氣를 저장하여 머금어 있다."하였다.
춘하 월에 생하여 침잠沈潛*하게 하는 운이 들어오면 지혜롭고, 엄하게 되어 복이 원대하게 된다.
여름을 얻었으면 화기和氣가 되지 못하고, 가을을 얻었으면 먼저 길하고 후에 흉하다.

침잠沈潛 : 성정이 가라앉아서 겉으로 드러나지 않음.

庚申,辛酉 석류목 이 두 木은 金이 木上에 기거하여 金이 그릇을 이룬 것이다. 그래서 다시 金을 보는 것은 꺼리는데, 그릇이 훼손되기 때문이다. 만약 甲申水, 乙酉水를 보면 귀격이 된다.
옥소보감에 이르기를 "庚申은 자절自絶한 木으로 혼이 놀아 신변神變*하게 된다."하였다. 만약 이 일에 태어난 사람은 대부분 예사롭지 않고, 기상격器常格에 속하여 천성이 보통 사람보다 뛰어나고, 가족에 매이지 않는다.
귀격에 들면 영걸한 재주가 있고, 세상에 없는 공을 세운다.

신변神變 : 사람의 지혜는 헤아릴 수 없는 신비로운 변화.

辛酉 석류목은 위치를 잃은 木으로 木이 金의 고향에서 피곤하게 된다. 그래서 세상을 괴롭게 살아가게 된다. 다만 癸卯金과 대하게 되면 강유가 상제相濟하여 무리에서 뛰어나고 과거에 장원 급제한다.
촉신경에 이르기를 "혼은 하늘을 떠도는 것이 좋다. 그래서 庚申木은 사절을 싫어하지 않고, 홀로 앉아 머무는 것이 庚申이라"하였다.
주註에 이르기를 庚申은 자절自絶의 木으로 木은 오장에서 간에 속하니 간장혼肝臟魂이 된다. 木이 휴절休絶하면 혼魂이 하늘에서 돌아다니니 庚申木은 사절을 싫어하지 않고, 소이 천유天遊가 貴하다고 한 것이라"하였다.
귀곡유문에 이르기를 "辛酉는 생왕하기를 바란다."하였다.
주註에 이르기를 辛酉는 氣가 절絶한 木으로 생왕하여야 하고, 그러면 영화가 있게 된다."하였다.

壬戌, 癸亥 대해수. 壬戌은 편고偏庫의 水가 되고, 癸亥는 임관의 水로써 이름이 대해수大海水라고 한다.
干支와 납음이 모두 水로 다시 水를 보는 것은 꺼린다. 비록 壬辰도 수고水庫라고 하더라도 마땅하지 않고, 이외 다른 土는 꺼리지 않는다. 사절은 길하고, 생왕은 범람하여 되돌아갈 곳이 없어진다.
옥소보감에 이르기를 "亥子는 水의 올바른 위치가 되고, 壬戌은 氣가 복장伏藏되어 순수하지 않고, 다만 火土가 덜어주어야 이익이 되어 큰 그릇을 이룰 수 있다. 또 癸亥는 순양純陽의 수를 갖추어 체體안에서 인仁을 이룬다."하였다.
이것을 받은 자는 천부적인 자질이 화평하고, 원대하고, 품은 뜻이 넓고, 업적을 이루게 된다. 일시에 煞을 차면 간교하게 흘러 흉하게 된다.

또 논한다.

丙戌土는 복이 융후隆厚한데 화종火鐘*이 있는 이유가 이것이다.

己未火, 庚辰金, 戊辰木, 丁丑水는 모두 동일한 의미가 있다.

己未火의 未는 木의 묘墓가 되고, 庚辰金의 辰은 土의 묘墓가 되고, 戊辰木의 辰은 水의 묘墓가 되고, 丁丑水의 丑은 金의 묘墓가 된다. 모두 부모의 氣로 각 양육하는 곳이 있다. 그래서 이 5자는 복이 장후壯厚하다. 또 이상은 귀鬼가 있지만 귀가 손상되어, 해害가 되지 않아 氣가 이루어지므로 복이 장후하다. 이허중이 이르기를 丙戌土가 더욱 뛰어난 것은 戌은 土의 본위本位가 되어 더욱 왕성하게 되었기 때문이라 하였다.

화종火鐘 : 불이 난 것을 알리느라고 치는 종.

乙巳火, 戊午火는 화염이 왕성한 火로 추동은 길하고, 춘하는 흉하다. 만약 한 여름의 폭염暴炎이 되면 아주 빨리 말라비틀어져 마침내 허물이 된다.

乙巳火의 巳는 火의 임관되고, 위에는 乙木이 생하여 그 氣가 왕성하다.

戊午火의 午는 火의 왕이 되어 왕하다. 만약 추동에 생했으면 온후한 氣로 변하여 물物을 돕는 덕이 있게 된다. 만약 춘하에 생했다면 火가 다시 陽의 위치를 얻게 되어 매우 흉하다. 한 여름에 생했으면 사람의 도리에서 벗어나 모질고 사납고 잔인하고 흉하고 요절하게 된다.

乙卯水, 癸巳水, 丁酉火, 乙亥火의 水火는 납음오행이 비록 사절이지만 청명하여 뛰어나게 아름답다. 火가 사절되면 내는 밝고 외는 어두운 것으로 반조회광返照回光*한다. 水가 사절하면 아주 맑게 괴이고, 수염과 눈썹도 촛불 같아 매우 아름답다.

이허중이 이르기를 "이 4개는 水火가 비록 사절이지만 도리어 청명하여 뛰어나게 아름답다."하였다. 천을귀인을 좌하여 있는 주柱가 된다.

반조회광返照回光 : 해가 지기 직전에 잠깐 하늘이 밝아진다는 뜻으로, 머지않아 멸망하지만 한때나마 그 기세가 왕성함. 죽기 직전에 잠깐 기운을 돌이킴을 비유해 이르는 말.

壬寅金은 임금의 일에 거슬리지 않고, 庚申木은 신하가 강하지 않다.
오행은 오음五音에 속하고, 궁토宮土는 군君이 되고, 상금商金은 신하가 되고, 각목角木은 백성이 된다.
상商이 태과하면 신臣이 강하게 되고, 각角이 태과하면 군君이 약하게 된다.
그래서 오음五音 중에서 항상 네 개의 청궁淸宮을 사용하는데, 상商과 각角은 殺이 된다.
庚申木은 각목角木으로 자절自絕이 되고, 壬寅金은 상금商金으로 자절自絕이 된다. 모두 순수한 충忠을 얻은 도가 된다. 그래서 군君에 불역不逆하고, 신臣도 강하지 않다.
소이 자미紫微로부터 난대鸞台, 봉각鳳閣은 높은 관직에 해당한 까닭에 金木이 생왕하게 되는 것은 命에서 절대 꺼린다.
金木이 반드시 왕하게 되지 않아야 되고, 왕하게 되었다 하더라도 오래가지 못한다. 오직 하나만 있어야 한다. 만약 생왕한 金木이 극파剋破당하면 그렇지 않다.

庚申木, 乙巳火에 土가 金을 생하지만 이곳에서는 생하지 못하는데,
庚申木은 木을 土를 극하고, 乙巳火는 火가 金을 극하기 때문이다.
丙午水, 癸卯金은木, 水는 사지死地가 되지만, 死하지 않는데, 丙午水는 납음 水가 木을 생하고, 癸卯金은 납음 金이 水를 생하기 때문이다.
土는 申에서 생하지만 庚申木에서는 생하지 못한다.
水는 申에서 생하지만 戊申土에서는 생되지 못한다.
火는 寅에서 생하지만 甲寅水에서는 생되지 못한다.
金은 巳에서 생하지만 乙巳火에서는 생되지 못한다.
木은 亥에서 생하지만 辛亥金에서는 생되지 못한다.
모두 생하는 곳이지만 납음에 극를 받기 때문에 그렇다. 가령 辛亥金은 亥가 木의 생지지만 납음 金이 木을 극하여 생이 되지 않기 때문이다.
얻은 자는 수명이 짧다.

水은 卯에서 死하는데 癸卯金에서는 死하지 않는다.
土가 卯에서 死되지만 丁卯火에서는 死하지 않는다.
木은 午에서 死하지만 丙午水에서는 死하지 않는다.
金은 子에서 死하지만 庚子土에서는 死하지 않는다.
火가 酉에서 死하지만 辛酉木에서는 死하지 않는다.
모두 死하는 곳에서 납음오행의 생을 얻기 때문이다.
곧 얻은 자는 장수長壽한다.

戊子火의 간지는 북방으로 왕하다. 곧 납음은 火가 水의 위치에 속하여 水 중의 火가 되어 신용神龍이 아니면 존재하기가 불가하다.
丙午水의 간지는 남방으로 왕한 火의 위치가 되고, 납음은 水에 속한다. 이에 火 중의 水가 되어 은하수가 아니면 존재가 불가하다.

戊子火 년이 丙午水를 얻거나 혹은 丙午水 년이 戊子火를 얻으면 貴하지 않는 것이 아닌 것은 아니다.
무릇 火 중에서 水를 생하고, 水 중에서 火가 저장된 것이 되어 수화기제水火既濟가 되니 정신 운동이 일어나 반드시 영적靈的으로 여느 사람들과는 차이가 나게 된다.
이허중이 이르기를 丙午 천상수는 은하수에 있는 것이다. 즉 12辰의 천후天后*가 된다."하였다. 얻은 자는 고명활달高明豁達하고 보통 사람보다 뛰어나서 범상치 않다.
"戊子火는 水 중의 火로 신용神龍이 존재한다. 즉 6氣의 군화君火가 된다."하였다. 얻은 자는 스스로 神이 갖추어져 침기선물沈幾先物하고 두 氣를 겸해서 얻으면 더욱 교묘하다.
남은 모든 氣는 이와 같은 방법에 준하여 살피면 된다.

천후天后 : 중국에서 특히 중부와 남부의 연해 일대 및 대만 지방 등의 민간(에서 신앙)하는 바다의 여신.

辛丑土는 木을 싫어하지 않고, 戊戌의 납음 木은 金을 두려워하지 않는다.
어떻게 분별하는가 하면 丑은 金庫가 되어 木은 土의 귀鬼가 되지 못한다.
戌 중에는 火가 있어 金이 도리어 재앙을 받게 된다.
또 戊戌의 납음 木은 간지 상하가 土로 되어 두개의 土에 묻히게 된다. 그래서 오히려 싹도 터지 못하여 그 형形이 나타나지 못한다. 土가 왕성하여 木이 약하게 된 것이다.
남은 것도 이에 준하여 추리하면 된다.

庚寅木, 丁巳土는 귀鬼인 金木을 싫어하지 않는다.
金이 寅 궁宮에 있어 비록 귀鬼가 되지만 金은 寅에서 절絶하므로 귀鬼가 되지 못한다.
木이 巳 궁宮에 있어 巳가 金을 생하여 木을 극하니 鬼가 되지 못한다.
만약 庚寅木이 壬申金을 만나면 충하고 극을 받는 것이 된다.
남은 것도 이에 준하여 추리하면 된다.

庚午土는 남방의 왕한 火를 승乘하여 그 형形을 기르게 된다.
戊申土는 申은 土의 생지가 되어 자생自生한다.
庚子土는 子는 土의 왕지가 되어 자영自盈하여 목귀木鬼를 꺼리지 않는다.
무릇 木은 午에서 死하고, 申에서 絶하고, 子에서 패敗한다. 그래서 자강自强한 土를 어찌 손상 시킬 수 있겠는가!
남은 것도 이에 준하여 추리하면 된다.

壬申金, 癸酉金, 庚戌金, 辛亥金, 네 개의 金은 氣가 건장하여 鬼를 싫어하지 않는다. [鬼=剋]
戊子火는 鬼를 두려워하지 않는다. 水 중의 벽력화霹靂火로 신용神龍이 있기 때문이다. 무릇 水가 있어 천둥 번개를 울리기 때문이다. 그러나 丙午 천하수, 丁未 천하수는 꺼리는데 子午 충, 子未 극해로 서로 싸우기 때문이다.

무릇 본명本命의 간지가 손상되면 육근六根이 부족하여 시작은 있는데 끝이 없게 된다. 가령 丁巳土가 癸亥水를 보고, 壬子木이 戊午火를 본 것이 이것인데 巳亥, 子午 충하기 때문이다. 남은 것도 이에 준하여 추리하면 된다.

戊午火, 庚申木은 서로가 얻으면 월등히 뛰어나고, 庚申 석류목은 여름에 왕하여 戊午火를 좋아한다. 어찌 官을 왕하게 하는 火가 아니겠는가! 곧 석류목이 성性을 얻은 때이기 때문이다.
戊午火는 극하게 왕한 火로 申을 좋아한다. 곧 천마天馬가 서로 자본을 본 것이다.

간지가 같은 甲寅, 辛酉 등은 음양이 전위專位한 곳으로, 천지의 神이 모인 것, 즉 음양이 모인 것이다.
팔괘의 진원지를 열거하여 오행의 성패成敗, 오행 강유의 상추相推, 오행 합화合化를 부연敷演하게 된다.
그러한 고로 살피면, 壬子木은 북방 감坎에 응하고, 丙午水는 남방 리離가 본질이 된다. 소이 丙午水가 壬子木를 얻으면 깨어지지 않게 되고, 丁巳土가 癸亥水를 얻으면 충하지 않게 된다. 이것은 수화상제水火相濟*의 근원이 되는 것이다. 부부(夫婦)가 배합한 이치와 같은 것이다.
감리坎離는 남녀의 마음으로 사용하게 된다. 壬子木이 丙午水을 얻고, 癸亥水가 丁巳土를 얻으면 火水의 선후가 구제되지 못한 象으로, 丁巳土가 壬子木을 보고 丙午水가 癸亥水를 얻는 것만 못하다.
陽이 주체가 되고, 음이 들어온 것이 좋다는 말이다.

수화상제水火相濟 : 水火가 서로 구제하는 것, 또는 돕는 것.

庚申木, 辛酉木의 金은 서방의 **태**兌에 속하고, 甲寅水, 乙卯水의 木은 동방의 **진**震에 속하는 象이다.

소이 甲寅水가 庚申木을 얻으면 형(寅申)하지 않고, 乙卯水가 辛酉木을 얻으면 鬼(卯는 酉가 鬼)가 되지 않는다.

木이 여자가 되고 金은 남편이 된다면 이것은 올바른 체體로 좌우의 神이 화합되는 것이 명확하다.

木의 주체는 혼魂이고, 金의 주체는 백魄으로 이 두 개가 좌우에 뒤섞여 있으면 합하지 않은 자도 완전하게 합할 수 있다. 곧 神이 화생化生하자면 서로 허물이 없어야 한다.

만약 庚申木이 乙卯水를 얻고, 辛酉木이 甲寅水를 얻으면 대모가 되지 않는 것으로 변통變通*하여야 한다.

변통變通 : 달리 융통融通함.

▶ 의미가 막중한 것이다. 감坎(水)과 리離(火)의 온전한 대치, 태 兌(金)와 진震(木)의 온전한 대치는 음양이 구제되어 형충파해가 일어나지 않는다는 말로 이해하면 되겠다.

戊辰木, 戊戌木의 土는 괴강魁罡이 된다.

건곤乾坤의 덕이 두텁고, 천지의 생을 머금어 반음反吟이 되지 않는다. 즉 戊辰木, 戊戌木이 충이 되지 않는 것은 土의 올바른 위치가 되어 干이 근원의 모임을 지키기 때문이다.

己丑火, 己未火는 천을귀인이 충절忠貞을 지키는 것이다.

이 네 개는 참된 土로 만물의 시종始終의 도道가 있어 대인군자가 아니면 깊은 능력과 덕을 갖추고 있는 사람이 된다.

게다가 신두록神頭祿이 되어 각 신주神主가 있는 것이다. 좌우에서 육합이 운동하면 길흉의 차고 남는 변화가 있게 된다.

己丑土는 천을귀인이 되고 己未土는 태상복신太常福神이 되어 온갖 煞들의 흉을 푼다. 만약 얻어 마땅하게 사용되면 횡재의 기쁨을 보게 된다.

戊辰木은 구진勾陳이 되고, 戊戌木은 천공天空이 된다. 土의 신神은 옮겨 바꾸는 것이다. 그래서 장수가 되어 출진하여 변방을 진압한다. 곧 늘 제자리만 지키는 것이 아니다.

丁巳土는 중앙을 지키는 神이 되어 흉으로 흉을 사용하고, 길을 길로 잇는 것이다. 정신이 어수선하고 의혹함이 많고 근심이 있고 익살스러운 성품이 있다.

丙午水는 주작朱雀의 神이 되어 양명陽明의 체體가 되어 문체가 곱다.
甲寅水는 청용靑龍의 神이 되어 모든 사람을 구제하는 박애가 있고 사방을 이롭게 이룬다.

乙卯水는 육합의 神이 되어 영화가 발생하고 유약하고 순응하다.
壬子는 천후天后의 神이 되어 하늘이 돕는 천덕天德이 있고 용모가 아름답고 권세가 있다.

癸亥水는 현무玄武의 神이 되어 음양의 제일 마지막으로 잠복潛伏의 氣가 되어 밑을 쫓아 흐르는 물과 같다. 아무리 큰 지혜가 있다 하더라도, 헌앙軒昂* 하고 초원超遠한 선비가 적당하지 않는가 한다. 순응하면 평안平安하게 되고, 거스리면 간악한 도둑이 된다.

헌앙軒昂 : 풍채가 좋고 의기가 당당하다.

庚申木은 백호白虎의 神으로 무武가 이롭고 문文은 불리하다.
고루하고 둔한 품성이 내포되어 있고, 착한 가운데 겉으로는 엄격 하나 내심으로는 부드러운 인의仁義가 있고 한적하고 구석짐을 좋아한다.

辛酉木은 태음太陰의 神이 되어 숙살肅殺의 氣를 품고 있고, 청백淸白한 풍모, 뛰어난 문장, 달변, 불세不世의 재주를 가지고 있다.

그러나 다시 각 친하고 소원하고 휴수인가 왕한가에 따라서 그 화복禍福과 품성이 정해지기 때문에 단순하게 보면 오류를 범하게 될 것이니 주의를 요망하는 바이다.

▸ 이편의 내용도 상당히 중요한 이론 중의 하나인데 본 장에 넣지 않고 부록편으로 뺀 것은, 만약 처음부터 이 부분을 학습하면 도리어 혼선이 될 수도 있지 않겠나 하는 염려 때문입니다. 다시 말하면 최상급의 이론으로 기본이 되는 앞 편을 충분히 학습하여 중간 단계를 넘어서 상급에 도달한 후 최상급의 도사가 되어야 할 때, 이 부분을 학습하여 연구하는 것이 더 효과적이지 않나 하는 생각에 부록편에 수록하였다.
그러나 신급神級의 머리를 지닌 분은 그렇지도 않겠죠!?

❖ 간지 제자諸字 잡범雜犯 신살

옛 성인이 글자를 만들 때 각 깊은 뜻을 취하였다.
신자神字의 훈訓은 木의 자폐自斃*가 되고, 水土는 巳에서 절絶하여 그래서 범자氾字의 훈訓으로 문文에 대한 말은 도랑이 궁窮하게 된 것을 말미암은 것이다.
비자圮(무너질비)字는 훈訓이 안비岸圮*가 되어, 火가 없어져 戌에서 쇠衰하게 되어 위엄이 없어지게 되는 의미가 있다.
金은 丑에서 쇠衰하게 되니, 뉴鈕(도장손잡이)는 건폐鍵閉(자물쇠로 잠건다)하게 되는 의미가 있다.
초핵草核(풀씨)은 亥가 된다. 그래서 木이 간艮에서 뿌리가 생긴다.
金은 十을 만나 침針이 되고, 백白이 十을 만나 조皁(하인조)가 되고, 水는 十을 만나 즙汁이 된다.
이렇게 논할 수 있지 않겠는가? 그래서 甲乙 10干과, 子丑 12支의 글자를 옛 성인이 만들 때 반드시 깊은 의미가 있는 것으로 생각되어 글자의 형상을 시험 삼아서 설명해 보았다.

자폐自斃 : 스스로 멸망하다. 자멸하다.

안비岸圮 : 언덕이 무너지다.

파자살破字煞

甲, 癸, 未, 申, 酉은 깨진 글자(파자살)에 속하여 甲, 癸, 酉는 반드시 눈이 손상되고 未, 申는 반드시 복질腹疾로 인한 근심이 있게 된다.
다시 시時에서 보아 나쁜 곳이 되고, 간신干神이 극받는 자는 통한다.

궐자곡각살闕字曲脚煞

乙, 己, 丑, 巳은 궐자곡각살에 속한다. 범한자는 반드시 입술이 이지러지거나, 귀에 구멍이 있거나. 지체가 완전하지 못하다. 만약 합당한 덕德이 없거나, 오행이 무기無氣하면 재물이 충분하지 않고, 타 집안에 의지하여 살아간다. 명서에 이르기를 "己巳, 乙巳, 丁巳를 일에서 만나면 처를 극한다."하였다. 이구만利九萬이 이르기를 "巳酉丑 삼합이 완전하게 되었는데, 천간에 己가 있는 자는 입술과 치아가 불완전한 질병이 있고, 일생 말재주가 좋아 사람을 불러 모으고, 사주에 己巳이 있는 자는 곡각살로 많이 있으면 양자가 되거나 양자를 들인다."하였다.

농아살聾啞

丙, 壬, 寅, 酉는 농아의 글자가 된다. 약한 자가 강한 자를 범하면 태胎중에 해害를 받고, 시가 일을 갉아 먹으면 반드시 농아의 근심이 있다. 또 酉일 戌시생도 이 같은 근심이 있고, 또 얼굴에 악창이 있게 된다. 시와 일에 있어 천해穿害에 해당하기 때문이다.

평두平頭는 스님이 되고, 파자破字는 종내 실명을 한다. 이러한 살을 차고 현침이 있으면 머리와 얼굴을 베여 상처를 입게 된다. 또 많이 돌아다니는 것은 장형살이 아울러 있기 때문이다. 또 가난하여 주리고 이지러져 불행하게 된다. 또 농아가 겸해서 있으면 얼굴 생김새도 좋지 않다. 그러나 공망이 되거나 무기無氣하면 좋게 된다. 만약 곡각曲脚이 있고, 다른 煞도 많으면 양자가 된다.

또 壬, 癸 년이 酉를 얻거나 혹 酉人이 壬, 癸를 만나면 水는 酉를 따라 주酒가 된다. 만약 길吉을 만나면 술로서 집안을 일으키고, 흉을 만나면 집안이 깨어지거나 혹은 술에 취하여 사망한다.

乙은 피두披頭가 되어 만약 많이 본 자는 예술을 하거나 무당이 되거나, 뛰어난 창기가 되고 천을, 천덕과 같이 있으면 고관이 된다.
丙, 戊 두 干이 寅卯 상에 있으면 구수회기仇讐晦氣라 하여 비방을 당하고 많으면 사람들과 싸움을 많이 한다.
乙, 己, 癸 세 干이 완전하면 사지四肢와 눈이 손상당하지 않으면 중년 후에 형벌을 당하게 된다.
甲, 乙, 庚 세 干이 완전하면 실명하고, 혹은 어릴 때 얼굴에 상처를 입어 흉터가 있거나 눈이 손상된다.
乙, 癸 두 干이 같이 있는 것은 불가한데, 丑을 보면 부귀하게 되지만 수명은 짧다.
丁, 辛 두 干이 같이 있는 것은 불가한데 巳를 보면 부모가 손상된다.
乙, 癸 두 干이 같이 있으면 짧은 시간도 보존하기 어렵다.
丁, 辛 두 干은 부모에 손상이 있다.
丙, 辛 두 干이 巳를 보는 것, 丁, 壬 두 干은 午, 申을 보는 것은 불가한데 이름을 유응類應이 과하여 평생 헐멸歇滅하게 된다.
乙, 辛 두 干이 未와 같이 있는 것, 庚, 壬 두 干이 戌과 같이 있는 것은 이름이 반상反傷이라고 하여 부귀하나 요절하고, 소인은 형벌로 사형을 당한다.
경에 이르기를 "乙, 辛이 未를 만나면 하늘의 감옥이 되어 네 개가 같은 궁宮이 되면 재앙을 만나고, 庚, 壬이 戌을 만나면 모름지기 도배徒配*가 되고, 재앙과 허물이 올 때에 피하기 어렵다."하였다.

도배徒配 : 도형徒刑에 처處한 뒤에 귀양을 보냄.

❖아울러 논한 모든 신살

신살은 고대에 120가지의 이름이 있다. 그런데 그 설명이 천착지리穿鑿支離* 하여 조화가 서로 같지 않다.

양인, 공망, 겁살, 재살, 대살, 원진元辰, 구교, 함지, 파쇄, 나망, 충격, 천공天空, 현침, 평두, 고과 등 煞로 이것은 命 중에 절대 중요한 것이 되어 이미 앞에 논하였다.

그리고 모든 역학자(星家)들이 효과를 헤아려 이치가 있다고 한 것을 더 갖추어 아래에 서술을 하였다.

천착지리穿鑿支離 : 학문을 깊이 연구한 것이 여러 갈래가 있다.

수익살水溺煞

수익살水溺煞은 丙子, 癸未, 癸丑에 함지, 금신, 양인을 찬 것이다. 丙子의 납음은 水가 되고, 子는 납음 水의 왕지가 된다.

未는 정수井宿*의 거처가 되고, 丑은 삼하三河로 나눈다.

다시 이 煞의 납음이 년의 납음 身을 극하면 수익水溺을 면하기 어렵게 된다.

고가에 이르기를 "겁살은 身을 극하면 이름이 전추顚墜*로, 금신, 양인과 같은 위치가 되는 것은 피하여야 한다."하였다.

중요한 것은 자액自縊이 가장 흉신인데, 戌巳, 辰亥, 寅未, 子酉는 일례의 흉살이 되고, 卯申, 丑午, 未寅은 앞에 의거하고, 공망과 묘귀墓鬼를 크게 꺼리고, 관부, 대모도 피하여야 한다.

丙子, 癸未, 癸丑은 함지, 금살金殺, 양인이 두렵고, 煞의 납음이 다시 身(년의 납음)을 尅하면 목매달아 죽거나 물에 빠져 죽는다.

전추顚墜 : 굴러떨어지는 것.

정수井宿 : 28수의 스물두째 별자리. 정(井).

괘검살掛劍煞

巳酉丑, 申이 사주에 완전하게 갖추어진 자이거나 혹은 巳酉丑이 겹쳐 있는 자가 쾌금살에 속한다.

다시 관부, 원진, 백호, 금신 등의 무리가 범하고, 오행이 본명本命을 형극刑剋한 자는 흉폭하여 살인을 하거나 도리어 살해를 당한다.

시詩에 이르기를 "巳酉丑, 申의 金氣가 완전하면 종혁국從革局이 되니 이름이 괘검掛劍이 된다."하였다.

원진, 망신, 금신, 백호와 같이 身을 극하게 되면 설령 사람이 죽지는 않겠지만 어찌 재앙을 벗어날 수는 있겠는가"

천화살天火煞

寅午戌이 완전하게 있고, 다시 천간에 丙丁이 있어 완전한 火 오위五位을 이루고 또 간지에 水를 보지 않으면 천화살에 해당한다. 만약 년, 운에서 火氣의 생왕한 곳이 들어오면 마땅히 화재火災를 막아야 한다.

시詩에 이르기를 "寅午戌이 완전하면 천화天火라고 부르는데, 丙丁이 없으면 지장은 없지만 오위五位가 모두 있고, 하나의 水神도 없는데, 생왕한 년이 들오면 火에 의한 재액이 발생한다."하였다.

나의 命(육오 선생)은 寅午戌이 완전하고 월간에 癸가 있는데, 戊午 운에 戊癸합 화화化火하고, 甲戌년 甲戌월에 마침내 화재火災를 만났다.

천도살天屠煞

子일 午시, 午일 子시는 제외한다.

남은 **丑일 亥시. 亥일 丑시. 寅일 戌시. 戌日 寅시. 卯일 酉시. 酉일 卯시. 辰일 申시. 申일 辰시. 巳일 未시. 未일 巳시.**

양위兩位의 수數에 의거하여 구한다.

군자에 나타나 있으면 이질, 장풍, 각질이 있고, 소인은 지체가 절손되고, 중범 자는 도형徒刑에 처한 뒤에 귀양가게 된다.

천형살天刑煞

子, 丑년이 乙시. 寅년이 庚시. 卯, 辰년이 辛시. 巳년이 壬시. 未년이 癸시. 申년이 丙시. 酉, 戌년이 丁시. 亥년이 戊시가 된다. 시가 본명本命을 형극刑剋하는 것을 취한다. 범한 자는 형벌을 만나거나 질병이 있다.

탄함살呑陷煞

亥, 戌, 未가 寅를 만나면 상처를 입고, **申과 巳**가 나무 꼭대기에서 서로 만나 죽고, **戌과 酉**을 만나면 피하고, **卯가 巳**를 만나면 집을 떠나고, **子가 戌**을 보면 좋지 않게 죽고, **午와 丑**이 **寅**을 만나 서로 죽이고, **卯와 申이 戌**을 만나면 도망하기 어렵고, **辰에 辰**이 오면 물 위에서는 재앙이 있다.
무릇 사주에 이것이 시일에 있으면 삼합이 재앙이 되는 것인데, 마땅히 상세히 살펴야 한다.

관부살官符煞

태세 앞의 5번째 辰을 취하는 것이다.
일시에서 만나면 평생 관재官災가 많다. 다시 양인과 같이 있으면 형벌을 당하는 命이 된다. 만약 관부가 공망이 떨어지면 태생이 부실하다. 망언살妄語殺이라고도 한다.

병부살病符煞

태세 뒤의 첫 지지에 속하는 것이다. 이것이 있는 자는 질병이 많고 유년에서 만나도 그렇다.

사부살死符煞

병부病符와 충하는 것으로 월, 시, 일에 있는데 귀신貴神이 구원하여 풀지 않으면 흉악하게 단절短折된다.

반본살返本殺

납음오행에 귀기貴氣가 없고, 월일시 납음이 년의 납음을 극하여 반返이 되는 것이다. 년의 납음오행이 월일시의 지지가 사절에 속하고, 월일시의 납음오행이 왕기를 타서 년의 납음오행을 극하는 것이 반본살이 된다.

가령 甲子金 년이 戊午火 일을 얻고, 또 태, 월, 시에 寅巳가 있으면 납오행 火가 강하게 되고, 또 월일의 납음 火가 년의 납음 金을 극하는 것이 반본살이 된다. 범한 자는 고립孤立되고, 부귀하더라도 부모 존장尊長을 극하여 상하게 한다.

이상의 모든 煞은 身을 극하는 흉살이 된다.

월, 일, 시의 흉살이 속하는 납음이 년의 납음을 극하여 身에 임하면 일컬어 흉살이 태세 본위에 납음을 찬 것이 된다.

년의 납음을 태세납음太歲納音 혹은 신身이라 한다.

身이 피극되고,다시 년의 지지가 납음오행의 사패절死敗絕 위치에 임하게 되어 약하면 만난 재해를 측정하기 어렵다.

만약 身이 타 주柱에 있는 강한 납음오행에 극되면 재해가 크고, 타 주柱의 약한 납음오행이 극하면 재해가 가볍다. 반대로 身인 태세납음이 흉살의 납음오행을 극하면 길하다고 추리한다.

또 命이 귀격이 되었고, 긴요처緊要處에 煞을 차고 복신이 도우면 권력이 되고, 복신의 도움이 없고, 煞氣가 승왕乘旺하고, 서로 번갈아 왕복하고, 본주本主를 형극刑剋하면 하천하고, 나쁘게 사망한다.

또 모든 복신은 거주하는 위치에서 그 납음오행이 생왕하여야 하고, 생왕하면 곧 영귀하게 된다.

살신煞神은 전부 거주하는 위치에서 납음오행이 사절되어야 한다. 사절이 되면 종내 좋게 된다.

또 복신은 득령하여 왕기가 되어야 하는데 꺼리는 것은 패敗가 있는 것이다. 무릇 흉신은 득령하지 않아 쇠기가 되어야 하는데 꺼리는 것은 도움을 받는 것이다.
또 상충, 상파, 삼합, 육합이 사주에 있으면 오행의 상득相得여하를 구하여야 한다.
혹 재앙 중에서도 복이 나타나고, 복중에서도 재앙이 발생하게 되는데 가령 사절이 생으로 회복되고, 공망이 파破를 받고, 상극이 도리어 상성相成된다면 재앙 중에서 복이 나타나게 되고, 이와 반대는 복 중에 재앙이 있게 된다.

명서命書에 이르기를 "인생길에서 낮은 관리에게도 어찌 역마 반안이 없겠고, 시장의 노름꾼에도 삼기三奇, 협귀夾貴가 없지 않겠는가" 하였다.
자평에 이르기를 "군자 격중에도 칠살 양인이 나타나 있고 소인의 命 내에도 정인, 관성이 있는 것이니 이러한 것들을 잘 관찰하여야 한다고" 하였다.
길흉 신살을 정해진 되로 단순하게 잡는 것은 옳지 않다.
경중을 비교 헤아려 통변하는 것이 아주 중요하다.
대저 흉살이 干神에 거주하면 진귀眞鬼를 차는 것은 마땅하지 않다.
극하여 본신本身을 손상시키면 비록 관성을 보았다고 하더라도 오히려 귀鬼로 변하게 된다. 게다가 이것은 진귀眞鬼가 되니 재앙이 명확하게 나타나지 않겠는가!

庚子年 己卯月 壬申日 섬채蟾彩 김정안

육오育吾 만민영萬民英(1523년~1605년)

선조先祖는 강하江夏(지금의 호북 무한주 일대)의 사람, 명 영락(1403~1424)때 조부 만의유萬義由 어사禦史를 대녕도사위大寧都司衛로 폄하되어 있지만 역주성易州城 내에 거주하였다.

명 가정 28년에 향시에 급제하였고, 29년(1550년) 경술년庚戌年에 진사에 급제하고, 이때 쯤에 하남도 감찰어사監察禦史, 복건성福建에서 병비참의兵備參議등의 관직을 역임하였다. 관직의 최고는 대략 종3품에 해당한다.

丁巳 운, 癸亥 유년에 파직과 모친상을 당하는 가장 참혹한 재해를 당했다. 성정性情은 절개가 곧고, 직언을 서슴지 않아 권문귀족에 있는 모함에 빠지게 되었다. 그래서 파직되었고, 때 마침 모친상을 당하여 핑계삼아 고향으로 되돌가 벼슬길에서 벗어났다.

30년 긴 기간 은거하게 되었으며 향학을 세워 제자를 거두었다. 또 자선과 교육에 성의를 다하여서, 이시신李時新 등 20여명의 제자가 있다.

도읍에서 매년 가난한 백성을 구제하기 위해서 누각을 세워 음식을 제공하는 등, 공공을 위한 많은 일들을 하였다.

편저編著한 서적은 역경회해易經會解, 삼명통회三命會通, 성학대성星學大成, 난대묘선蘭台妙選, 음부경蔭符經, 상자심경相字心經을 간행하여 세상에 내놓았다.

이 외에도 도덕경해道德經解, 종교역간록宗教易簡錄, 언지만고言志漫稿, 국화보菊花譜 등을 저작하여 가문에 보관되어 있다.

명 만대(명 신종의 연호 1573~1620) 癸卯 년 향년 82세에 불록하였다.

서고촌서西高村西에 장례지냈고, 상원狀元 주지번朱之蕃(임평인 茌平人)이 비문을 썼고, 탐화探花 조장趙鏘(역현인易縣人), 방안榜眼 류사중劉思中(청원인清苑人)이 비碑에 적혀있다.

역현易縣 박물관博物館에 묘지명墓志銘이 보관되어 있다.

점성과 관상에 대한 것만 아니고 명리 연구에도 조예가 매우 깊었다. 성학대성星學大成과 삼명통회三命通會는 중국 사고전서四庫全書에 보관되어 있다.

육오 선생의 생신을 5천년 만세력에서 찾아 보니 양력 1523년 01월 14일(음력 1522.12.18) 壬午年, 癸丑日, 庚寅日, 丙戌時

사고전서四庫全書 : 중국 청(淸) 시대 1773년부터 1782년에 걸쳐서 기균(紀昀)을 총찬관(總纂官)으로 하여 칙명에 의하여 편집된 대총서(大叢書).

수록된 서적은 대략 3,500여 종, 3만6천여 권. 경(經: 고전) · 사(史: 역사) · 자(子: 사상 · 기술) · 집(集: 문학)의 4부로 분류되어 있으므로 4고(四庫)라고 한다.

참고문헌

삼명통회 만민영

연해자평 서승

팔자심리추명학 하건충

천고팔자비결총해 하건충

적천수징의. 천미 임철초

팔자명리신해 진춘익

알기쉬운 척천수 이종학

맹파명리 박형규

간지오의 박형규

자평진전 심효첨

궁통보감 서락오